i
imaginist

想象另一种可能

理想国
imaginist

认识现代社会之真相

杨照讲马克斯·韦伯

杨照 著

云南人民出版社

代序　我阅读韦伯，来自生命中的迫切需要

回应读者

2022年2月，我在"看理想"平台上参与了梁文道的"八分"节目，之后看到了这么一则听友留言：

> 我是杨照的忠实读者，可以说阅读他的过程决定性（地）影响了我的生命。和大家不一样的大概是我除了阅读他在历史、人文方面的论著以外，还会阅读他的小说。特别给我强烈震撼的是《吹萨克斯风的革命者》，那样一个充满外凸向上生命力的小说，那么多突破庸俗的厉害修辞、种种听也没听过的对话，还有浑然天成的结构，让我叹为观止。今天我才读完《大爱》，连载的形式中也透出了一个极丰富深挚的心灵，二十七岁就写出的杰作……大爱藏在心里，深深埋在根底，支撑他往后三十年的传奇。
>
> 在这期对话里，相比于偏悲观的梁文道，杨照的世界观要乐观些。他相信即使在被"祛魅"的现代，不再存有一个社会的共同信仰来赋予我们人生意义，个体也能通过自己的尝试努

力去证实自己的"选民"身份。而我是同意梁文道的悲观论的，在这样一个流行轻薄短小的时代，要想为自己造神、从基底建立一整套信仰，有多少人拥有足够的环境条件和自身的勇气与决心呢？杨照先生的自我太强大了，所以他有底气能做如此想。而我之所以感不到乐观，或者是因为我至今还是个软弱的失败者罢。

这一则留言吓了我一跳，因为这位听友竟然提到我的两本长篇小说——我想这是绝大部分读者不知道、不曾察觉的我做过的事。是的，我写过小说，而且还写了不少。留言中提到了两本小说，一本是《大爱》，另一本是《吹萨克斯风的革命者》。这挺有意思的，因为连我自己都觉得，光看这两本小说的书名就很浪漫吧？这恐怕和我一般在大家脑海中的形象很不一样。

《大爱》是我在27岁时写的，《吹萨克斯风的革命者》是我在36岁时写完的。这两本书分别记录了我实际参与政治、参与台湾民主运动的部分反思。写这两部小说的原因和我写其他小说的有些不太一样：由于那样的经验无法用理性的道理说出，我只好诉诸小说。而这两本书所呈现的内容，都与我如何阅读、消化和理解韦伯有关。

我阅读韦伯，来自生命中的迫切需要

我曾经参与过社会改革乃至于民主革命，在这个过程中，受到了强烈的冲击。在这个背景影响下，我所理解与呈现的韦伯不是出于冷静、客观的研究结果，更不是泡在图书馆几个小时、几天、几晚、几星期、几年的结果，而是来自于一种迫切的需求：我必须要知道，个人到底应该如何思考社会。

改变社会前,你要先思考这个社会

回到少年时期,我相信很多人都有一种共同的经验,那就是在成长的过程中,你会很容易直觉地、直观地对自己所处的这个环境、社会——如果我们把它当作是一个广义的社会,即使当时你没有用"社会"这样的名词——有很多抱怨、批评、不满。但是,再稍微成长一点,从少年到成年会有的关键变化是:你开始觉得这样的社会应该被改变。

当你认为这个社会这里很烂、那里很差,这里你受不了、那里你看不惯,接下来要怎么办?如果你认真地对待了自己的负面感受,就必须要选择:你要等别人替你改变社会,打造一个新的社会吗?还是你要自己着手改变社会?

我在 20 岁左右就有了这样的念头,我知道自己不可能那么幸运,只要坐在这里等,就会恰好有人帮我除去那些我讨厌的现象,然后交给我一个崭新闪亮、刚好符合我预期的新社会。没有这么好的事!如果不是通过这样的等待、幻想,还有别的方法吗?当然,唯一的方法是我要着手参与去改变社会。

在着手参与改变社会之前,你得先思考这个社会。

当你在思考社会时,尤其是你因为想改变这个社会而进行思考时,你不得不感到其中的巨大差距。

什么叫社会?光是一个简单的事实就压倒你了:社会是由那么多人组成的,而不论你再怎么聪明、再怎么有能力,你只是一个人。社会如此庞大,我们先不说你一个人可以如何改变这么庞大的社会,退一百步说:你凭什么改变这么多人的生活?所以,我在这里遭遇了巨大的困惑。一方面,我认为这是对的,当然,要让一个社会变得更好;另一方面,我又觉得惶惶不安。我怎么能找到一条路让我可以思考,让我可以有把握地说"是的,我们应该用这种方法来改变这么多人的生活"，而不会觉得心虚。

因此而有了一个念头。上大学没多久，我觉得自己应该好好地学社会学，这是一个可以让自己有底气继续往这个方向思考、行动的唯一方法。

那时我读的是台湾大学历史系，但我很多时候都不在台大。我在台北近郊的另一所大学——辅仁大学。那时，我的女朋友就读于辅仁大学企业管理系，而且台湾大学历史系的课程安排和台湾大学的学风让我不需要经常待在学校里，也不需要经常到课堂上课。因此，有时我早上起来就起心动念，陪着女友，搭了公交到辅仁大学去。

到了辅大，我当然不会去上课，而是一直耗在企业管理系大楼中的社会科学图书馆里，那里有非常完整的现当代社会学藏书。我在那里读了塔尔科特·帕森斯（Talcott Parsons）、罗伯特·金·莫顿（Robert King Merton）两位"结构功能主义"社会学理论大师的著作。

读多了，就有点自信觉得学到了分析社会的视野和方法。遇到一个社会现象时，要思考如何把它放进庞大的社会结构里。换句话说，社会结构比任何单一、个别的社会现象更重要。拼凑、刻画出社会结构的图像是社会学家重要的任务，因为如果没有这样的结构，就无法评断任何特定的现象，甚至连描述它们都很困难。

对于集体的行为，如果能找到它在结构中的特殊位置，就能评估、判定它在这个结构运作过程中作为一种社会机制的特殊功能。

因此，社会学要做的事就是画出这个结构，而后弄清各种社会现象的功能。

可是，这么学习社会学与我原来所想象的学习社会学是为了改造社会，仍然存在根本的冲突。

存在即合理，那还怎么改造社会

最大的冲突是：用这种方式看社会，好像所有的现象都是有道理的，它们一定都在这个社会里发挥了某种功能。我越读越觉得不舒服，因为这么想来想去、看来看去，不就等于黑格尔那句经常被引用的话吗？——"存在即合理。"

而这不就是在合理化现状吗？任何现象之所以能在社会上存在，是因为它有功能；而因为它有功能，所以它似乎本来就应该在那里，不应该被拿走，不能被取消。如此产生的社会的图像，几乎必然是静态且保守的。

虽然塔尔科特·帕森斯特别针对这样的问题一再不断地说，有社会静力学，有社会动力学，这是从孔德那里一路延续下来的。但是，读来读去，这真的不是我心目中为了改造社会，我要了解社会的方式。

然而，我得到了一个意想不到的收获。塔尔科特·帕森斯是马克斯·韦伯的德文著作最重要的早期英文版翻译者。塔尔科特·帕森斯的社会学概念有很大一部分承传自马克斯·韦伯，因此，读塔尔科特·帕森斯很容易就能接触到马克斯·韦伯。

于是，我接着读了那本《马克斯·韦伯社会学文集》，这是一本当时非常重要的韦伯著作选。这一读尤其是读到那两篇重量级的演讲词《政治作为一种志业》以及《学术（科学）作为一种志业》，帮我展开了全新的视野。

悲观之为用

展开视野的过程中，对我产生了很大冲击的是"悲观之为用"。

以前义愤填膺地看待这个社会时，怎么也不会想到要分辨，想改变社会，有乐观的方式，也有悲观的方式。

韦伯真的太悲观了。他的悲观贯穿他整个人乃至于他所有的社会学的概念和研究中。因此，读韦伯时，看到他那张大胡子的照片，我们不可能不觉得这个人的眼睛是忧郁的，表情是悲观的。我们也不可能忽略、跳过韦伯的悲观而认识他并进入他的社会学世界。

这样悲观的韦伯却告诉我们：首先，在社会思考上，悲观是一种责任。因为悲观，所以不会总是脑子充血，只想往前冲，把这个打掉，把那个改掉，在这里搞一个革命，在那里弄一个政变；只想着应该拿到权力，拿到权力后能做什么就做什么——感觉这些就是一般想要改变现状、推翻既有模式时人们的必然反应。

可是，韦伯是一个悲观的人，他总是问：如果失败了，那怎么办？如果采用这种方式但没有得到预想的结果，那怎么办？如果我们得到了想象中的权力，却不知道该如何运用它，那怎么办？韦伯这一连串"那怎么办？"的问题就来自于他的悲观。

这种悲观却和我学历史、读历史有了重合之处。因为我们研究革命史发现，这悲观的态度与几乎所有的革命者都不一样。革命者必然是乐观的、昂扬的，但革命之所以经常变质，甚至到后来转酿成灾难，就来自于这种过度乐观、昂扬——相信自己当前使用的手段，相信自己是对的，相信自己能打造出一个对的世界。韦伯的悲观在这里产生了一种令人真的不得不冷静下来的对跖。

弱势者没有悲观的权利

在和梁文道对谈时，我感受到了，也完全了解他的悲观。我怎么可能不知道悲观是怎么一回事呢？如果不知道，那我就没有资格谈韦伯。

然而在对话中我的确明白地说了我比梁文道更乐观。这涉及我的另一种态度。我不得不坚持、凸显的是——希望大家曾经也听过、思考过这句话——弱势者没有悲观的权利。

　　长久以来,在看待社会问题、社会现象时,我始终习惯站在弱势者的角度。为什么弱势者没有悲观的权利?因为如果一个弱势者,一个被欺负的人,一个已经没有权力也没有力量的人,还是悲观的,那他的悲观态度就很容易变成逃避的理由。他会说:这是没办法改变的,是不可能的,它就是这样的,我们没有任何机会、办法,我们不可能带来任何改变。这不就是由于悲观而被动地接受了所有不合理的待遇吗?

　　一个弱势者别无选择,必须找到所有可能的因素,去相信这种不平等、不正义、不公平的,"上欺下、多凌寡"的情况应该要被改变,也能被改变。只有这样,才会尝试各式各样的方法以维持希望。

　　这又回到前文要特别提到《大爱》和《吹萨克斯风的革命者》那两本小说的原因:那里面记录了我曾经历的,也是我曾见证的。这分成两部分。一部分是记录我经历过且见证过的,我认为的台湾过去错误的政治结构、政治运作的确确被改变了。可是,又有另一部分是记录在改变过程中,我原本兴冲冲地与所有这些同志一起努力,却在后来很短的时间内看到,一些原本抱持理想、坚守原则的同志被现实,尤其是被利益诱惑改变了。

　　所以,在这样的情形下,我学会了一定要有这种平衡。最简单地说:要尽可能保持自己随时是一个"悲观的乐观主义者"或"乐观的悲观主义者"。这才是我始终不变的一种生命立场与态度,也是我在呈现韦伯时希望大家能体会到的,我最在意、最坚持的重点。

李敖与驯兽师

　　听友的留言中有一句话,我觉得有必要进一步解释。他提到因为我的自我强大,所以我能选择走这样的一条路。我的自我强大吗?

请让我从下面这个角度来回应吧。

读者应该都知道李敖是谁吧！李敖绝对是一个有惊人生命力的、自我强大的典范，可即便是他，都要说这样的一个故事。李敖八十岁时写了一本《李敖风流自传》，其中有一段非常奇怪的段落，说了关于驯兽师的故事。

马戏团里要有驯兽师。面对狮、虎、象等猛兽，驯兽师必须拥有独到的技巧、能力，才能驯兽，所以驯兽师经常是世袭的——爸爸教给儿子，儿子再教给孙子。

有一天，一个年轻的驯兽师突然闯进马戏团的狮子笼里，像疯了般挥着他的鞭子，把好几头狮子都逼到台上。接下来，他让每一头狮子张开嘴，而后把自己的头探进一头头狮子的嘴巴里。这当然很像是马戏团里的那种常见表演：驯兽师把头放进狮子的嘴巴里，而狮子不敢咬他。

但这不是在表演。于是，有人忍不住好奇地问他：你到底在干什么？这个年轻的驯兽师回答道：我在找我的爸爸。

你能听懂吗？这个故事很关键的一件事是不管再怎么有经验，即使是代代相传的，即使老驯兽师在这行干了几十年，与这些狮子相处了这么久，经验丰富，可他终究还是很可能被狮子吃了。

为什么要说这个故事？李敖接下来非常奇特地（他从来没有这样说过）突然在八十岁自传中回顾说，他小的时候最想做的就是驯兽师。

我们从来不知道李敖的梦想是要当一个驯兽师，可如果他的梦想真是如此，那么为什么他说的驯兽师故事是一个老驯兽师终究还是被狮子吃了？他在接下来的部分展开了他的议论，其中展现了李敖非常少见的感慨。

他说，什么叫驯兽师？驯兽师的能力明明比一头狮子，更不要说笼子里的好几头狮子或是一头大象、一只老虎，都要小得多。换句话说，这些猛兽随时可以把他吃掉。我们为什么会觉得驯兽师那么了不起？就是因为驯兽师绝不可能在物理的能力条件上胜过猛兽，但他竟然能让猛兽听他的，让它们站到台子上，张开嘴巴，并且不敢咬他。

为什么驯兽师可以驯服猛兽？李敖说，驯兽师的秘诀是他明明怕这些猛兽，明明他的力量远远不如这些猛兽，可他就是不能让它们知道，他要让它们以为拿着鞭子的这个人比它们厉害，进而让它们不敢尝试探索驯兽师到底有多厉害，因此这些猛兽才会乖乖地听驯兽师的。正因为这是永远不可能改变的强弱关系，所以一旦某只老虎或狮子愿意试一下，看看拿鞭子的这个人到底有多大的本事，那就完了，驯兽师也就会被吃掉了。

李敖的生命力这么强大，当国民党统治台湾，操控巨大的政治机器，可以把人关起来，可以迫害人，可以用各种方法整肃人，在这样的时代，为什么李敖可以在台湾变成这样一位人物？

回头想想，他在八十岁时说了最真切、最诚实的话：因为他一直在当驯兽师。他就是把自己那样的形象建立了起来，让他的敌人搞不清楚他到底有多大的力量，是什么底细。在这种情况之下，他的敌人突然间就没有办法伤害他，更进一步地，他也就有了能力或至少有了一种可能性，让他可以改变被他的敌人控制、搞坏了的这个世界。

我的"狐假虎威"

我想借由这个故事，很诚实地回应上文提到的这位留言的听友：我没有什么强大的自我，可是对我来说，这是我不得不走、不得不选择的一条路。一来我对现实有不满，二来我有理想，而作为一个个人，我凭什么有不满，凭什么有理想，凭什么还想去实现我的改革理想？

我一个人能干什么呢？非常诚实、坦白地告诉大家，我唯一能做的事是在很多时候，我必须找各种不同方式做到"狐假虎威"啊！

明明你没有那么大的生命能量，没有那么强大，可是你不能在某些关键的时候就示弱。弱势者没有悲观的权利，可当你握有权力、有影响力时，却反过来必须要悲观。

有时，作为一个弱势者，你要怎么办？你必须要狐假虎威，"虎威"在哪里？为什么这个"虎威"愿意被你假借，让你可以走在它的旁边或前面，让其他人怕你、敬畏你呢？什么是我的"虎威"？

我的"虎威"分为两方面，这也是与韦伯有关的。我想告诉大家，一种"虎威"就是像马克思或韦伯这样的人，他们如此聪明、有洞见，而且懂得用一些方法来表述他们对社会的分析与想法。于是，当我想更进一步地认识社会、解释社会时，我就将马克思和韦伯搬出来。

我不是把他们当作标准答案搬出来的，而是借由他们，让我可以有信心说：是，我应该来看看，在当前的情况下我们的阶级关系是什么？我们的官僚体制、工具理性发展到了什么程度？这不是我说的，也不是我这样只拥有有限生命力量、智慧的人能想得出来的——是马克思和韦伯给我的。

我站在马克思和韦伯的肩上，突然之间，你就不能小看我。我可以把社会可以看得更远，看得更深，看得更准确。这不是来自我个人，而是因为我能"狐假虎威"——我尽可能透彻地了解了马克思和韦伯。

还有另一种形式的"狐假虎威"，那就是反过来弄清楚，别人拿来控制、威胁你的权力的实质究竟是什么？比如，有人拿他赚了多少钱，他的银行户头里有多少存款来压你，面对这种压迫感时，你要怎么办？

同样的，你可以借由马克思或韦伯的帮助，把货币想清楚，把人与货币之间的关系想清楚。突然之间，当别人以老虎之感对你狂吼，差点把你吓得躲到墙角时，你懂得了要质疑：为什么这时我需要这样做？这是一只真老虎吗？不是的，其实一旦它露出了真面貌，你就明白：第一，也许这根本是一只纸老虎，是以各式各样的奇怪灯光投射之后而产生的幻象。

还有另一种情况，当你面对某些权力时，认为它们会被用来对付你，如果你真的可以把它弄想清楚，就会发现其实这种权力是应该要站在你这一边的。因此，只要你不被欺骗，那么本来你会害怕的老虎，这时非但不需要害怕，还可以把它拉过来：它会变成你把一切看清楚、分析清楚，更进一步地从中得到勇气，让你可以去追索、建立从自我到社会的理想图像的资源，乃至于是让你愿意往前走、去实现梦想的力量。

目 录

代序　我阅读韦伯，来自生命中的迫切需要　　　　　　　　　i

导 言

1. 走进韦伯，认识现代社会之真相　　　　　　　　　　　003
2. 拆解韦伯的系统：至今未被超越的完整社会图像　　　　010
3. 马克斯·韦伯的俄罗斯套娃　　　　　　　　　　　　　017
4. 理解现代，从这几位思想家开始　　　　　　　　　　　023

第一章　从马克思到韦伯：重新解释资本主义

1. 来自韦伯的质疑：资本家之所以成为资本家，
   只因本性贪婪吗？　　　　　　　　　　　　　　　　　033
2. 新教伦理的阴影：为什么成功的资本家很少享受？　　　039
3. 财富的作用：上天堂、开工厂，还是买"人"？　　　　046

4. 工具理性如何影响了社会心理、政府组织？　053

5. 资本主义的独特性：马克思没有解释清楚？　059

6. 西方文化的独特性："科学"和"西方的科学"有什么不同？　065

7. 被理性主宰的西方社会：官僚体系、专业宰治与资本主义　071

8. 谋杀五先令的人，不配做资本家　077

9. 又理性，又执迷：永远追求财富增长的最优解　083

10. 旧教伦理 vs 新教伦理：上帝需要服侍，还是需要义人？　088

11. 韦伯的创见：社会基于信仰而建立　094

12. 先破后立：资本主义诞生与宗教没落有关系吗？　100

13. 从天主教到基督新教：以信仰之名，打击教会的权威　105

14. 我们与上帝的距离，从《忏悔录》谈起　111

15. 今天的社会，和清教徒到底有什么关系？　117

16. 现代"巫术"的诞生　123

17. 理性社会的巨大隐忧：Charisma 与残破的意义之网　129

18. 韦伯的社会学理想与精神分析批判　135

第二章　宗教与社会：人类文明如何演进、如何不同

1. 马克斯·韦伯的成长环境　143

2. 韦伯的独到观察：军事体制，也是一种宗教吗？　149

3. 是谁把你的生活安排得明明白白？　154

4. 政治的作用：解决不同价值系统的冲突　161

5. 正当性：人类为什么愿意服从于他人？　167

6. 社会的开端：四种正当性原型的综合作用　173

7. 韦伯的研究方向：历史社会学视野下的人类文明史　　180
8. "超越突破"是从先知到哲学的追问？以希腊为例　　186
9. "超越突破"来自革命性观点的出现？以印度为例　　192
10. 中国文明的"超越突破"比孔子还早吗？　　198
11. 中国有资本主义精神吗？　　204
12. 孔子与韦伯的共通之处　　210

第三章　政治与社会：我们被什么支配

1. 韦伯社会学的研究对象及方法论　　217
2. 韦伯的理想型：描述人类社会，而非规范　　224
3. 如何像韦伯一样提问？　　230
4. 韦伯：现代资本主义成立的六项前提　　238
5. 政治共同体：人为什么会为了集体奉献生命？　　245
6. 正当性的来源：我们依赖什么解决纷争？　　251
7. 正当性支配：为什么人们对支配的服从率有高有低？　　257
8. 韦伯如何预言了希特勒的崛起？　　264
9. 理想的政治：如何评价一项政策的好坏？　　270
10. 如何理解现代的官僚体系？　　276
11. 成为一个公务员意味着什么？　　282
12. 官僚系统如何"切割"人们的日常生活？　　289
13. 无所不在的官僚习气，让人的眼中不再有"人"　　295
14. 传统型的正当性：像家长一样安排一切　　301
15. 超凡魅力型权威：如何聚拢一批狂热的追随者？　　307

16. 超凡魅力的权威为何难以持久？　　　　　　　　　　314

第四章　经济与社会：我们如何合作、相处

1. 经济与社会：你的阶级由什么来决定？　　　　　　321
2. 你的生活中，理性和非理性各占比多少？　　　　　　328
3. 社会行动：你的日常生活，需要依赖对他人的预判？　335
4. 经济活动越普遍的社会，工具理性越发达？　　　　　341
5. "城市"对经济、政治的影响有多大？　　　　　　　347
6. 城市：西方民主诞生的根本土壤？　　　　　　　　　354

第五章　理解现代社会：理性的胜利与悲哀

1. 我们为什么无法准确预测未来？　　　　　　　　　　363
2. 人自由地选择组成社会，却因社会失去了自由　　　　370
3. 韦伯最深的忧虑：现代社会的非人格化趋势　　　　　376
4. 现代理性的噩梦：官僚与市场的共犯合作　　　　　　383
5. 人的失落：系统对于生活世界的殖民　　　　　　　　390
6. 责任伦理：知识让人没有理由保持天真　　　　　　　397
7. 祛魅的世界：我们对生活的掌握，不如原始人？　　　404
8. 令人悲观的世界中，我们该往何处去？　　　　　　　411

后记　韦伯，我在哈佛的"护身符"　　　　　　　　　419

导言

1. 走进韦伯，认识现代社会之真相

神奇的韦伯，作为各领域的"参考顾问"

马克斯·韦伯（Max Weber, 1864—1920）是德国社会学大师。谈到西方社会学的建立时，我们的基本共识是以奥古斯特·孔德（Auguste Comte, 1798—1857）作为源头，另外则是奉韦伯以及埃米尔·涂尔干（Emile Durkheim, 1858—1917）为奠基的宗师。虽然韦伯是一个德国人，但他的影响并不只限于欧陆。在英美社会学建立过程中非常重要的中坚分子，如塔尔科特·帕森斯（Talcott Parsons, 1902—1979）或罗伯特·金·莫顿（Robert King Merton, 1910—2003），他们要么涉入翻译韦伯著作的事业，要么言必称韦伯、开展延续韦伯论题的不同研究。

而韦伯又不只是一位社会学大师，他在社会学以外，比如历史学、人类学、文化研究等各个领域，都产生了很大的影响。在网络普及、谷歌搜索引擎流行之前，韦伯的名字会出现在超过10种不同领域的专业字典或百科全书中，其中包括哲学、心理学、管理学、行政学乃至于教育学等，所有这些领域都认为不能不将韦伯包纳进来，让它们自己领域的研究者或学习者了解韦伯是谁，知道韦伯到底提出了什么看法。

那么,韦伯到底是一个什么样的人,怎么可以只凭自己的著作——他生命中没有太多其他活动,也没有取得什么政治权力或在民间受欢迎的名气——就产生这么大的影响?为什么这么多不同领域的人,都觉得韦伯与自己的研究乃至于与自己的人生、生活有关呢?

这就是写作本书的一个出发点,我想让大家了解一个奇特的韦伯。至于我接触韦伯的著作和思想的经历,就必须要回溯我的大学时期。

初遇"西化派":左派、资产阶级、马克思、韦伯

1981年9月,我进入台湾大学历史系就读。进入台大历史系后,我很快发现我的学长、学姐,包括比我们大六七岁的研究生以及不同科系的学长、学姐,至少在知识和读书的追求上非常明显地分成两派,可以简化地称之为"中国派"和"西化派"。

大部分中国派的人都去上毓老的课。毓老即爱新觉罗·毓鋆(1906—2011),是清朝遗老,但比汉人更热爱、更拥抱中国的文化。他当时在台大附近温州街的一间地下室开了自己的私塾,每晚都有课,讲众多的中国经典,尤其是先秦的经典。他讲得非常灵活,经常穿插对现实的评论,因此吸引来很多大学生、研究生上课。另外,这群人也必定会阅读钱宾四(钱穆,1895—1990)先生的书。还有少数人每周搭公交车转车,穿过整个台北市,远赴最北边的外双溪,到钱先生所居住的素书楼上课。

我比较熟悉这些中国派读的书以及他们对中国传统、中国文化的不同推崇与解释,因为我在高中时也同样受到20世纪70年代中华民族主义的强烈影响。我读了很多钱宾四先生的书,于是对这些中

国的传统经典不是很陌生。

因此，西化派让我受到较大的震撼，因为他们读的是我过去没有能力读的原文书（虽然叫作原文书，但其实它们绝大部分是英文书）；另外，他们会经常出没于几家奇怪的书店，更多的是书摊。这些书店、书摊里既摆书也卖书，有的是在柜台后面，有的是去掉了作者和出版社的名字。卖什么呢？例如鲁迅、茅盾、巴金等人的小说。对如今的读者来说，这些作品再熟悉不过，但在当时的台湾这些都是禁书。

另外，这些西化派的学长、学姐，他们口中讨论的是一些奇怪的名词，例如"左派""资产阶级""资本主义"，甚至是"革命"这种听起来很刺激的词语。我最早从他们那里捡来了几个常常听到的名字，"韦伯"或他们喜欢用的英文名"Max Weber"就是其中的一个，而另一个在他们说的时候要将声音放得更低的名字是"Karl Marx"（"卡尔·马克思"）。

马克思与韦伯，是当时西化派最看重的两个马克思（斯）。

受到这样的影响后，我在学校对面奇怪的书店里买了一本翻译的英文书，书名是 From Max Weber，这是一本韦伯著作选集，我用当时还非常有限的英文能力努力阅读，并且借着阅读到的一点点东西，试图加入西化派学长、学姐的讨论。

球场旁的"韦伯热"：文艺青年的苦闷，是韦伯的"祛魅"

我们会在非常奇怪的场合讨论这些事和问题——往往是篮球场边或足球场边。不打球、不踢球时，我们在场边休息，等下一个能上场的机会，这时会随口谈几句。但越是那样一个奇怪的场合，越是不经意的随口聊天，就越是留下了深刻的印象。

官僚制

我从学长那里听到了关于官僚制（bureaucracy，也译作官僚体系、官僚体制）的讨论：官僚制最重要的一个特点是注重程序胜于注重目标，对官僚主义的运作、官僚主义中的官僚来说，过程比结果更重要。

当时才十八九岁的我觉得这说得太好了，因为仅是和学校的训育组打交道时，我们就有非常强烈的挫折感，认为这些师长（甚至在我们眼中根本不认为他们是师长）就是一些官僚。他们开口闭口就是这个是怎么规定的，那个是怎么规定的，"规定不可以就是不可以"。

要和他们讨论校规的道理，他们理都不理，更不管不同校规间的规定、校规的某两条可能彼此弥合不上等种种漏洞和盲点。更重要的是，他们完全不管这个规定是否与教育的目的、宗旨，乃至于与学生活动等应该发挥的作用相抵触。我们发现，原来这叫作官僚制。

学长们会提供韦伯的解释，这听起来就很了不起：在现代社会发展中，理性过度发达，而且工具理性和目的理性有了不平衡的状态——工具理性压倒了目的理性。

祛魅

我还听到了关于现代社会的分析。年轻时我读了很多文艺作品，其中有一种普遍流行的感受是苦闷。学长会联系大卫·理斯曼（David Riesman，1909—2002）写的《孤独的人群》（*The Lonely Crowd*）阐释这种苦闷之感：现代的社会人虽然活在人群中，却反而更加孤单。

他们进一步提出了韦伯的解释，或告诉我们理斯曼《孤独的人群》的主要想法来自韦伯用于描述现代社会的一种特质，即"祛魅"

(disenchantment)。它指的是现代社会里,人们没有办法再简单地感到一种神秘的、不用解释的、由属于某一个团体、集体所给予的安全感,人们会变成一个个孤单的、原子般的存在,而这正是因为我们太清醒了。

这种由理性带来的清醒,使我们在看到庙宇里进香的人时,一点也不会感到我们与某个神明有多么直接、亲近的关系,也并不会与同样崇拜该神明的其他人产生联结感。当清醒到这种程度时,我们就变成现代社会的一分子,并且处于现代社会的祛魅状态中。

志业

我也听到了"职业"与"志业"的区别,它提醒了最困扰我们这些文学院男生的问题,这也是父母或伴侣(如果有的话)都在担心、一直在问的问题:你读历史系,那将来怎么办?你毕业之后的出路在哪里?

这些是对"职业"的考量。职业是什么?是我们如何因应现实的系统:我们要适应现实的系统,获得一份薪水,这也意味着,在此过程中作为一个人,我们要去配合庞大的、已成型的社会体制,把自己放入既有的框架里。

但要记得,这不应该是人生的意义,也不是我们在生活里应该强调和重视的最重要之事,因为还有另一种强大的力量在推动我们去寻找我们想做的事。这样的事并不是诸如打篮球、喝啤酒、吃饺子、看电影等,而是仿佛有一种不由自主的力量抓住了我们,有一个强大的、不知从哪儿来的神秘声音,叫我们应该做某件事情。我们因而产生了一种使命感,感到如果自己的生命要活得有意义,就要有非做不可的事情,这便是"志业"。

志业与职业不一样,前者比后者重要得多。

韦伯的思想成就，作为我们认识现代社会的基础

我在台湾知识界的"韦伯热"中，受引导读了韦伯的著作。刚开始读韦伯时，我其实已经带着一种佩服的态度：这个人怎么那么了不起？怎么会有这么多精彩的想法？

刚开始稍微系统性地读时，我读完了《马克斯·韦伯社会学文集》(*From Max Weber: Essays in Sociology*)，以及我非常幸运地很早就读了最权威的《马克斯·韦伯传》(*Max Weber*)。这是无可取代的，因为那是韦伯的妻子玛丽安妮·韦伯（Marianne Weber, 1870—1954）写的。

读完这两本书之后，我对韦伯改观了。改观不是指不佩服他了，恰好相反，是更佩服他了。我发现，在韦伯一生的学术和知识追求中，我之前听到的那些零散的精彩想法是他关于现代社会来历的说明与分析的一个大系统中的部分。当时，光是其中一些抽取出来的部分，就已经让我如此着迷。

韦伯与马克思不太一样，他在短短的一生中（我现在可以这么说了，他56岁去世，我现在的年纪已经超过韦伯的一生了），基本完成了自己的系统架构。因此，我们现在才可以努力地把韦伯一生的学术思想全盘搬过来，变成我们认识、理解与分析现代社会的基础。这多了不起！

进入韦伯的思想世界，透视今日社会

后来的几年中，我就是这样读韦伯的。这本书所呈现的，是我这些年来读韦伯的结果。一个关键的背景是，我们必然活在社会里，任何一个人都不可能是鲁滨孙·克鲁索（Robinson Crusoe），一个人在孤岛上活，自己决定要过什么样的日子。

可是，虽然活在社会里，但是我们很清楚，从来没有人问我们："你要不要活在社会里？""你要不要选择作为一个人在一个孤岛上活着？"更重要的是，从来没有人问过我们，也从来没有人给我们选择权："你要不要活在这样的社会里？""你要不要选择在这个社会或那个社会里被出生？"

这就是德国哲学家海德格尔所说的，人类存在的起点是一种被抛掷性，我们是被丢到这个世界上的。我们会在什么样的时代、社会里诞生，在什么样的环境里形塑自己的生活，这不是个人可以选择的，我们存在的起点是已经被决定了的。所以，我们只能努力理解：自己究竟是在一个怎样的环境里活着。

接下来，如果要真切地掌握和理解这是一个怎样的环境，就得回溯这个环境究竟是怎么来的，这样才能更进一步地问：我该如何适应这个环境？或者，我有没有机会凭借自己的主观意志改变这个环境？而"社会"，就是我们存在的当下现实的最明确生活环境的集体面之总称。

韦伯建立了这个知识系统，也就指引了我们要如何思考社会，解开我们面对社会时的不同疑惑，从而让我们在面对社会时，在这样的集体情境下活着时，不至于那么无力和无奈。

因此，我邀请所有想系统地认识社会的朋友，不管你困惑、好奇的是自己的社会还是别人的社会，是你当下所处的社会还是过去的社会，只要你有这样的好奇和想法，就请来和韦伯以及他的思想做朋友吧。

2. 拆解韦伯的系统：至今未被超越的完整社会图像

韦伯的思想、学说非常迷人，但要特别说明的是，我认为韦伯有两面：一个是浅尝的韦伯，一个是深探的韦伯。

浅尝韦伯：闪烁的惊艳观点

如果用浅尝辄止的方式，我们会注意到韦伯提出了很多精彩的想法。例如，他说资本主义根本就不是由想赚钱的人创造出来的。这怎么可能呢？当我们想到资本家、资本主义的时候，脑子里不都是那些努力想赚钱的人吗？韦伯说不是的，追溯其来源，资本主义是由一群敬畏上帝，而且必须要证明自己在世间是成功者的人创造出来的。这非常新鲜，非常刺激，而且非常精巧。

例如，他说有一种特殊的超凡魅力型领袖（charismatic leaders）。这种领袖不一样的地方在哪儿？在于他靠勇敢甚至有点近乎疯狂地打破了旧规律，取得了影响力和权力。

当然，这样的人要崛起，需要有特别的环境条件。这也就意味着，其实那个时候旧规律已经让很多人感到束缚、不耐烦，但大家不知道该怎么办，因此绝大部分人仍在旧规律中忍耐着。直到出现了这种特别的人，他跳出旧规律，而且帮人们把这些旧规律都敲碎了，因而也就使得许多人同意、赞成他，甚至崇拜他。然而，要变成一个超凡魅力型领袖还有另一个条件，那就是他在得到这样的权力、影响别人的力量之后，他必须要找到能够将其投注在新的组织形式上的方法，把它变成不单纯是破坏，而是可以正面建设的力量。

韦伯在多年以前提出的对"超凡魅力"（charisma）、"超凡魅力型领袖"的描述与形容，很容易让人想到苹果公司的乔布斯。乔布斯不就是在企业界、科技界打破规律，乃至于在他去世后，人们仍然靠着他的想法打破规律，同时把由此得来的影响力用于新机器、新应用的创造发明中，因此彻底改变了全世界所有的人？

深探韦伯：高度系统性与完整解释现代社会

正因为浅尝韦伯时感到他如此有趣、有魅力，才会进一步刺激我们想要深探。一旦从浅尝改为深探，我们就会发现，浅尝时观赏到的那一朵朵非常吸引人的花，在我们想摘取它们时，很难将其中任意一朵单独摘下。原来它们都紧紧挂在很长的、紧密纠结的藤蔓上，彼此连接，牵一发而动全身。

稍微深探，就能看到韦伯其实建构了一个非常庞大且全面的系统。他的问题意识聚焦在社会上，他要解释社会到底是什么，而他基本的思考模式是不断地把问题脉络化（contextualize，即将某个对象置于上下文中理解）——要回答一个问题时，他先想这个问题应该被放在什么环境下，它会牵连哪些相关的变数。必须把所有的变数（包括时间、空间、物理条件、意识）都放进来，让问题立体化，我们才能更精确地掌握问题，也才能更精确地回答问题。

但影响自然也很明晰。韦伯的思考模式基本上是反简化，他习惯把事情弄得越来越复杂。例如，他本来的出发点是看到了现代社会的特殊性，由此要解释现代社会为什么会出现，它到底具备怎样的特色。然而，他把这个问题脉络化之后，发现要描述和掌握什么是现代社会，就不能不比较现代社会与传统社会的异与同。

本来是为了彰显现代社会的特性，才把传统社会拿出来比较二者的不同，然而韦伯又不放过共同性。他认为既然比较传统社会与现代社会，就不能光看二者不一样的地方而刻意忽略它们的共同性。所以，从这里把问题脉络化之后，又出现了一个庞大的新问题。

绵密的推理：人类社会中的支配与被支配

如果把不管是传统还是现代的人类社会合并，看它们的共同特性，就会发现一件最奇特的事：人类组成社会，而区分地看，一些人是支配者，一些人是被支配者，而且支配者和被支配者不是依照生物本能划分的。这意味着什么？

蚂蚁和蜜蜂都是复杂的社会性昆虫，都会组成数量非常庞大的群体。但在这几万个个体中，只有一个蚁后或蜂后，只有数量非常有限的雄蚁或雄蜂，其他的都是工蚁或工蜂。这种划分怎么来的？简单得不得了：来自它们的生物本能。当它出生孵化为蜂，就已经决定了它到底是蜂后还是雄蜂，或是作为群体大众的工蜂。其中没有任何暧昧，没有任何选择，而绝大部分在生物界能够形成社会性的，都是来自本能。也因为这样，蚂蚁只可能组成一种社会，蜜蜂也是如此。

但人不一样，我们的内在其实并没有像蚂蚁、蜜蜂的生物性本能。如果是这样，人到底是怎么组成社会的？尤其是为什么被支配者愿意在社会中被支配？他们为什么愿意用这种方式服从于支配者？关键在于，如果社会中的社会组织没有形成权力，就不可能维持这个组织。那么，如何在并非来自本能的情况下，由这么多人构成了支配与被支配的权力关系？

对此，韦伯提出了一套"支配究竟是如何在人类智慧中形成了普遍状况"的解释。他的这套解释非常精妙，说到了支配与合法性之间的关系，以及支配合法性分成哪几种不同的类型。

但完成了这部分之后，再把问题脉络化，韦伯又发现了问题，还是不满足。他觉得这是对普遍状况的描述，无法包纳许多例外，因此必须把例外放进来考虑，这才有了前文所说的用"超凡魅力"概念来分析这种例外。

那是权力的例外，是用例外的方式取得权力的途径，也是权力模式在建立后会改变的主要变数。在这样的视野中，韦伯解释了人如何组成社会。

从宗教到资本主义，从经济到社会

在组成社会的因素中，韦伯也特别注意到了宗教。这是很自然的，因为很多人都可以感受到，从传统社会变成现代社会，其中最大的一个区别就是宗教信仰的影响力越来越低，而打破迷信的科学力量相应地不断上升。

因此，可以得到一个简单的推论，即在传统社会中宗教很重要。相对应的，宗教没落，科学和科学理性塑造了现代社会。这是韦伯刚开始为我们解释现代社会时理所当然走的一条路，可是这条路走到那里，他又觉得不对劲。因为在更深刻地研究、把问题脉络化后，他会发现，不同的宗教会形成不同的社会。

因为有犹太教，所以信仰犹太教的犹太人虽然散落在各地，却仍然在一神的笼罩下能够组成彼此认同的非常奇特的社会组织。因为有印度教，所以印度人会发展出种姓制度，以及层级非常严格、上下区分严密的社会。

宗教与社会之间有非常密切的连接。由此,韦伯发展出了宗教社会学,并看到其实资本主义在相当程度上是因为有新教改革,在旧教天主教被推翻之后,由一个新的宗教意识相应打造出一套社会组织。

因此,在韦伯的理论中,资本主义另外联系了两端。一端联系到宗教的起源,这是我们从未想过的,原来资本主义与宗教有这么密切的关系。如果没有宗教的影响,没有用宗教信仰刺激社会的重新再组,就不会出现资本主义。

另外一端,资本主义也是一个强大的经济机制,因此产生了经济与社会之间的连接关系。因此,更进一步地类同于有什么样的宗教,就会创造出什么样的社会。

韦伯也意识到,他还要解释这件事,即有什么样的经济体制就会产生什么样的社会。所以,他写了一部非常庞大的书,书名是《经济与社会》(*Economy and Society*)。其中的部分内容是探索不一样的生产交易分配,各种不同的模式、机制如何影响和改变社会组织。

理性取代宗教——现代社会的诞生与困境

前文说到宗教没落而科学理性兴起,这是对比传统社会和现代社会时最鲜明的一个现象。如果说现代社会是理性取代了宗教,那么对韦伯来说,又多了一个新的脉络化之后的课题,即必须补上对理性的研究。因此,他在这方面又有了重大贡献。韦伯从理性如何膨胀并笼罩了人们所有的生活,来描述、解释现代性和现代社会是怎么一回事。

其中,他又更细腻地区分出什么是工具理性,什么是目的理性。同时,他也看到在现代社会的发展中,最重要的、有时也是最危险的一个现象是工具理性越来越发达,相对地掩盖或压抑了目的理性。

社会会变动，政治会变动，经济也会变动，它们彼此之间形成了非常复杂的互动。对应于政治权力，在支配研究方面有超凡魅力作为它的例外，那么在经济的研究上也有例外。韦伯发现，城市是经济研究中最重要的一个例外变数。由于有城市，有行会，有居住在城市的自由民，就形成了在历史上高度不确定的改变因素。因此，韦伯又从这里发展出了城市社会学。

韦伯有政治支配的理论，有宗教社会学，有关于经济与社会的研究，有关于城市的社会学——这么多，这么庞大。而所有这一切，最后是要总结和解释社会到底是什么，社会组织是如何形成的，以及为什么会区分出传统社会与现代社会这两种性质非常不一样的组织形式。

彻底解释现代社会的野心与系统

我想有一些读者朋友现在已经看得晕头转向了吧？没关系，因为接下来我将会带领大家深探韦伯的思想和体系，慢慢梳理出藤蔓。

韦伯细密的思考其实是有条不紊的，而且最终都回到现代社会，因此韦伯的理论、观念没有过时，能一直产生和我们当下切身的现象相照应的作用。运用日常观察以及每一天生活在当下环境中的经验，我们就可以了解韦伯的系统。另外，借由韦伯的系统，也可以对当前现实的社会有系统性认识。

接下来，本书会联系《〈资本论〉的读法》关于马克思《资本论》的说法，先从韦伯对于资本主义的解释开始说起。这也是换另一个角度再进一步思考：应该如何理解当下我们所面对的与资本主义相关的所有现象。

韦伯非常看重历史材料，所以他实质上是以自己的社会学立场提出了对世界史的看法，这中间特别凸显了宗教在社会组织结构中产生的作用。

而后，从这里再延伸到韦伯的政治观念。其中最关键的是支配与正当性；再从支配的结构延伸到官僚体系、对官僚体系的描述与分析，这相当程度上会联系到大家在现实里必须要与之打交道的非常庞大的管理体制。

接着还有一个部分，即从社会的角度理解经济，尤其是经济如何影响社会，社会秩序又用什么方式制约或发展了经济。

最后，是从社会的角度理解现代。我们如何从中体会作为一个个人活在现代社会中，面临着什么挑战？我们应该具备什么知识、做什么准备，才不会被这样的现代性淹没，从而保有自己的主体性和主动性以应对现代社会？

韦伯的现代事业虽然复杂，但正因为复杂，他才可以帮助我们排除许多因为自己太天真、太简单地想象社会而造成的种种错误。

3. 马克斯·韦伯的俄罗斯套娃

没读原文，为什么我敢质疑翻译？

要说这个问题，让我先回溯我的大学时代，我要回忆我的老师张秀蓉。她教我时，刚从美国的布朗大学（一所重要的常春藤名校）拿到博士学位回到中国台湾，并在台湾大学任教不久。我是从大学二年级开始阅读韦伯的作品，前文提过，我先接触了《马克斯·韦伯社会学文集》这一本选集，而后在学校对面的书店里尽可能地搜罗、购买了我能找到的韦伯的著作，很认真地阅读了它们。等到大学三年级时，我去上张秀蓉老师开设的"西方近代经济史"课程。

在"西方近代经济史"的课堂上，张秀蓉老师特别介绍了韦伯的理论，她当时用了一本新出版的由英文译成中文的介绍韦伯理论的书。因为那是一本薄薄的书，却要处理韦伯庞大的学问、知识，还要彰显出其系统性，所以那应该是一本想接触韦伯理论的有用的入门书吧。张老师当时让大家各自选择参考书阅读，而后在课堂上做报告，我因为过去一年认真阅读韦伯的背景，很自然地就选了这本书。

不过，我读了那本书之后很后悔，因为我一直怀疑那本书的翻译有问题，有很多地方我甚至可以想象原来的英文大概是怎么写的。但偏偏译者是张秀蓉老师的一位学弟，也是台湾大学历史系的硕士毕业生，他后来去了美国芝加哥攻读博士。按道理说，他的水平应该很好，尤其是他能申请到美国名校芝加哥大学，他的英文怎么可能会有问题？然而，不管我怎么读，那些中文就是不对劲。

所以，思前想后，加上年轻时我冲动的个性，等到做报告时，我并没有只是中规中矩地介绍了这本书的内容，而是忍不住在报告里批评了这本书的翻译，还举出了很多我认为一定是错译的地方。为什么我判断他一定是译错了呢？因为不可能用这种方式来描述、形容韦伯的思想系统，那基本上是与韦伯的思想系统抵触的。

我浑身大汗地做完了这个报告，张老师在课堂上给了我很高的评价，但是，让我头痛的事发生在下课以后。下了课，张老师把我留住，等同学都走了，她问我：哎，你手上有这本书的英文原著吗？可以借我看一下吗？

张老师甚至还告诉我，前一阵子她在研究图书馆和文学院图书馆都填了新书申请单，就是希望图书馆能购买这本书，但还没买来。因为我批评了这本书的译文有问题，所以她当时觉得太好了，也认为我手上一定有原文书，很想看。

这下麻烦了，真是头痛，因为我不得不和老师承认：我没有这本书。当然，必须说老师真是宽容，她本该大骂我一顿：你狂妄到这种地步，手上没有原书，却敢批评人家的中文翻译翻错了。但她没有这么做，而是非常认真地一一问我刚刚报告的部分：你怎么判断这个翻译是错的？我就大致地告诉她，我的依据是我所读到的韦伯，包括韦伯的不同思想彼此之间的关系，再加上我对翻译中经常可能出现的英文句法、文法的错误的非常粗浅的认识。我基于这些非常薄弱、稀少的材料，做了非常大胆的评断。

坦白说，说这段话流的汗比上课做报告时流的更多。我一直记得这件事,即使过了几十年,两个教训仍然深深地埋在我的心底。

第一个教训是告诉大家,千万不要把话说过头了。你有多少根据、证据,就说多少话,这是颠扑不破的真理。如果想要多说一点,真的可能不小心就会被戳破——我被戳破了几十年都忘不了。第二个教训是这件事不完全是负面的,因为它让我深切地体会到,虽然我读韦伯的资历不算太深,但韦伯真的有一种特性,他的不同主张真的是环环相扣的。如果不是注意到他的这种环环相扣的特质,就算我那时再年轻、再冲动、再不懂事,也不至于犯了这样的错误,用这种方式评断别人在中文翻译上出了错。

我真的有一种很深切的感受甚至是信念:我认为在韦伯的不同主张之间,他几乎从来不提个别的主张。我们知道一个作者、研究者的不同的想法、立场、主张,因为他是一个人,即使是经过了不同的时代、阶段,它们必然依随着他的生命而有着连接的关系。但是,很少有人像韦伯这样:他在几十年的研究生涯中,所想的每一个面向都是在同一个系统中,他有一种非常强烈的自觉的系统建构的关怀。

韦伯的思想系统,就像一个俄罗斯套娃

如果要了解韦伯,有一个很有帮助的形象:韦伯的看法像一个套一个的俄罗斯套娃。举一个例子,他最常被引用的重要著作《新教伦理与资本主义精神》本身看起来是一个非常精彩的、独立单行本的重要研究,也明白地提出了彻底改变大家对这段历史的认识和理解的重要结论。但是,我们不能单独地看这本书。

我们要把这本书当作俄罗斯套娃位于最里面的一个最小的娃娃。在这个娃娃外面是韦伯提出的"到底什么是资本主义""资本主义作为一个历史的现象,应该如何描述、分析它"这样比较大的问题的

其中一部分。

但是，他也不像马克思以现代资本主义作为其终身的关怀。资本主义的研究不过是大一点的俄罗斯娃娃而已，再外面，还有另一个更大一点的俄罗斯娃娃，那是韦伯对于现代理性的关怀。

到底什么是现代理性？现代理性的现象如此明确，但我们该如何理解它？更进一步地，我们该如何追寻它的来龙去脉——包括它未来的可能发展？因此，探索现代理性必然会碰触到资本主义，而只有碰触到资本主义，才会去讨论基督新教伦理作为资本主义精神崛起的其中一个变数。

那么，"现代理性"这个题目够大，这个关怀够广泛了吧？但在它之外还有一个更大的俄罗斯娃娃，那是在人类历史上宗教和理性发展之间的关系。于是，在这个层次上，在这个更大的俄罗斯娃娃涵盖的范围之内，韦伯就不只看西方的文明、历史，他要探讨的是普遍的情况。为什么过去宗教在绝大部分文明中都扮演着这么重要的角色？但是，到了欧洲、西方的近现代变化时，相对的，理性崛起，理性和宗教产生了非常复杂的甚至是冲突的关系——这是为什么他要探讨现代理性的更高层次的探索方向。

这也还没结束，外面还有一个更大的（套娃），即在人类社会的组成中必然要有管辖集体行为的权威。如果没有这种权威，我们就绝不可能看到人类集合在一起变成一个社会——不管这个社会是大的还是小的。而在整个人类的历史与经验中，宗教和社会权威一直有非常密切的关系。因此，如果不能透彻地解析宗教，我们就无从描述、讨论人类普遍的社会权威。

因此，关注到了这个层次，就要讨论印度的宗教、中国的宗教、犹太人的宗教，乃至于神话和宗教之间的关系，在这个庞大的背景、范围中也才出现了理性发展和宗教这样比较小的主题。

到这里已经到头了吗？还没有，再往上的一个更大的俄罗斯娃娃是关于社会组成过程中权威合法性的来源。一个权威合法性的重要来源是宗教，但不仅限于宗教，经济、政治都在这个层次中被韦伯并纳进来，因为它们都是与组构集体生活的社会权威之合法性密切相关的。

再往上还有一层，是我们以人类作为一个完整的关注、研究范围所提的问题：为什么会在人类里产生社会组织？社会组织是如何出现的？它又如何在历史的时间中一直维持到当下的？这么一看，一层套一层的，很多读者恐怕都快头晕了。

最后一个也就是最外围、最大的那个俄罗斯娃娃是什么呢？什么叫人类社会行为？人类的社会行为有哪些主客观条件？

让我再反过来说说，对韦伯来说，他最庞大的知识野心是解码人类社会的行为，看看它们到底是靠什么主客观条件形成的。

接下来，聚焦一些看：社会组织以及集体结构是如何形成的。

再聚焦得更小一些看：集体行为中绝对不可或缺的权威合法性。

再聚焦得更小一些看：宗教和社会权威之间的关系。

再聚焦得更小一些看：理性发展和宗教之间的关系。

再聚焦得更小一些看：现代理性是怎么一回事。

再聚焦得更小一些看：建立在现代理性基础上发展出的资本主义是怎么一回事。

最后，才聚焦到我们刚刚讨论的起点，那就是《新教伦理与资本主义精神》这本书及其论点，这是韦伯形成他的系统的方式。

进入韦伯的最好方式

有人问我，韦伯的书怎么读？在严格的意义上说，韦伯一辈子所写的每一本书没有一本是定本，他的每一本书都是在刚刚提到的系统中处理了其中的一个部分或几个部分。

更重要的是，为什么要特别强调没有一本是定本？因为直到他去世之前，所有这些著作都在他的脑子中，还处于修订状态。

一方面是因为韦伯所处的时代对包括中国的宗教、印度的宗教、犹太的宗教在内的异文明的比较研究还在快速发展中，他必须因应新的资料、翻译、挖掘，乃至于新的解释来调整他自己这么广大的研究范围中方方面面的不同说法。另一方面，一个更庞大的修订压力在于像是前文形容的俄罗斯套娃一样，每一个娃娃都会影响到前面或后面的其他娃娃要如何组合在一起，韦伯在任何一个层次的研究都会改变不同层次之间的关系。所以，他一直在思考，一直在修订。

因此，韦伯的学术、思想没有定貌。到他去世时，还有太多东西未被固定下来。我们要读韦伯，也就不能只是被动地接受韦伯到底写了什么。

第一，想要有更多收获，我们就必须积极、主动地替韦伯做这样的整理。我们要知道他的各个部分在他的系统中到底位于哪个位置，有什么样的重要性。我们必须自己补充各个部分之间的关系。

第二，同等重要的，韦伯最大的贡献是建构了一个个人绝对无法完成的庞大系统。因而，他邀请后来的所有人：当你看到这里的时候，用你的知识经验、文化背景，将他的这个系统所提出的"道路"加以扩张、开拓，再填充不同的细节资料，乃至于对之进行修订。这才是韦伯真正的地位。

我们了解了这样的脉络和背景再来读韦伯的书，也许就会更有章法，也就能更容易找到头绪。

4. 理解现代，从这几位思想家开始

在导言中，我会介绍本书是把韦伯放在什么脉络之下解读的。

为什么每个地方的生活方式越来越雷同？

大家是否曾认真地体会过，我们所处的当下世界中，人类的生活方式变得越来越类似，而且都受到了西方文化影响。

在生活细节中，这种现象非常明显。现在大家穿的是西式的衣服，而且它是国际性的，全世界的人大概都是这么穿，所以才会产生这种国际性、跨国性的流行产业。而且不管是女性还是男性，他/她们的发型和衣着配合的方式，也都是国际通行的。另外，人们居住的空间由方正的几何线条构成，这也是一种普遍的现代形式。

在交通上，最具代表性的是机场。现在，全世界的机场都统一了，你去世界上很多从未去过的地方，乘坐的飞机不是波音机型，就是空客机型。

不只如此，降落在一个从未去过的陌生地方后，空桥移过来，把人接进机场里，而每一个机场的空桥也一模一样。进入机场后，到底是左转还是右转？要怎么走，怎么过关？过关后要去哪儿领行

李？根本不需要有人指引，你就一定会产生简单的本能，立刻找到该去的方向。为什么？因为所有的机场统合了类似的经验，人根本不需要摸索。在任何一个机场都大致如此。

在生活上，大概就只剩下饮食的差别稍大一点。每一个地区的人（尤其在中国，我们有非常丰富的饮食传统）大部分都在吃自己的东西，不过在这方面也还是可以看到、感受到是在朝着同样的方向变化。例如，日本人吃生鱼片、寿司，而这种饮食方式这几年在欧洲、美国越来越流行。在亚洲，在东方，则是意大利面——它几乎征服了亚洲一半以上的人口。我们无法抗拒这样的改变，甚至无法避免被这样改变。

这种改变发生在各个不同的面向。另外像生产投资厂房怎么盖，机器怎么设计，机器如何安装，用什么样的方式操作机器，接下来要用什么方式运作货币利息和股票投资所得……所有这一切，直至你脑子里的观念：你如何看待人生、要追求什么的价值观，乃至如果你确定了人生中要追求什么，要找到什么手段、途径达到人生目标……这一切都明显在变化、在趋同，全世界的人在这些方面都越来越类似。

感染、改造全世界的现代性

再换一个角度看，我们也就不太能只根据中国的传统来解释现在过的到底是什么日子。必须要面对这个世界到底是怎么一回事：深入了解我们的生活，我们的人生，我们的周遭，我们不得不面对的世界。是的，必须要探究到底是什么力量塑造了 modern（现代），这个具备现代性的现代社会、现代世界。

"现代性"是从 modernity 翻译来的，而 modernity 最简单的解释是构成现代社会的特性，这是一种原来在欧洲诞生、出现的特性。

但是，一来现代性不必然属于西欧，因为这样的生活特性其实与当时西欧人原来的生活、思想、信仰、习惯的组织有很大的差距，也给他们带来了非常强大的冲击。这个冲击更进一步摧毁了他们原来在欧洲拥有的一种传统状态。而且在100多年的时间里，还带来了从法国大革命到第一次世界大战、第二次世界大战等这些巨大的破坏和伤害。

二来这样的现代性虽然是在西欧出现的，但它在那之后就携带巨大的力量，快速传播到全世界的各个角落。当现代性刚刚萌生的时候，当时这些居住在西欧尤其是大都市的人，他们强烈地感受到自己周遭的环境正在快速变化：旧的很快被推翻、消失，而新的在他们还没有准备好的情况下，不断冒出来。

因此在那种情况下，产生了这种强烈的心理需求：必须要记录这些新鲜的现象——这还不够，还必须要试图去理解这些新鲜的现象。

"现代"不是一个时间副词，更像是一个形容词

这个变化看起来越来越快，也在人的脑子里深植了一个疑惑——既然这个变化不太可能停下来，那么它会用这种方式一直行进到哪里？这个变化背后是有道理的吗？我们到底应该怎样掌握这种变化呢？正因为那么快速，那么新鲜，那么奇特，那么难以掌握，没有像失去了以前处境的那种理所当然，于是很多人投身于记录、整理。接下来，这份新的意识形成了，另外也形成了特殊的时间感。

什么样的时间感？即相信自己正在见证的不只是变化，而且是空前激烈的变化。

这里的关键是"空前"，意思是在人类的历史记录中，找不到类似的、相同的经验可以做比拟和对照。换句话说，这个时候的变化不是 different in degree，即不是程度上的改变，而是 difference in kind。这是一些从未见过的新模组、新形态,在快速的冲击中,不同种类的现象、事物快速变得茂盛。和之前的历史相比,几乎每一个面向都变得不一样。因此,本来用于描述当下、当代的词是 modern,相对于过去而言,它本来的意思在这个时候被扩张理解成一个阶段,一种非常特别的时代,进而把 modern 这个时期的特性与过去的"传统"(tradition)做对照,用这种方式来描述正在经历的这段变化。

这种变化的独特性,也就意味着此时把人类的经验分成了非常不平衡的两段。一段是前面的传统,那是 2000 年、3000 年,在那种人类的传统状态之下,变化基本上是缓慢的。然而到了自己的这一代,人们生活的当下,突然之间传统被逾越,变成了快速变化的 modern(现代)。这种现在的感受和过去绝大部分漫长的时间被区隔开,再来追溯这种 modern,它似乎就有一种内在的抽象性质,因而把它命名为 modernity(现代性)。

不只是要描述我们究竟活在一个怎样的现代,还要认识和解释:现代的现代性,尤其是对比传统,究竟有什么最特别之处?它是如何形成的,在形成的过程中如何影响了我们?更重要的是,现代和现代性究竟要把我们带到哪里,带到什么样的未来呢?

探寻现代世界来龙去脉

这种现代性带有非常明显的特质,它有巨大的扩张潜力。在 19 世纪,这本来只是发生在西欧几个国家、地区的少数的人口中的现象,但随着时间发展,这份现代性不断地蔓延到越来越多的地区。一个世纪之后,现代性几乎改造了全世界,就是在这种现代的影响下,全世界变得越来越相似。到了 21 世纪的今天,这个过程中又增加了许多复杂的变数。比如最近发生在周遭的信仰撕裂的问题,大国之间对立的问题,新冠疫情所造成的全球封闭状态等。然而现代性以及现代性所引发的全球扩张的这股力量,仍然持续左右着我们的生活。

因而,理解这样的现代世界是如何建立起来的,仍然是我们不能不关切的一大问题。

要求索这个问题,就得看怎么认知问题。如果把它认知为一个question(困惑),那么就要去寻求 answer(答案)。如果把它认知为problem(问题),那么要寻求的就是 solution(解决方法)。

不管是要找答案还是要找解决方法,都不是一件容易的事。不过,我们可以找到一个入手的途径,也就是可以选择聚焦几位曾经提出开创性思想观念的作者,借由他们写下的经典书籍亲近、阅读他们。这几位作者留下的经典的共同之处,在于他们都冲击、改变了人的传统定位,像是重新画了一个不一样的坐标,把人摆在不同的位置上。因此,这一方面动摇了人原本在传统社会中固定的、已经很安稳的一种状态;另一方面,在动摇了原来的位置之后,将其改放到一个新的位置上,就逼着人必须要重新看自己的周遭,重新思考、定义,更进一步地重新调整自己与生活中其他不同因素彼此间的关系。

现代森林的指路者:马克思、韦伯、尼采、达尔文……

之前我曾介绍过马克思,他最重要的影响是其思想和著作改变了人与社会之间的关系。

而韦伯,接在马克思之后,提出了一套新的社会学观念,帮我们进一步解释了人活在社会中究竟是怎么一回事,这种集体是如何构成的,以及我们与这样的集体是如何发生关系的,我们又如何累积并运用自己的社会经验。

同样等级的思想巨擘,还有达尔文(Charles Darwin, 1809—1882)。他提出的"进化论"彻底改变了人与自然之间的关系,而达尔文的说法和其著作直到20世纪又延展出来,后来出现了遗传学、基因研究,还出现了爱德华·威尔逊(Edward O. Wilson, 1929—2021)从进化论发展而来的社会生物学(social biology)。另外,由理查德·道金斯(Richard Dawkins, 1941—)提出的一个非常有名的说法叫"自私的基因",让人更清楚地体会到生物进化究竟用什么方式彻底改变了这个世界,创造了目前所处的这个自然环境。

另外,还有弗洛伊德(Sigmund Freud, 1856—1939)。他的理论关于精神分析、潜意识,以及潜意识和显意识之间的互动,这彻底改变了人与自我的关系。精神分析这门学问一脉相承,后来有荣格、阿德勒、拉康等。还不止如此,潜意识的概念,弗洛伊德对认知、记忆的各种不同解说,又在文学艺术上对人们产生了巨大的启发。比如了不起的意识流作家詹姆斯·乔伊斯(James Joyce, 1882—1941),或是在描述记忆上格外细致并到达一个不可思议层级的马塞尔·普鲁斯特(Marcel Proust, 1871—1922),他们都是从弗洛伊德那里得到了灵感和启发,才有这样的开创性突破。

此外,绝不容被忽略的还有尼采(Friedrich Wilhelm Nietzsche, 1844—1900),因为尼采的著作改变了人与权力之间的关系。他描述、探索了人的普遍权力意志,这意味着权力并不仅限于政治领域。从此之后,在20世纪的人们突然发现权力和政治无所不在,于是就绝不可能再用原来的方式看待和分析政治。

尼采还启发了法国哲学家、历史学家米歇尔·福柯(Michel Foucault, 1926—1984),他用更戏剧性的方式来展现人如何时时刻刻都活在权力关系中的这种处境。

还有海德格尔(Martin Heidegger, 1889—1976),他以一本巨著《存在与时间》改变了人与时间的关系。这本书往上联系到爱因斯坦对时间的观念、探索方面的狭义与广义相对论;往下又联系到霍金的《时间简史》,那是物理学上开发出的对时间的解释、认识。但是,海德格尔的哲学又凸显了人在意识上和物理上非常不同的、非线性时间的处境：我们的时间会迂回交错，有各式各样的缠卷。另外，它也指出了主观上对时间长短的扭曲、错置等。

海德格尔的这本哲学巨著也改变了人与存在或存有的关系。它往上联系到伟大的俄国小说家陀思妥耶夫斯基，他在小说中进行的各种不同探索和质疑；往下则联系到法国的存在主义哲学、文学，比如萨特或加缪的种种经典作品。

在未来，我们会将理解现代和现代性相关思想的内容，整合成形塑世界的思想巨擘系列。有了针对这几位思想巨擘的系统阅读，我们就有了思索现实、面对未来的指引地图。活在这样的现代环境里，在这样一座繁复的森林中，也许我们可以不用担心一直迷路了。

第一章

从马克思到韦伯：
重新解释资本主义

1. 来自韦伯的质疑：资本家之所以成为资本家，只因本性贪婪吗？

在导言中，我曾回忆自己是在20世纪80年代台湾非常特别的"韦伯热"背景下认识和理解韦伯的。回头看，我当然也非常好奇：为什么那个时候会有这种非常特别的知识上的集体行动、集体现象？"韦伯热"究竟从何而来？

台湾的"韦伯热"从何而来：从西方的反行为主义谈起

台湾的"韦伯热"是与西方的变化发展有联动关系的。自20世纪70年代开始，韦伯的社会学方法论、社会学概念在西方国家尤其是美国复活了。

为什么复活了呢？有一部分来自对20世纪60年代最流行的行为主义（Behaviorism）的反动。行为主义最重要的代表理论家是伯尔赫斯·弗雷德里克·斯金纳（B. F. Skinner，1904—1990），他原先的背景是心理学，将心理与行为的关系倒置。本来心理学是从行为研究人的心理，但斯金纳比较感兴趣的是如何通过行为控制人的心理，训练人的动机。换句话说，他有一个非常素朴、简单的信念。

可在那个时代，这样的观点非常流行：人的动机与人的行为直接联系，而且前者受到固定的几种本能影响、操控，因此只要安排对的环境，就可以改变一个人的动机。而改变了一个人的动机，也就同时改变了他的行为。

斯金纳认为，他用这种方式把心理学、社会科学这些研究人的知识、学科，都予以更进一步地科学化。也就是说，那种理解方式可以和实验扣搭在一起，人的行为也可以实验。而且，这个实验是科学式实验，不一样的人在不一样的地方都可以得到同样的结果。所以，这是从科学的角度，对人的认识与理解的一大胜利。

在行为主义发展到最高峰时，有一部非常有意思的电影可以作为它的代表，那就是 1964 年由萧伯纳的剧本改编而成的好莱坞电影《窈窕淑女》(Pygmalion)。一位来自伦敦东区底层社会的卖花女遇到了一位语言学教授，后者改变了这个女人的语言。在语言被改变后，女人的行为连带着被改变。因此，她就不只是外表显现得像，而且是彻底地转化为一位高贵的淑女，甚至连她的内心都高贵化了。

这改变的过程就牵连到 Pygmalion 这个原名。它来自希腊神话，是一位了不起的工匠的名字，非常擅长雕塑。他在雕塑一个少女的雕像时，因为雕得太好了，惟妙惟肖，以至于他爱上了自己的作品。影片中，这位教授本来对这位伦敦东区的女性不以为意，因而要用这种方式改造她，但当他改造到一定程度时，他就爱上自己改造的这个新的女人了。

这个剧本与电影的故事充分反映出：相信人的行为可被形塑。因此，如果我们相信这种行为主义的社会科学，就可以把这个世界上的人都改造成我们要的那种人。只要给他们对的环境，在对的环境中塑造出他们对的动机，接下来这些动机就会让他们产生对的行为，而这个对的行为又会回过头来形塑他们，让他们变成我们想要的那种人。

然而这种行为科学的研究，到了 20 世纪 70 年代之后就过了盛期，因为有太多的问题。这些放在人身上的实验，部分违反了一些西方人文主义者对人的最根本的看法，以及对人之所以为人的内在复杂性的根本尊重。

于是，人们检讨、反对行为主义，回过头来想起韦伯一直以来的重要提醒：人的外在行为与其主观认定的意义分不开。人即使拥有同样的行为，但这些行为出现在不一样的人身上，出现在一个人的不同时期，都带有主观的意义，而这些意义不见得是一样的。

韦伯如何区分人的行为？以"老师打小孩"为例

在韦伯的社会学开端，他就把人的行为分成四种，我们会放在后面的章节中仔细解释这四种行为分类。现在，我只是用一个简单的例子，让大家体会韦伯的提醒到底是什么。比如，看到一个老师打小孩，我们应该怎么认识、看待和理解这个行为、现象？韦伯提醒我们，至少有四种不一样的可能性。

如果这个老师打小孩，是因为这个学校长期以来有这种传统，而且如果小孩只要考不到 80 分就该被打，那么这个老师不需要多想，在班上同学发考卷时，他看到考不到 80 分的就打。此时，在韦伯的概念和分类下，"老师打小孩"是一种传统的行为。

同样是老师打小孩，如果是因为这个小孩做了什么或说了什么，一时间惹恼了老师，老师打小孩则纯粹是一种冲动、愤怒的反应。在韦伯的分类中，这是一种情绪的行为。

在另一种情况下，老师打小孩是经过了非常仔细的考量。他在思考如何让班上学生的考试成绩进步，因为班上学生的考卷平均分要与别班的进行比较。校长是如此管理学校的，老师也要有相应的做法。他想了半天之后，决定必须要用这种手段来达成目的：设定一套打小孩的方式，且必须要与考试密切结合。一来学生的成绩在下一次考试时能进步，二来和别班相比成绩进步，可以提升这个老师在学校里的地位，让他在校长面前扬眉吐气，和校长有更好的关系，甚至未来有可能加薪。如果是这样，那么老师打小孩的行为在韦伯的分类里又不一样了——这是一种源自工具理性的行为。

还有另一种可能：这个老师打小孩是因为他有一种内在深刻的权威人格。对他来说，师生关系中最重要的是老师的权威，这不只是绝对不容许学生挑战，而且是老师必须随时展现他的权威。由此，在韦伯的分类中，老师打小孩的行为变成了第四种分类，即源自目的理性而选择的行为。

所以，不能单纯地看待"老师打小孩"，它至少有以上四种不同的动机：可能是传统的行为，可能是情绪的行为，可能是源自工具理性的行为，也可能是源自目的理性的行为。

外表相同的行为，如果以行为主义者的眼光看，那就是同一回事——老师打小孩。依照斯金纳的看法来解读就太容易了。我们到底是否赞成这件事？如果不赞成，并让老师不打小孩，就得去布置一种让老师没有动机要打小孩的行为。如果反过来，我们认为老师打小孩是对的，也同样可以布置一种行为，借由反复刺激养成行为上的习惯，用这种方式就一定能训练出会打小孩的老师。

行为主义者对于人的认知和调查的方式，后来使太多人反感并感到不对劲，因而要把人类意志上的主观意义放回我们对社会的认知、研究上，这是韦伯所带来的重要刺激。

《新教伦理与资本主义精神》的由来：韦伯对马克思的超越

在这样的架构或关怀之下，才能理解韦伯为什么写了《新教伦理与资本主义精神》（*The Protestant Ethic and the Spirit of Capitalism*）这部名著，以及这本书为什么会变成名著。光听书名就能了解,这本书当然与马克思有关。

韦伯承袭自马克思,有着和后者相同的对资本主义的关怀:把资本主义当作历史现象。如果大家有兴趣的话,我在《〈资本论〉的读法》一书中对这部分有比较仔细的解说,这里只是一个较为简单的摘要:马克思将资本主义看作特殊的历史现象,看作在人类历史上的一个特殊的时代、阶段。也就是说,资本主义的不同现象,并不是人类从来就有也不是永远存在的普遍现象。18世纪之前,并没有这样的资本主义制度,没有资本家,也没有这样的资本主义社会。

在理解马克思时,他的历史意识非常重要。我在《〈资本论〉的读法》一书中,一再提醒马克思最在意和最强调的不是所有的财富都是资本,并不是金额稍大的钱就叫资本,资本只能在资本主义这个特殊的历史现象之下去了解;也不是所有从事劳动的人都是劳动者,都是工人。那是因为有资本的介入,改变了原来工匠与他的生产工具结合在一起的现象,生产工具变成掌握在资本家的手里,原来的工匠现在失去了生产工具,才变成出卖自己的劳动力、劳动时间的劳动者,或是资本主义下的工人。

所以,马克思说的都是历史性变化、在不同时代之间所造成的改变,这些改变各种不同的因素如何形塑了资本主义社会。这是一种历史的主题,马克思念兹在兹,而且他提出了关于历史性的理论和解释:资本主义到底是怎么来的,接下来资本家又是如何形成的,还有更进一步的,在实践中运作的资本,它在未来又会怎么样。

韦伯在这个层面和马克思一样,他也是把资本主义视为一个历史的现象,也在探索资本主义的来历。不过,他对马克思提供的答案不太满意,这就是为什么他一方面清楚地承袭自马克思,但又对马克思的答案做出了重大修正,这源自韦伯对人的主观意识有所认识、有所理解、有所强调。

在马克思的历史理论里,资本家的行为源自他们想要成为一个资本家。

我们看到资本和资本家的来历，很容易这么想：他们拿自己的钱去投资，投资之后赚来更多的钱，原来的钱本来会被拿去花掉，拿去享受，或是放在别的用途上，但这时都被聚拢了用作投资，钱因此变成了资本。这些人这么做就是源自本性、本能的贪婪。所以，过程中产生了货币的异化。

然而，在这个过程中，韦伯多问了一个问题：这些人的动机是什么？

依照马克思的想法，这是不用多解释的，然而韦伯要更细致一点，因为他有人类行为方法论上的提醒和突破，他发现了一件事情。韦伯认为，在研究历史社会行为时，主观动机和客观的行为，表面的行为和内在的动机，不能理所当然地被视为一体。不能用后来看到的人们表面的行为，理所当然地推测他们的动机。从这个角度看资本主义的历史现象，韦伯就发现了一个非常简单，甚至三言两语就可以解释、说完的结论。

然而，这个结论太重要了，也太惊人了，以至于他必须用一整本书来铺陈、解释，才有办法让这个结论被别人接受。

也因为这个结论如此重要，又如此令人惊讶，所以我会在下一节中仔细地展开说明。

2. 新教伦理的阴影：为什么成功的资本家很少享受？

在上一节中，提到了韦伯的名著《新教伦理与资本主义精神》，在这本书里他通过历史性研究，和马克思一样把资本主义看作一个历史的现象，但是，他的探究得到了和马克思很不一样的结论——他的结论是什么？

最简单的一种理解方式，是从书名开始。

为什么有的欧洲国家是美食天堂，有的是美食荒漠？

为什么要特别提到新教伦理？我不知道大家对于欧洲，尤其是去欧洲观光旅游有没有一些经验？其实，在认识欧洲尤其是在欧洲观光旅游时，应该要了解的一件事是，说到在欧洲最重要的美食，一定会提到法国、意大利和西班牙。

可是，如果换相反的方向说，你会留下印象，甚至有时常常被提醒、警告：在一些地方，没那么容易吃到好吃的东西。

每个人的排名可能不太一样，可是我忍不住一定要告诉大家——要小心英国，如果想到英国吃好吃的东西，那么风险会高一些。

排在英国后面，甚至常常和英国不相上下的，有德国。德国最有名的是德国猪脚,但那并不是德国人平常会吃的东西。在德国可以吃到的是什么？Sauerkraut（酸白菜）、马铃薯、黑面包,大概就是这些东西了。

还有一个比较奇特的地方,那就是荷兰。荷兰有丰富的大麻文化。提到阿姆斯特丹,很多人都知道从阿姆斯特丹车站出来的那条路上,有两种不一样的店,一种叫 cafe,一种叫 coffee shop。两种店卖不一样的东西,一种的确是卖咖啡的,另一种是卖大麻的。荷兰也没什么美食,最有名的荷兰美食是什么？生鲱鱼？这恐怕也不是什么太细致的美食处理方式吧。

有些地方有美食,有些地方则没有,这是有道理的。法国、意大利、西班牙都是天主教国家,它们过去长期的宗教信仰基本上是旧教,跟随着罗马教会。但是,德国、荷兰、英国这几个国家都是新教国家。这中间有非常清楚的联结。

新教对旧教的批判

为什么这本书叫《新教伦理与资本主义精神》？因为整件事情来自信仰、思想,比较严重的当然就是新教的信仰。1518年马丁·路德发动了宗教改革,最重要的一件事情是他在教会的门上贴上了《九十五条论纲》,而它最重要、最核心的是牵涉到罗马教会的伪善以及教会的说谎、敛财。

为什么今天提到《九十五条论纲》会特别集中地提到赎罪券？因为拿钱买赎罪券就可以赎罪,而且天主教会收走了这些钱。他们为了合理化自己收钱,还创造出一套理论,让教会、教宗和主教可以聚拢庞大的财产。所以,新教是基于强烈地攻击和批评旧教天主教在这方面的伪善、虚伪而建立起来的。

这种攻击产生了两项重要的发展。

第一项发展是依照新教信仰，一个真正的信徒最重要的是必须言行合一。基督教里最重要的典范是什么？那就是耶稣基督说过的，要让富人上天堂比让骆驼穿过针眼还困难，困苦的人有福了，流泪播种的人必含笑收成。耶稣基督特别强调的是这样的价值，因此，如果真正相信耶稣基督言行合一，就要过像耶稣基督强调应该过的那种生活，这是新教深刻的信仰。

第二项发展是因为新教攻击旧教天主教会，所以天主教会是假的。人可以不要教会，可以直接面对上帝。为什么需要教会来告诉人们《圣经》里到底说的是什么呢？对马丁·路德来说，这是荒谬的，是他要予以修正的。

所以，在新教改革的过程中，另一件重要的事是马丁·路德花了非常多的时间把《圣经》翻译成德文。直到16世纪，今天称之为德国的区域，根本没有德文版《圣经》，因为没人觉得可以用德文来读《圣经》。如果要读《圣经》，人们就只能按教会给的标准答案，用拉丁文来读和解释。

可以拿来对比了解的是，比如，伊斯兰教到今天仍然保持着语言根本神圣性的传统。伊斯兰教的《可兰经》（《古兰经》）是不能被翻译的，它只能用阿拉伯文读，因为《可兰经》的神圣性是与它的语言密切结合在一起的。在以前罗马教会的观念里也是同样的，《圣经》必须用拉丁文来读，不懂拉丁文的人，必须经由教会解释、翻译，告诉他《圣经》说了什么。

马丁·路德不接受，他说如果这是上帝的意志，但上帝不可能做这样荒唐的事——上帝给了我们他的语言、言辞，却要让我们听不懂？每一个人都有权利读《圣经》，借由《圣经》直接理解上帝，也借由《圣经》让耶稣基督和人自己的圣灵彼此接触，这样人才拥有自己的信仰，而不需经由教会中介，这也才会是一种真实的信仰。

加尔文教派的"预选说"

这是新教改革的重大翻案,在对天主教严厉的批评、攻击过程中形成了这样的新教伦理,而新教伦理所诉诸的一个核心现象就是当时的群众性焦虑情绪。尤其是在新教中,发展出了最严厉的一宗,叫加尔文教派。加尔文教派最特别、最重要的一条教义是预选说,而这形成了所有加尔文教派信徒心理上最大的压力与最深刻的焦虑。

预选说的根基是将《圣经》里表现出的上帝和人之间的差距推到最极致、最绝对,这意味着人被上帝创造而出生在这个世界上是有目的、有道理的,可是人要如何知道上帝怎么设计自己的人生?上帝为什么要让人活在这个世界上呢?人永远不可能知道,也没有机会知道,因为这是上帝的全知全能。

上帝和人有绝对的差距。如果人能够通过任何方式、渠道测知上帝在想什么,上帝为什么要做什么,那人不就和上帝在同一个等级上了吗?但上帝和人不可能有同样的等级。

另外,最荒唐可笑的就是人的自信,也就是人所犯的错误:认为如果自己做好事,可以感动上帝,那么上帝会愿意让自己上天堂。这也是从马丁·路德反对赎罪券沿袭下来的。你觉得上帝是个商人吗?他在和人类做买卖吗?如果现在你去扫厕所、扫水沟,上帝因此帮你积1个点,累计到100点时,你就可以换得上天堂的权利。加尔文问道:你以为你是谁?你之所以来到这个世界,是上帝派你来的,为什么你认为自己可以和上帝讨价还价?为什么你认为自己可以影响上帝?这是你在和上帝做买卖、做交易吗?

什么叫预选说?它主张每一段命运是上帝很早就已决定好的。上帝全知全能,他有什么不知道的,还要看你现在和未来怎么表现,再来判断你要上天堂还是下地狱?如果是这样,上帝就不是全知全能的了。

你今天要做什么？要做好，要做坏，上帝怎么可能不知道？所有人在世间的一切，没有什么东西可以逃出上帝所知，所以不要想和上帝讨价还价。在上帝那里，一切早已决定。那是超越人且人永远无法捉摸的方式——我们被决定了。

所以这一切很悲观、很恐怖。每个人的一生，是上帝神秘的计划，而且结束了这一生之后，人到哪里去，上帝也早就帮人预选好，该下地狱就下地狱，该上天堂就上天堂，没有什么可以被人的自由意志改变。假设人有自由意志，也就表示可以和上帝讨价还价，以及上帝还不知道一些事情的答案。这对于加尔文教派的教谕来说，是说不通的。

那么，加尔文教派这样的信条，你要相信吗？你应该没有这么自虐。如果一切都是预选的，有些人会觉得自己为什么要相信这样的教条？如果变成了加尔文教派信徒，那不就变成人这一生做好事、做坏事都一样，反正在上帝那里什么都不会改变了。一个人不想守规矩就不守，反正上帝也不可能再惩罚他，也不可能再有任何改变，他又为什么要去做好事呢？做好事不会给他加分，也不会因此让他上天堂，他又为什么要费这个力气呢？

但是，历史上的实际现象不是这样的，关键在于产生了真正的、大的焦虑。你相信上帝把你放进世间是有目的、有意义的。而能被最简单地解释的一个目的是：如果上帝把你派到这个世界，让你做一个有正面示范效果的义人，这并不是因为你做得好，所以上帝让你上天堂；而是反过来，你早就被上帝选好要上天堂，因此你在世间就应该是好人。

这样，你才能感知上帝的目的，才能实现它，对这个世界才有你的意义。同样的，如果上帝早就确定你要下地狱，那么你在这个世上就会是坏人。

用这种方式连接之后，产生的是长期的焦虑。在对待焦虑这件事上，新教和天主教非常不同。

在天主教，如果你犯错了，每隔一段时间去教堂里忏悔，神父就代表上帝告诉你：you've been absorbed（我已经解了你的罪）。然后，你可以在日常生活里继续犯错。直到临终前，你还可以做最后的告解、最后的忏悔，因此你的焦虑是一段又一段的，没有长期的焦虑。

然而在新教，尤其是加尔文教派的信条下，焦虑是永恒的，因为没人知道上帝派自己到这个世界上到底是要让自己扮演什么角色。每个人都想知道，死后灵魂永恒的去处到底是天堂还是地狱。可是，要如何知道？你唯一知道的让自己得到安慰的方法，就是如果上帝预选自己上天堂，那么自己会在世间一直做好人、做好事，不会堕落和犯错，这表示自己是上帝预选的义人，死后应该会上天堂。

但如果你稍微犯了错，不管之前累积了多少的好，你会马上开始想，上帝是不是派自己来做这些事的，并告诉人们不管之前做了多少好事，自己还是随时有可能堕落，将来应该仍然要下地狱，于是就非常焦虑。

新教伦理的集体高度焦虑，使"资本家"诞生

在这种焦虑情绪的氛围下，产生了新教伦理。这种伦理在德国、荷兰等地，进一步与当地的市民文化结合，变得极度强烈，这产生了一种强烈的行为上的刺激。在中国台湾，老一辈常常用于形容勤俭之人的一句话是：不断地努力赚钱，但懒得花钱。也就是要不断地累积，要在这个世界上有成就，要做一个义人，一直不断地表现出努力、勤奋，保持有美德的生活。

有美德的生活会产生一种循环的诱惑。当你拥有这样的美德，当你如此勤奋，就很容易创造世间的成功，而后得到一种自我安慰：

我如此勤奋、如此正直、如此成功，那么我应该就是被上帝预选上天堂的人。

可在这个过程中，你会开始累积自己的财富，这带来了下一步巨大的困扰——让你去享受。然而，在这套理论和信仰中，所有来自财富、声望和地位的诱惑，让你去享受的诱惑，统统都是魔鬼。于是，越成功就越需要抗拒魔鬼。

如果拿了这些钱，被诱惑去享受，那么那个阴影又回来了：原来上帝还是把你选作该下地狱的。只不过他要借你告诉所有人，成功之后就堕落了，堕落后就陷入肉体的享受中，无论这肉体的享受会表现为何种形式。这样的人怎么可能会上天堂呢？他一定是要下地狱的。而且，作为一种错误示范，它让人们了解自己不要犯同样的错误。

你当然不愿接受在预选时被设定了这样的角色，该怎么办？你一直不断地努力，但累积了再多的财富也不能花，尤其是绝对不能花费在任何享受上。那么，你要用这些钱干什么？于是，很自然的，几乎是别无他法，你把这些钱拿去赚更多的钱，做更多的事。

钱在这样的主观动机下变成了资本。它不会被消费，也不会被用于满足欲望，而是被拿来进行更进一步的投资——财富经过循环的投资才变成资本。

从历史上看，这些新教的区域，尤其是加尔文教派流行的区域的确与资本主义的兴起、流行有非常密切的关系。资本主义财富如何化为资本？原来是由这些后来被统称为资本家的人，在非常特定的历史时期，出于非常特定的内心动机，用这种方式做到的。

韦伯修正、补充了马克思的看法，使人们对到底什么是资本家、资本家怎么来的、资本家的主观动机的历史来历等问题有了更深刻的认识与了解。

3. 财富的作用：上天堂、开工厂，还是买"人"？

本节将继续解释韦伯如何理解资本主义的来历，以及资本主义和资本家是怎么来的。

韦伯关注资本家如何产生和出现时，与马克思或是人们从外表想象的不一样。最重要的一件事是，这些人不是因为自己想要成为一个资本家，而是其内在有一个比资本获利更强大的动力，才使他们变成了资本家。

韦伯说的就是这个非常特殊的历史现象分成两头所产生的意义。

创造但不享受财富的精神，是通往天堂的门票

第一头是前文提及的，在看待人的行为时，尤其是在分析社会行为时，连资本主义这么庞大的历史现象都有可能会弄错。原因是单纯只看表面的行为，而不考虑人的动机，不考虑这件事对这个人的内在意义。

为什么荷兰市民一个个地转变成资本家？韦伯在《新教伦理与资本主义精神》里罗列了许多不同的教会、教派，而属于这些新教教派的人如何变成成功的资本家？这些教会到了美国后，如何变为养成最成功资本家的温床？因为人生的意义。

从人生意义的角度看，赚钱这件事证明了"I'm blessed"：上帝派我到这个世上，我已被预选为可以上天堂的人；我是一个好人，是一个义人。上帝如何显现他的全知全能呢？就是通过我。我在这个世界上会格外成功，而越是成功就越显现我信奉上帝，对上帝所赋予我的一切必须用美德予以彰显、予以回报。因此，我不会浪费、不会贪婪、不会享受，甚至可以抗拒所有的享受和诱惑。如此，我把这些钱又累积下来，换取更多的成功。

对这个人来说，重点是借由不断地累积和增加资本来证明自己在世间的成功。

还有另外一头，人要借由克制自己，不用这些财富消费、享受以满足欲望，证明自己拥有足够的美德，是有资格被放在上帝预选名单上的。

这两头结合在一起，才产生了历史上从未出现的创造和拥有财富却不去花费和享受的一群人，这叫作资本主义精神。

资本主义精神在这些资本家身上，而他们的动机回归到主观愿望。为什么他们变成了资本家？依照马克思所看到的，这是异化。异化的确存在，但马克思并不认为信仰、上帝和人生意义是决定性因素。

为什么这些人产生异化，到后来把赚钱变成目的？为什么过去不可能用这种方式累积资本？在过去，如果稍微赚到一点钱，人就想多吃一块肉，多看一次马戏团，于是钱就花掉了，也就不可能累积这么庞大的资本。而这些人没有钱财的欲望出路，只好不断地累积、增长资本，将其视为他们在上帝面前价值的证明，可以保证稳定地拥有死后上天堂的门票。这个动机和精神造就了资本主义，而这就是韦伯提供的突破性的历史解释。

另外，这些人之所以成为资本家，是出于对行为的考量。进行社会分析时，依照马克思的看法，资本家最大的特色，也是在这个历史现象中最凸显的，是把资本的累积变成目的，从而产生资本家和资本主义时代。这是一种社会行为的解释与分析。

但韦伯不同意，他认为这群人赚钱是为了服务上帝，以证明自己被预选的手段之一。这里能更清楚地连接出韦伯要呈现的现代社会——离开传统社会之后，这个现代社会在相当程度上是对应于资本主义社会——它的一种特殊的模式，就是工具理性高涨。

工具理性高涨也是一股力量、一个源头。对这些人来说，资本增长是证明自己是上帝预选选民的最好的理性选择的工具，是一种手段。如此一来，这一切都来自工具理性，它变成了在现代社会主导的一种行为模式的动因，到后来彻底改变了整个现代社会。

用这种方式分析、认识、描述和理解现代社会，是韦伯的思想和理论中非常简单的一个骨干，韦伯的理论从未离开它。如果掌握了这个骨干，针对韦伯关于城市的研究，或是在庞大、厚重的《经济与社会》这本书中出现的各种主张和看法，都可以回到这个骨干核心来认识和理解，而且可以将其结合成一个系统。

关于《新教伦理与资本主义精神》这本重要的社会学名著、历史社会学关键作品，它的主要论点其实就这么简单。不过，如何形成这个论点，对当时的人来说前所未闻，这是历史上的一篇大翻案文章。因此，韦伯在写这篇文章时，刻意引用了广博的资料与论证。从这样的观念角度延伸，可以清楚地看出韦伯认为资本主义是有地缘性的。他探讨资本主义不能不问的一个问题是：为什么资本主义是在这些地方、从这几个国家开始的？他处理的第一个国家是荷兰，而另一个重要的国家是美国。

他解释了为何是这两个地区变成整个18、19世纪西方社会资本化最早产生动力的地方，不过他也有所保留，这是资本主义开头启发这些地方的特殊精神，但并不意味着后来所有的资本运作、资本家都是这么来的。因为资本与现代社会的关系,并没有被写在《新教伦理与资本主义精神》这本书里,它谈的只是起源,是要解释资本累积背后最重要的一个动能。这个动能因为来自新教伦理,所以之前一再提到的"义人"是关键。

义人是从《圣经》翻译来的,那么要如何彰显在上帝和信仰面前的"义"?

资本主义形成后,一直有一种内在的紧张:拥有太多钱是不对劲的。为什么在这些社会里有蓬勃发展的慈善事业?把钱捐出去而不拥有太多钱,是其中的一种冲动。然而,韦伯也在书里解释,光是捐献无法解决焦虑。把钱捐出,又会回到比较贫穷的状况,这不就和这些人刚出发时没有钱的状态一样吗?它无法证明这些人是上帝选民,以及上帝会让他们在这个世界上有特别的待遇和成就。

因此,捐钱在这方面无法满足他们的需要。相对应的,他们一定要在这个世间看到,有一些东西因为有他们和他们的努力而成长。如果是捐出去的钱,就不会成长。如果没有成长,那么在别人眼中乃至于在这些人心里,关于上帝是否真的青睐他们、是否对他们另眼相看的焦虑,就没有办法解决。

资本主义的现实:钱可以买劳动力,也可以买仆人

在《新教伦理与资本主义精神》一书里,韦伯特别看重和描述了美国的状况。那是因为1903年,这本书写到一半,韦伯遇到可以去美国访问的特别机会。他先到了纽约,这又是非常不一样的经验。

马克思在分析资本主义时,后者正在形成中。资本主义究竟是个怎样的系统?它如何运作?相当程度上,马克思是以刚起步的资本主义相对较小的、相较没有那么广泛的现象,尤其是聚焦在英国工业化后发展出来的运用机器的纺织业,作为他的分析对象。马克

思通过他丰富的想象力，投射出这套系统未来会怎么变化和发展，会创建一种什么样的社会和体制。这是马克思的思想方式，也是他的长处。

然而到了韦伯，此时又经过了几十年时间，资本主义已经变成另一回事，尤其是在美国，那是现实中的资本主义，或是资本主义的现实。到了纽约，资本主义的现实活生生地呈现在韦伯面前，他看到和体会到的以至于他要反省的问题也就不同了。

例如，到了纽约，韦伯注意到一个奇特的对比，那就是那个年代最精准的工程是布鲁克林大桥（直到一百多年后的今天，它仍然是纽约的观光景点）。布鲁克林大桥全部由钢铁打造，而且造了两层，是一个庞大的钢造结构，产生了一种巨观的美。

美国最重要的两座大桥：一座是在东岸纽约的布鲁克林大桥，另一座是在西岸更有名的金门大桥。这两座桥其实不一样。金门大桥靠它的地理条件（旧金山湾那里经常起雾）和它的颜色变得如此美丽、有名。但布鲁克林大桥不同，它横跨两个几乎没什么风景的地方，它是靠自身变成了一个景观。

韦伯在那里体会到的是资本主义的力量，单纯依靠原来的国家体制，不可能在欧洲产生布鲁克林大桥这样的巨观。他特别清楚自己对布鲁克林大桥产生的强烈印象，是因为它甚至不是一个独立现象。（这在接下来关于他的社会学理论和探讨中也非常重要。）

虽然此时还未盖起帝国大厦，不过纽约，尤其是曼哈顿，都留下了许多世纪之交（从 19 世纪进入 20 世纪的这段时期）的大建筑物，那时已经有用钢铁石材盖成的十几层大楼。之后还有各式各样的公共空间，这种公共空间里笔直的、完全直角相交的街道，是一种景观。

中央公园是景观，布鲁克林大桥是景观，皇宫酒店也是景观。但韦伯到一位哥伦比亚大学教授的家里，在私人的空间和生活中，他看到了相对寒酸、拥挤、琐碎、不起眼的状态。由此，在资本主义运作中的公共空间和私人空间，让当时的韦伯切身感受到了非常强烈的差距。

在欧洲原有的旧体制中，如卢浮宫它是一座公共建筑物，但并非完全公共性的建筑，它主要还是一座宫殿，宫殿内部有作为国王私人生活的部分，它同样是豪华的。因此，公共空间和私人空间基本上是并行发展的。然而，资本主义不是如此，公共空间和私人空间形成了强烈的对比。

离开纽约之后，韦伯去看风景。他去了尼加拉瀑布，从那里渡过五大湖到了芝加哥，这又是一个景观。

当时的芝加哥是一个非常糟糕的城市，它的形象非常差，稍有涉猎美国历史的人可能知道，芝加哥的屠宰场刺激了厄普顿·辛克莱（Upton Sinclair, 1878—1968），他当时写下一部非常重要的社会小说《屠场》（The Jungle），它以芝加哥屠宰场为背景，其中可怕、荒唐的局面让人无法理解，也无法以理性来承受。

如果对美国政治有一点兴趣的话，会知道此时芝加哥的政治也是最可怕的。那个时期留下的名词之一是"porkbarrel"，即"猪肉桶政治"。猪肉桶政治是最肮脏、最污秽的，是在台面下勾结、完全不透明的政治运作的一种代表。到20世纪初期，为什么在纽约以及美国的其他大都市包括关键的芝加哥，会出现主流新闻媒体？比如，芝加哥有《芝加哥论坛报》（Chicago Tribune），纽约有《纽约时报》（New York Times）。这都是为了改善猪肉桶政治的局势。

韦伯是在芝加哥最糟糕、最堕落的时候去到那里，他注意到资本主义运作的另一些关键现象——钱可以收买一切。最令他印象深刻的是，钱几乎可以买到无穷无尽的廉价劳动力。

韦伯看到的资本主义劳动力，并不是马克思式的经济性劳动力。马克思看到的是人如何变成工人，变成劳动力。工人是依附在机器上的，资本家通过控制生产工具，借由机器把人变成劳工，使得这些人只能出卖他们的劳动力和劳动时间。这是马克思对资本主义如何购买人的劳动所产生的一种形象。

可是，韦伯在美国（尤其是芝加哥）形容的是另一回事。尤其是在中西部，这对他来说有特别的亲近性。韦伯看到很多德国裔美国白人，只要有钱，不是买工人就是买仆人。他们可以买希腊移民，也可以买非洲来的黑人，给自己当各式各样的仆佣。

这变成了两回事，也就意味着，马克思看到的资本主义和劳动力之间的购买关系是经济性的，但韦伯体会到的这种关系有社会性的一面。这种社会性关系中最明显的是种族，但是这种社会性关系不只关于种族。除了种族，还有很多延展出来的现象，它们一方面必须要放回资本主义现代社会中看，另一方面需要找到一种社会学研究方式予以解释。这是韦伯的另一部分贡献，它超越了马克思发展出的社会学眼光和关怀。

4. 工具理性如何影响了社会心理、政府组织？

本节将借助比较马克思和韦伯对资本主义的看法，让大家了解韦伯是如何发展他的社会学事业与社会学研究方法的。

工具理性的扩张：人命不如维修费

前一节提到韦伯去了纽约，尤其是去了芝加哥，他看到一个非常奇特的现象，那就是有钱就能买到劳动力。但是，一个德国裔白人能买到的廉价劳动力，几乎不会是其他白人，因此这背后的一个关键是社会分类，其中产生了高低关系：一些人是去购买的人，一些人则是被买的对象。

于是，在那样的买卖过程中，就更分不清到底买的是劳动力还是人。如果连人都可以买，那么也让韦伯理解到在美国社会，基本上一切都是用钱来计算的。

用钱计算的方式违背了人们一般认定的理性选择。韦伯举了一个最有名的例子，即芝加哥的电车系统。那个时候，芝加哥的电车系统已经很老旧，时常出意外。当时规定如果出了意外要赔钱。韦伯到芝加哥时，电车系统的问题大到什么程度呢？一年大概会有 500

人因为电车系统出问题而丧生或受重伤。

死一个人，电车公司要赔 1000 块钱；如果是受重伤，则要赔 500 块钱。而这就是资本主义的算计：电车公司不愿改变自己的系统，因为赔这些钱比改系统更省钱，所以宁可每年任凭这些事发生，都不愿改变。这变成了非常特殊的资本主义运作逻辑，当一切都可以买、一切都可以用钱来计算时，从表面上看，我们所想象的理性在哪里呢？

有一种合理的想法是电车系统坏了、老旧了，就应该修理、更新。可是这样的理性与资本主义的工具理性分裂开，变成两回事。

资本主义产生了自己非常明确的工具理性，这份工具理性是用成本效率计算的。电车公司花费这些钱改善电车系统，而搭车的多半是底层人民，他们依赖这个系统，但电车公司改善了系统，却无法从他们那里得到更多钱。相对的，如果电车公司把这个钱省下来，即使拿其中的一部分支付意外产生的赔款，也还是划算。这种情况下，工具理性凌驾于人们认为该有的对人命的关怀——也就是价值理性或目的理性。

因此，韦伯在这里体会到非常强烈的在现代社会（尤其是经过资本主义洗礼之后）中可以用货币精确计算出成本与效益之后产生的社会效果。这是经济联动到对社会所产生的一种根本心理理性上的改造。

现代社会的工具理性和资本主义的关联在哪里呢？那就是当货币作为它的统一中介，没有货币就无法容易地算出（也不会用这种方式计算）修电车与不修电车何者更划算。为什么会觉得更划算？正是因为修电车花的是钱，解决意外用的也是钱。比如，我有一个选择，有 500 个人死了或受重伤，当这件事现在变成可以用钱来计算，那么钱就变成工具理性介入社会的重要诱因与动能。

从这个角度看，现代社会和资本主义联手产生了今天人们非常熟悉但也许因为太平常、太理所当然而无法敏锐感受到的一种可怕现象：当所有的东西都可以用钱来计算，人们每天都在意成本、效益，天天谈的都是CP值（Cost Performance Ratio，性能价格比，简称性价比），那么所有这些东西就失去了脱离金钱之后不受金钱影响的目的价值。

美国人的自由与无知

韦伯除了在美国受到前述的强烈震撼，他还观察到另一件事。美国是一个资本主义社会，同时也是一个民主社会，从民主制度的角度看时，一个对比出现在韦伯面前。

当时的德国是一个帝国，而它之所以统一，是因为它随时维持着军事上的能力，因此非常重视军事、军队，连韦伯这样的人都要接受军事训练。俾斯麦也因此被称为铁血将军。他的军事化政策不只影响了军队，在德国的政治组织乃至社会组织中，都可以感受到相当程度的军事化影响。

在德国，军事的层级架构会投射和影响政府组织，并变成官僚系统，这一点都不令人意外。韦伯作为一个德国人，尤其是一个在德国如此博学、关注政治和社会的人，他当然很熟悉德国的这套官僚系统。不过到了美国，他有了复杂的感受。

他发现，经常能在美国遇到非常不可思议的、无知的人，美国的无知与无知的现象简直没有底线，无法预期这个社会上的任何一个特定个人拥有什么样的常识，有什么东西是他一定会知道的。为什么没有底线？因为它是一个自由的、民主的社会，没有"精神上的安全网"。

我们规定每一个活在这个社会上的人，必定要具备什么常识，受过什么教育。在教育过程中，无论是来自学校还是社会上的教育，一定要灌注并使你拥有基本的常识。民主或美国当时的自由没有这样的东西，不提供这样的东西，也不可能有任何强迫的力量和因素，让人们拥有常识。

　　自由体制有自由体制的好处，人不是通过严格的系统被教育出来的，而是自主、自发地在韦伯称为"俱乐部式的团体"中磨炼出来的。这种自发磨炼出来的人才，其中有一些是在欧洲绝对看不到的。他们拥有非常惊人的自主性，拥有开阔恢宏的视野，那是因为他们是替自己负责的——在相当意义上他们都是自学出来的。

松散的社会和高度官僚化的政府

　　韦伯又发现了很奇怪的、不在他预期内的事。照理说，由民主、自由所构建的政府一定和德国人建立的高度军事化政府非常不一样。然而，韦伯看到的却是，虽然美国是一个民主、自由和松散的社会，但美国政府却越来越官僚化，或者说美国建立的也是一个官僚式政府。这种官僚式政府与这样的社会，尤其是与该社会里的工人阶级产生了非常严重的冲突。

　　为什么连民主国家都会有官僚体制？这个官僚体制显然不来自特定的政治思考，而是来自与资本主义相连的社会力量。

　　这个社会力量最核心的是工具理性发达。因为工具理性发达，所以要讲究效率。要讲究效率，就会发现在组织上越是平等、越是松散，就越没有效率。因此，把它层级化之后，上上下下依照公文、命令把它锁起来，此时开始产生官僚组织，而官僚组织能彰显效率。

　　于是，此时韦伯对社会和政府组织之间的关联，也有了新的突破性观察。回到德国之后，他做了一件关键的事，即完成了《新教伦理与资本主义精神》这本书，而且他对美国新教教派与其教义着墨很多，写得很细。此时，他在探索的也是基督新教与资本主义之间的一个特别连接，可以称之为近代志业文明。

职业和志业的区别

　　韦伯特别凸显德文里的"志业"（德文即"Beruf"），在《新教伦理与资本主义精神》这本书里，这个词一直重复出现，如果读的是英文译文，它被译作"Calling"，直接翻译成中文是"召唤"。什么是 Beruf？这意味着在过去的传统社会里，宗教是人最重要的召唤。召唤意味着做某件事不是出于无聊的动机，也不是出于功利的动机，而是好像上面有一个超越的、至高无上的神秘声音在告诉你要做某件事。

　　从 Beruf 而产生的在每个人身上所做的叫志业的选择。志业是相对于职业而言的。过去在传统社会里非常清楚，一个人有自己的生活和职业，同时也有自己的宗教信仰，因此召唤是在人的宗教领域上。可是在新教中，由于人必须自己直接面对上帝，并相信上帝把自己生在这个世界上有一个特别目的，于是把人放在俗世里的目的就形成了新的召唤的内容。

　　资本主义精神的来源之一，是感到上帝把自己生在这个世界上，也就是给了一个召唤，让人成为一个好人、一个义人、一个成功的人，利用人在世间的成功做示范。如此一来，上帝就预选好了，让人在死后可以上天堂。在这里，有世俗的领域，有宗教的领域，但在新教中，世俗领域的职业和原来宗教中的召唤越走越近。

　　于是，从这里开始，尤其是更进一步，上帝的重要性一直不断撤退，他本来管辖的领域现在必须重新安排。如果没有上帝给予的召唤，人要如何生活下去？因此，在这个转折过程中，现代社会把原来宗教领域中的召唤放入世俗领域中。

　　经过资本的累积和成长，这些最早出现的资本家没有把他们的工作和钱当作世俗的事，而是他们相对地采取了一种志业的态度。从一个角度来看，他们努力赚钱看起来是最世俗的事（人们往往认为赚钱是最世俗的，一个人如果是清高的就不要赚钱）。这些人的确非常奇怪，他们为什么要赚钱？因为赚钱本身是一个目的，是为了服侍上帝，为了证明自己。

那么，为什么人们会觉得赚钱是世俗的？因为把赚钱当作了手段。赚了钱之后就可以不再工作，可以环游世界，可以每年买房，这是一种世俗的态度。可在这样的转折中，产生了另一种新的态度：把工作视为召唤，工作本身是目的，而这种作为目的的工作，当然会在人的内心里刺激出更强烈的动机。在投入这种工作时，人会有更强大的热情；在这样的工作领域里，人往往也就能有更杰出、更精彩的表现，也就更容易成功。

所以，韦伯眼中的现代资本主义社会，比马克思所看到的、所分析的要复杂得多。人有职业，也有志业。而且，人的职业和志业会在这样的现代社会里产生非常复杂的互动，乃至于形成紧张、冲突的关系。因此，要认识这样的现代社会，韦伯提醒人们要找到途径和观念的工具，以分析如此复杂的现象。

5. 资本主义的独特性：马克思没有解释清楚？

本节将继续谈韦伯对资本主义的解释。当然，还是必须联系上马克思，因为马克思尤其是他的《资本论》，是思考、理解资本主义到底是什么的一个最重要来源。

资本主义有特殊的精神吗？

韦伯在一件事上完全承袭了马克思，即把资本主义视为一个非常特殊的历史现象，也就是认定了资本主义是一个特别的人类历史阶段。但在这个命题的前提下，韦伯提出的推论和答案非常不一样。

当韦伯在看待、探索资本主义时，反映在其名著《新教伦理与资本主义精神》里的是，他清楚地表明他要谈的不是资本主义本身，而是更核心、更内在的资本主义精神。这意味着如果不能去探索资本主义背后的精神——资本主义系统中人们主观选择的意志、主观的价值和主观的意义——如果做不到这样，那么光从资本主义的外表，就无法落实马克思提出的这个命题，确切地把资本主义解释和认知为人类历史上非常特殊的现象。换句话说，韦伯认为马克思描述资本主义的方式不足以真正落实和支撑马克思自己的论断。

马克思说资本主义很重要，它与之前曾在人类历史中出现的生产经济乃至于社会的系统都非常不一样。马克思把文化、精神、思想、信仰当作上层结构，它们由下层结构决定。当马克思要看、要解释资本主义时，依照他的理论，需要从资本主义的经济面、生产面谈起。对马克思来说，资本主义最特殊、最独特的地方在它的生产方式。

因此，为什么人们依据马克思的理路和论述，一定会先从资本开始谈起，从工业化、机器、机器生产所产生和延伸出的工厂制度产生了劳动力，而后到劳动阶级、工人阶级等。人们是用这样的顺序和方式描述资本主义的。

而韦伯不一样的地方是他认为如果像马克思一样，把意义、信仰、思想、观念当作由经济生产方面的元素决定的，那么就看不到资本主义最特殊的地方。

现代资本主义最特别之处在于它的"精神"。这个精神是什么？从表面上看或纯粹从字句上看，人们会觉得精神很抽象。然而，韦伯的这本书的重要成就是具体地告诉人们可以掌握到、触摸到资本主义的精神。

当然，我们也可以问问自己：不管是否读过韦伯的这本书，我们如何体会、认知自己所处的社会？它有高度资本化的部分，而这部分背后有什么精神？如果要掌握、描述这种精神，又会用什么样的语言、观念陈述呢？

不能仅仅用马克思的理论来解释宗教

韦伯在书里用非常严密的推断一步步地呈现结论。诚实地说，如果要完整地理解韦伯的推断，其实不能从《新教伦理与资本主义精神》开始读，而且要把这本书放在韦伯思想更庞大的系统下。这里有另一份参考资料，是《宗教社会学论文集》第一卷。

《宗教社会学论文集》的前言解释了要如何研究宗教社会学，以及研究宗教社会学的意义和作用是什么。

为什么要研究宗教社会学？因为宗教太重要。我们不能把宗教仅仅当作生产制度下的反映，仅仅当作被下层生产结构决定的一种上层结构现象而已。宗教或思想不见得都能用下层结构、用与经济的关系解释。宗教和信仰并不必然会与下层结构通过这种方式产生因果关系，因为很多时候情况甚至是倒过来的。《新教伦理与资本主义精神》呈现的就是一种倒过来的关系。如果没有这种精神（它相当程度上还来自基督新教伦理），就不可能彰显也不可能决定看到的现代资本主义的特殊面貌。

这个前言更进一步表明，《新教伦理与资本主义精神》不是一本独立的书，它是宗教社会学这个更庞大的项目的一部分，是其中提出的一段解释。而作为社会学家，韦伯为什么用这种方式研究宗教？因为还有一个更大的架构，宗教社会学是该架构下的一个部分。

在韦伯大的社会学关怀之下，有一个部分是宗教社会学，在宗教社会学里有另外一处安放了《新教伦理与资本主义精神》。在今天，读这篇前言会非常清楚地知道，韦伯和马克思的相同之处是很认真地将资本主义看作一个新鲜的、独特的历史现象。

但是，韦伯对这件事非常严格，这是韦伯式回答问题的方法——他很少、很难直接回答自己的提问。在韦伯的思考方式里，要解答某个问题，必须先铺陈它的上下文、前后脉络，把问题放入对的脉络并使之脉络化之后，才能更准确地探索、呈现这个脉络。

如何看待人类历史五阶段论？

那么，韦伯要提供的脉络是什么？把资本主义脉络化后，韦伯要连带问几个重要问题，才能解答资本主义在历史上到底如何独特。

第一，什么是独特？到底多独特才叫独特？这听起来好像是一个废话问题，但如果了解韦伯的理路，就会知道他找到了一种方式解答它。

在谈论资本主义的独特性时，依照马克思的思考理论，是以过去的人类历史事件中从未出现资本主义作为其独特性的保证和描述。不过，到现在已经非常清楚，这是资本主义被放入马克思的历史唯物论中产生的结论。也就是马克思在谈历史时，从原始共产主义到封建制，再到资本主义，而后再从资本主义到社会主义和共产主义。

当然，这五阶段论是后来斯大林在《联共（布）党史简明教程》中认定的。不过，在马克思唯物史观里，的确有这样的阶段观，只是在马克思的书里，每个阶段怎么承接另一个阶段以及总共有几个阶段，并不像后来斯大林认定的那么清楚。这又变成了一个阶段论的公式，它是从西方文化、历史里整理出的。但是，马克思非常自然地假定这套阶段论放诸四海皆准，否则他也不可能宣称这是一个科学的结论。

马克思并没有像韦伯那样去研究其他文明是否都依循这个模式，而只是延伸了从西方得到的历史看法，并将其当作历史上普遍、广泛的现象。这相当程度上也来自马克思作为一个哲学家——他最根底的首要身份。

我在解读马克思时，一再提醒他是个哲学家，背后是黑格尔哲学。这是黑格尔哲学的思考方式，认定历史有它的定则。在这方面，马克思并未作为历史学家进行实证调查与研究。从研究和理解西方历史得到这样的规律，马克思认为这个规律可以拿来作为普遍的人类公式。

马克思不是没意识到别人对他的挑战，但在 19 世纪，这种挑战的强度相对有限，也就意味着整个欧洲对欧洲以外、西方以外的历史知道得很少，因此就算要挑战马克思，也不可能有太大的强度。绝大部分进行对话的人，都处于同样的知识传统之下，不太可能有人强而有力地告诉马克思：我们所知道的其他某一个文明不可能是这样的，比如印度不是这样的。

因此，虽然有质疑和挑战，但它们并没有太多实质、确切的内容。也因为如此，遇到挑战时，马克思可以应对。比如，马克思写过、谈过好几个他从未解释清楚的名词和观念。其中一个是东方专制主义。东方专制主义被用于解释东方的历史，因而没有像西方历史那样的发展，而且其实东方的历史发展和西方的完全一样，这是人类的通则。如果认为它们不一样，或许只是因为表面有使人产生误会的东方专制主义。以上这两种论点都曾出现在马克思的著作中。

除此之外，另有一种亚细亚生产方式，或是东方生产方式。亚细亚生产方式来自亚洲，来自东方。但这到底是什么？这和马克思原来说的，已经当作人类通则的这套生产方式、模式的改变，彼此之间的关系到底是什么？我们只能确定，马克思意识到自己无法将一些东西、材料放入业已形成的这套系统中，因此他必须处理这些例外。

可是，这些例外又来了。到底有多例外？马克思并没有下定决心，直到去世前，他在自己的理论之下，只有这一条通则：他承认自己不能解释所有现象。

韦伯的探索：西方文明有多独特

在这里，韦伯和马克思非常不同。韦伯产生了不一样的意识，他认为资本主义的独特性不只是历史上的独特性，更重要的是文化上的独特性，这两者必须放在一起看。

当他说，资本主义是有文化上的独特性，它是属于西方文化的。

在这样的西方文化之下的特定历史时刻，才会产生资本主义的现象。更进一步的，当他问什么样的独特才算够独特，就是把这个问题放到普遍的大问题当中，这是马克思所没有的意识。

西方文化是他们所处的文化，也包括资本主义之所以诞生的这套系统，但要弄清楚这套东西有多特别，必须将其与其他文化相对比。而与其他文化对比就可以比较明白、准确地说，西方的文化是不一样的、独特的吗？有哪些地方是不一样的、独特的？这样的思考特性使韦伯变成了如此重要的思想家。

韦伯要一直不断地证明，一直不断地细化、深化自己的问题，把问题变得更明确。可是，在他思考和论理的过程中，会把问题不断地弄得越来越复杂，越来越庞大。本来要探讨资本主义独特性的问题，此时却先将其放入探讨文化（尤其是西方文化的独特性）这样一个更庞大、更难解答但在相当程度上更有意义的问题中。这是韦伯特殊的思考模式。

6. 西方文化的独特性："科学"和"西方的科学"有什么不同？

从马克思和韦伯的对照中凸显出一件事：韦伯对世界诸宗教史的兴趣超过马克思。他提出了几个关于世界史的重要问题，那就是西方世界曾出现一些朝着具有普遍性意义和价值方向发展的文化现象，这应该要归咎于怎样的因果关系？这句话用这种方式说，看起来很复杂、很难。稍微解释一下，韦伯这句话的意思是，当人们在"今天"（"今天"指的是他自己所处的 19 世纪末 20 世纪初）面对、谈论西方文化时，究竟应如何区分普遍与独特（particular）？

然而，这里必须非常小心，因为放在世界史的规模与架构之下，必须要确定，这真的是在不同文化中普遍产生的吗？还是因为西方已经有了这样的现象、事物，当它们被推广到其他地方后，才变成到处都有？如果是这样，就不能把它定性为普遍，而是必须要回来，把它当作西方的一种独特现象。

凭什么说只有西方有"科学"

要如何判断一个文化所产生的各种不同元素以及这些元素所产生的关系究竟是独特的还是普遍的？韦伯举了个例子。比如，在西方之外到底有没有科学？这是一个很庞大的问题。在这个问题之下，让人们更关切的是一种更特定的问法，诸如中国到底有没有科学？回溯时，必须要想到一位了不起的英国学者李约瑟（Joseph Needham，1900—1995）。他花了一辈子整理，并集合一群专家共同写下《中国科学技术史》（Science and Civilisation in China）这一大套书。光是看书名也知道，这是李约瑟非常强烈的态度，他告诉人们中国有这些科学的现象。李约瑟挑战了许多人认定的"中国没有科学"的说法，把所有资料罗列出来告诉人们中国有科学。

不过，如果把李约瑟一共七大卷的《中国科学技术史》全部看完，也就能进一步了解，李约瑟的著作无法回答韦伯提的这个问题。因为韦伯要说的是，科学只有在西方才能发展到今天称之为普遍有效的程度。其他文明中，比如印度有非常发达的数学，这是毫无疑义的；比如中国，甚至古代的巴比伦、埃及——埃及很早就发明出方法以测量尼罗河每年泛滥的程度，这涉及非常复杂的面积、体积，乃至于方位的衡量——都有经过归纳的知识。更别说这些文明中有深奥的哲学，有神学的智慧，也有极端精致的学识与观察。

然而，巴比伦的天文学却缺少希腊人首先发展出的那套数字计算的基础。当然，该事实更凸显了巴比伦天文学、星象学惊人的发展。印度的几何学则欠缺理性的证明，这又是一种源自希腊文化的产物，这样的文明发展也创造出力学、物理学；印度的自然科学从经验观察的角度看，有其高度的发展，但没有理性实验的部分，而近代的实验室并不存在于印度；尽管印度的医学在经验技术层面有高度发展，但未发展出普遍的生物学，尤其是生化学这门由生物与化学结合产生的学科；至于理性的化学，除了西方，一概不曾出现在其他文化地区。

这意味着韦伯有一个非常明确的区分。什么叫西方科学？西方科学的独特性在于普遍有效，以及它普遍有效的特殊程度。

只有经验、没有原理的不叫科学

李约瑟整理的中国有科学的证据,还是要经历韦伯提出的基本标准的考验,即它到底是一种有效的知识,还是一种普遍有效的知识?比如,中国人知道怎么制造火药、水车,但这不是科学。不管是火药,还是水车,都是因为符合今天人们关于这些东西的科学原理而被制造出来的,可是这样的科学原理知识,并没有在中国被抽象地推论出来。

这意味着没有人探索,也没有人在意它背后是否有一种放诸四海皆准的原理。比如,不同环境里的不同水车,用不同成分制造的火药,背后是否有一样的原理?这也意味着没有一种发展某种方法来试验的冲动:到底人造水车的有效性可以达到什么程度?火药的有效性又可以达到什么程度?中间需要控制哪些变数?如果缺了什么变数或改变哪些变数,火药就不再是火药,水车就不再是水车?

中国的知识系统里没有这样的东西,但在西方的科学里,这是再重要不过的,也就是讲究追求"普遍有效"。在任何地方,在任何状态之下,由任意人观察,由任意人进行实验,统统得到了同样有效的结果,这才叫科学。

用这样的标准,可以将这套知识和人类曾经存在的其他知识普遍区隔开。韦伯特别强调,如果用这个标准要求,就只有西方有这样的科学。

其他地方都能发展出有效的知识,它们来自经验、来自观察。但是,巴比伦的天文学来自经验、来自观察,却不是牛顿的物理学。牛顿把人们从天文中观察的所有现象变成了数学公式,这个数学公式的关键之处在于把累积了几百年、上千年的观察资料——比如哪颗星星在什么时候会在什么地方——全部加在一起,早在巴比伦时期的天文学就可以观察记录所有变动,但这不叫科学;必须把所有这些东西交融，找到了公式，且在公式统纳之后，人就根本不需要这些资料，这是科学的普遍有效性。

更进一步的，在牛顿发现、制定了他的物理学公式后，人们还有非常明确的方式检验它们到底对不对。而且，可以换不同的地方、不同的状态，请不同的人观察、做实验，最后都不会得出关于这个定律的不一样的结果。这就不只是普遍有效，而是彻底普遍有效。人们要用这种方式进行分辨。韦伯坚持且制定了一个标准，人们要用这种方式观察、区分，明确文明与文明之间到底应该如何比较。

西方音乐特有的理性

韦伯又提到，可以在艺术上发现同样的现象。聚焦在音乐上，历史上每一个民族对音乐的敏感通常都有高度发展，至少不比西方差。各种形式的、多声部的音乐存在于世界许多地区，也可以在其他文明中找到各种乐器的和奏、和声的伴唱。在音乐中，具备了音符长短，接下来产生合理的节拍，其他民族也都曾计算出来，并予以运用。

但有某些特色只在西方音乐中出现，比如理性的和声，这是大三和弦三重泛音，也就是一般的do、mi、sol这三个音加在一起的三重泛音，人们用这样的方式来组织音符的对位法。接下来有和声法。从文艺复兴时期又发展出半音阶，而后产生了十二平均律，以及异名同音法等。这都来自十二平均律，把本不是平均的物理振动予以平均化之后，产生了十二个大小调，它们有各种不同和声上的运用。

这从来没有出现在其他文明中，因为这是一种理性安排。这种理性安排最清楚地显现出来，前面是巴洛克音乐中的通奏低音，人们有时又称之为数字低音，它是一种固定的和声模式。因为它很固定,所以可以用1、2、3等数字予以表达。

另一个非常重要的现象是记谱法。记谱法使西方近代音乐的创作和演出能集体持续地存在。韦伯要说的是,音乐看起来像是一个普遍现象,各个民族、文化都有音乐,但这并不意味着西方的音乐与其他地方的音乐一样。西方的音乐很不一样,基本上没有一个民族、没有一个文化的音乐是基于如此完整、严谨的乐理。

音乐在其他文化中,还是靠经验和技术演奏、演唱。这是其他文明、民族的音乐与工匠有这么密切关系的原因。它们是用工匠式经验作曲以完成音乐,但只有西方不是,西方的音乐特别提炼出其中的理性。这套乐理是普遍性的,所有的乐曲都依照它,而这套乐理不属于任何特定乐曲。乐理的存在是以理性的方式从众多乐曲中被提炼出来的,这又是西方文明和其他地区的文明不一样的地方。

感染各地的资本主义,又产生了怎样的变化?

韦伯认真地看待:如果主张资本主义是一个特殊的历史现象,一定要弄清它到底有多特殊。要弄清特殊的程度,就要弄清资本主义与西方文化的独特性之间到底有什么样的关系。

更进一步的,在西方生长的独特的资本主义文明蔓延、发展、扩张到其他地区,当人们在谈论现代社会、现代文明时,又要如何认知与理解?比如,资本主义进入中国之后,有多少放诸四海皆准的全世界的资本主义系统都一致的现象也同样会在中国发生?

但是,要有区分。有些资本主义元素、资本主义产生的作用进入中国之后,被中国改变了,或是在中国产生而未在其他社会产生的效果与冲击。这就是普遍与独特贯穿了韦伯所有的历史和社会学思想。

我把这些问题留在这里,大家可以思考。今天所处的这个世界,有哪些是普遍的资本主义现象，又有哪些是即使在资本主义的冲击下，仍有中国的独特性？而且，这种独特性分成两部分：一部分是资本主义进入中国之后产生的变形，另一部分是资本主义侵入中国后只对中国社会产生的影响和变形。

7. 被理性主宰的西方社会：官僚体系、专业宰治与资本主义

接下来继续介绍韦伯对资本主义如何起源，以及资本主义如何形塑了一个现代社会的探讨。

官僚体系：西方的特殊产物？

韦伯非常重视传统社会与现代社会之间的划分。他在《新教伦理与资本主义精神》的前言中提到，没有任何一个时代、任何一个国家，如同近代西方这样，让生活上的政治技术和经济的基础条件，也就是对人来说整个生存的主要内容和成分，无可避免地、近乎绝对地落入受过训练的专家所构成的官僚组织网络之下；技术性的、工商业的，尤其是法律上具备专业训练的国家公务员，成为现代生活中最主要的日常技能担当者。

为什么官僚体系这么重要？在韦伯看来，官僚体系即科层官僚体系（bureaucracy）也是非常特殊的西方现象，它后来跟随着资本主义感染了全世界。在现代生活里，工具理性非常发达，这是西方最特别的一种精神，每件事都追求找到最符合理性、最好的做法。

最符合理性的最好做法，需要有"专业"。在社会运作中，要能

找到最好的运作方式，也就表示管辖社会运作的人应该具备这种专业的能力。这种专业的人也就凌驾于、超越于一般日常生活中人们从经验里所得到的习惯。

上一节提到了西方科学的例子、音乐的例子，也就能明白这意味着什么。在过去传统的生活里，人们从累积的经验中摸索生活方法，换句话说，那是"只知其然而不知其所以然"。但是，在西方理性发达的精神之下，不能接受"只知其然而不知其所以然"。因此，在经验的背后，必须要追溯知识，在知识中又要特别区分什么是普遍有效的，而且有效性越高、越绝对，这种知识的层级也就越高。

在这种状况下，组成社会、运作社会就有了价值上的区分。在社会的运作上，不应该依赖、诉诸单纯的经验，而是要锻炼经验以找到知识，还要更进一步地从知识中提炼出原理、原则，靠这些原理、原则铺展了知识来安排社会生活。

这种社会生活的安排，当然不可能靠每一个人。那要靠什么呢？要靠一群人，他们把人们的社会运作组织起来，把它定下来之后予以管理，而这一群人就是专业者。由这群专业者构成的社会管理者，形成了官僚体系或是官僚组织。

被专业宰治的社会生活

说到生活被专业管理这件事，我希望大家环顾一下自己当下现实的生活，然后去区分。因为这是韦伯提醒的，生活中到底有多少是人通过经验再决定、再控制的，又有多少其实是由于自己的经验远远不足而必须依靠很多专家的，并且这些专家已经在社会肌理、社会环境（matrix）之下布满了各式各样的指导。其实在很多时候、很多领域里，人们根本不能自己做决定，而是依循着专家已经安排好的规律做。

另外，我们自己是否也在这样的生活环境里扮演着专家，在帮别人制定这样的规律、规则呢？另一个稍微更高一点但也是更复杂的层次，比如在国家政府管理的领域，它到底是如何形成的？而非常复杂的，不管是政党还是国家的官僚体制发生了怎样的关系？

资本主义的双重独特性

韦伯又特别提醒，每个社会里都有身份，社会里的成员主要依靠其身份而组成社会。但是西方社会在看待身份或是身份的安排上，也和其他社会不一样。韦伯的基本论点提醒了两件事。第一，当看到许多类似的现象时，不应该自然地将其当作是普遍的，大家都有音乐，就把音乐当作是普遍性的，用这种方式会找不到独特性。第二，在寻找独特性时，韦伯的观察和分析，是清楚地断定西方文明的独特性。西方文明是独特的文明，它的独特性相当程度上建立在它的理性基础上，这也就构成了韦伯在历史社会学上追索的大问题，那就是西方的文明到底如何形成在理性基础上发展出的独特性。

在这方面，韦伯自身也是这种西方文明的产物，他不会停留在经验上的有效性。他要追索文明表面现象的背后——即使是表面类似的、相同的现象，也要通过更深一层的原理、原则追索，从而找到它的独特性。

韦伯在这样的背景下，才谈到了资本主义。

近代生活里最具决定性力量的是资本主义，而资本主义的独特性显示在一个双重结构上。马克思只是把资本主义放入历史里，因此回头看，之前所有的历史里从未出现资本主义。但韦伯认为这样还不够，他特别提到，在这样的西方文明中，而且是在特定的这个时期，才产生了资本主义，这是资本主义的独特性。

所谓双重结构，意味着这是在特定的西方文明中，以及是在特定的历史时期中。这两种特定因素决定了资本主义本身具有独特性。对韦伯来说，要了解并进而探索这双重的独特性，才算是真正认识了资本主义。

单纯逐利，不足以说明资本主义的特色

因为如此强调资本主义的独特性，进一步形成了韦伯的问题意识，那就是要在《新教伦理与资本主义精神》里予以解答的：要怎么描述资本主义呢？如果像马克思那样的描述方式，资本主义的重要特色是资本的增长，所有的动力建立在希望财富越来越多，希望资本不断增加。

韦伯产生了他的疑惑，或者说他的怀疑。韦伯的意思是，像科学或音乐一样，在不同的时代、文化中，都可以看到这种对私利的追求，希望自己手上握有的财富可以一直不断增加，这是普遍的现象。如果一个人现在手上拥有两头牛，他就希望这头公牛和这头母牛能生出小牛，如此变成三头牛，接下来再变成四头牛。他会觉得非常高兴，继续追求牛的数量增加。这不能算是独有、特殊的现象，其他的文明里都出现过，人们希望财富可以一直不断增加。

当然，马克思并不是用这么单纯的方式讨论资本的增长，不过韦伯强调，认真地思考，如果只看财富不断增加这件事，每一个文明都有类似现象，既然它如此普遍，就不能将其当作对资本主义的描述，尤其不能拿这样的因素解释资本主义的独特性。

明明在不一样的社会、文明中，有两头牛的人都会希望两头牛变成三头牛，甚至变成十头牛。因此，追求资本增长的动机并不是那么的特别。当然我也要稍微提醒，比较详细的说明还是请看《〈资本论〉的读法》书中的内容。

对马克思来说，资本主义有一个关键的差异。比如，如果是用

一头牛、两头牛、三头牛到十头牛来思考，和用10块钱、15块钱到200块钱来思考相比，马克思要强调的是这中间是不一样的。经过了货币的中介，并且让货币的增长而不是实际物品的增长成为人追求的目标，这相当程度上是资本主义体系里的特殊性。

不过，韦伯的思考不太一样，他的意思是不管是用牛还是用钱，其共通性在于增长。大家都希望财富增长，不能用这个方面来律定、描述资本主义。如果光是看这一面，资本主义没有那么清楚的独特性，那么资本主义的独特性到底在哪里呢？

节制欲望，才能让财富理性增长？

韦伯提出了这样的说法：无止境的盈利欲并不等同于资本主义，更不是其精神所在。反之，资本主义倒可以等同于对这种非理性冲动的抑制，或至少是对之加以理性的调节。

这段话说的是什么？资本主义不是刚刚所说的欲望：当一个人的手上拥有什么，都会希望它可以膨胀、增长。资本主义最特别的地方来自它的吊诡，它背后的根本精神是压抑这种欲望。

资本主义怎么可能会压抑增长的欲望？不是，它是要追求用理性的方式增长，并不是任何增长都符合资本主义的标准。回到前面所提到的例子，全世界各个地方的文明都有共同的欲望，人有两头牛时希望变成三头，有三头时希望增加到十头。那资本主义是什么？资本主义是不会光想着牛的数量增加，而是去确认究竟运用何种合理的方式、手段，可以使牛的数量增加。

换句话说，重点不在于两头牛变三头牛、十头牛，而在于经过理性思考所取得的能让财产增加的方法，是把关键的重点放在道理、方法上。

从这个角度来看，资本主义与前面所提到的西方的科学追求普遍有效的方法，或是西方的音乐寻求超越的、同时能整合所有乐曲背后的音乐道理，合并在一起，符合同样的一种精神。

所以，资本主义精神意味着与前面所说的科学、音乐一样，从表面现象看，有它普遍的一面，每个地方有不同的文化，但人们希望增加自己财富的欲望是一致的。可资本主义很奇特，当有这种财富增长的欲望时，不是直接用经验的方式增长财富，而是先用理性检验这种欲望要用何种方式达成。

而节制欲望最重要的力量就在于判断且了解，哪些手段由于不符合理性，是不可以、不应该用的。为什么要节制欲望？因为欲望可能引导人们，包括在经验中让人们相信一些非理性做法，可资本主义就是要排除这些非理性地满足欲望的方式。

因此，这里关键的独特性是理性的介入，是在理性的追求中寻求资本的增长，那么相应的行为就是以资本计算作为取向。因为资本计算全部化为金钱，化为投资，以了解投资的增长。韦伯进而还会说到，发明了如簿记、会计等方式记录资本的增长是最理性的。

在这里，韦伯用了很不一样的语言和观念，重新描述了资本主义，最重要的是重新描述以揭露资本主义最特殊之处。

8. 谋杀五先令的人，不配做资本家

资本家是一个什么物种

在讨论资本主义时，韦伯非常看重的是理性在财富资本增长上的介入，也就是说，行为进行的次序是有计划地运用作为盈利的手段，在个别企业最后计算的损益平衡表上，使最终收取额资产的货币价值超过原来的资本。

这段话意味着，在资本主义中，财富增长的欲望只能在特定的形式下被完成，这个特定的形式就是最后在会计簿上算出来的、能以理性方式予以确认的。这种财富的欲望中，夹杂了很多东西。

一个人如果拥有两头牛，自然会希望两头牛变成三头牛。如果此时这两头牛生出一只小牛，这个人也有可能做不一样的决定。比如，他有可能举行一场盛宴，找来邻居、亲朋、好友，把一头牛杀死并吃了，从而获得某种享受。这同样是欲望的一部分。换句话说，一方面有增加财富的欲望，另一方面有消耗、运用和享受财富的欲望，它们通常是并存的。

在这样的例证对比下，能看出资本主义的特性。拥有这种资本主义精神的人，在意的是在某个时间点上，加上了一种时间理性的

考虑。一个人有两头牛,重点是他要知道一年之后,在特定主观所认定的投资之后,这两头牛会变成几头牛?关键是资本的成长、资本的数字,这个数字是所有的目的。这是资本主义的一种特殊理性。

也可以举一个特别的例子。什么样的人符合大家心目中资本家的形象?如果有一种形象是每天大吃大喝,住高楼、宫殿,每天乘着私人飞机去各处享受,身边要什么有什么——有美食、有美女、有影星、有游艇。这样的人符合你所理解和想象的资本家形象吗?

还是另一种形象会符合呢?一个人每天只睡5个小时,那么他在其他19个小时里干什么?很多时候他必须横跨不同时区,进行不同区域的股票、期货、国家债券等形式的投资;他还要管理庞大的跨国集团,必须算清这个集团的每一笔账里有多少不同的货币、货币彼此间的汇差,而且他必须追求让汇差产生新的利润。另外,他要经营事业,并考虑在经营的过程中如何从制造、销售中获利。别忘了,还有另一面也很麻烦:他还要注意自己公司的股价,以及如何在股价上获利。

难怪这个人一天只能睡5个小时,即使他搭了自己的私人飞机——他为什么要搭私人飞机?因为他在飞机上也要保证能及时联系所有需要联系的人,进行所有想做的交易。而且,每个月、每个季度、每半年、每一年,他都要把所有这些摊开,向他的董事们、股东们报告,而报告的重点是原来的预期、设定的目标是什么,这个月、这个季度、这一年达成了多少,占比如何等。

我当然是刻意地把资本家极端化,形成了两个极端形象。那么,哪一个更符合你认为的资本家形象?为什么呢?可以想一想,你是如何形成对资本家的想象的?因为这关乎我们如何理解、认识资本以及资本主义背后的力量。

而这也是韦伯在讨论资本主义时最特别的一点,他看到的不是资本主义形成之后运作的模式,他要探讨的是资本主义精神。而资本主义精神在相当程度上也涉及资本主义是如何建立的，为什么会有资本主义，而不是一般过去在各种文明、民族中，人们借由累积经验而形成的财富增长的方式。

资本主义的特殊理性：财富应该累积而不是享受

相较于普遍的人性以及其他不同社会、文明中的做法，资本主义的一种特殊的理性，其实吊诡的是不理性的。也就是说，在资本主义中人考虑和看重的是增长的目标，以及能实现增长目标的方法。但相对的，其他文明、社会最看重的是拿这些增长的财富做什么——资本主义反而没这么看重。对于"做什么"这件事，就不在资本主义的范围内。

资本主义最重要的目标是让原来的 2 头牛变成 10 头牛，两年之后变成 28 头牛。这个数字，这种增长，找到的养牛方法，在养牛过程中进行了怎样的投资，在投资的最后可以借由牛的数量增长而获得多少成长……这些才是资本主义关切的。

等长成 10 头牛时，要用多出来的 8 头牛干什么？等长成 28 头牛时，要用多出来的 18 头牛干什么？这在当下资本主义的理性眼光中，不被认为是最重要的，甚至也不被认为是重要的东西，这无法让资本主义那么关切。那么，这不就很奇怪了吗？而这种奇怪也充分显现出资本主义的独特性。韦伯在《新教伦理与资本主义精神》中引用了非常特殊的一份文献，让当时的读者受到相当大的冲击。他逼着读者面对这件事：到底该如何面对资本？如何面对财富？

直到现在，看到这段话，认真地看待这种思考方式，还是会对我们产生冲击。

人们最在意的是：这段时期拥有的财富到了下一段时期，究竟是会增加还是减少——这是最关键、最重要的，甚至是人们唯一计算的；如果不计算，那么相对忽略的是什么？接下来，我们还会通过那份文献的字句更进一步地知道：如果不计算，甚至当你认为不应该计算、考虑，更进一步地也不应该去做什么的话，那么在这个过程中，由于自己要追求享受，而牺牲、损失了本来可以累积的更多财富。因此，累积财富本身是目的，而享受财富不是。更重要的是，这是资本主义产生的一种强迫性，累积财富简直变成一个人的责任。

韦伯引用的这份文献是什么？那是美国开国元勋之一，鼎鼎大名的本杰明·富兰克林在自传中说的一段话。

富兰克林：花钱等于谋杀了钱

富兰克林说，你要记得金钱天生具有滋生繁衍性，钱能生钱。如果这里有 5 先令，一翻转就变成 7 先令 3 便士，然后一直翻转到 1 镑。那么，手上的钱越多，翻转滋生出的钱就越多，获利也节节高升，越来越快。结论是什么？即如果你把这 5 先令花掉，就等于谋杀了它，本来这 5 先令可以帮助滋生它能带来的所有利益，但钱花掉之后，它就不可能再帮你赚钱了。

你同意这段话吗？

想一想，如果现在不能花掉这 5 先令，而应该拿着它使其一翻再翻。依照富兰克林的说法，一直翻到了 1 镑。那么此时，这 1 镑就是可以被花掉的吗？如果按富兰克林的说法，这仍是当下的 1 镑，既然是当下的钱，只要它一翻，就会在未来挣更多的钱，那么为什么要花掉现在的 1 镑呢？为什么不留着它，让它在未来帮你生更多的钱呢？如果把钱花掉，这个钱就没有了未来，你自己也没有了未来。

富兰克林接着说，你要做一个依照规定准时付款的人，为什么呢？因为这样的人可以在朋友中得到信任，于是他就有了一种特别的能力、条件，可以和朋友借他们刚好用不着的所有钱财。除了勤奋和节俭，再没什么比得上在任何一次交易中都守时和公正能有益于年轻人的功成名就。依约准时偿还欠款，一刻都不能拖。"

这段话表面上是一个非常简单的道德守则，告诉人们欠债要还钱，而且答应别人什么时候还就得准时还。可这又和原来传统的道德说法有一点点不一样的地方，即它不是自身作为一个行为目的的训练，而是有一个清楚的后续推论：它并不是告诉你在道德上看，欠别人的钱当然要按承诺时间还钱，这是你的伦理责任。富兰克林要告诉年轻人的是，如果准时还钱，就有了信用，也就累积了信用作为自己的资产，而信用就是金钱。因为信用是金钱，所以别人愿意把钱借给你，也就等于别人把他暂时用不到的钱存放在你那里，在这种状况下，你就拥有了本来不是你的但现在变成借放在你手上的当下的钱。

记住，当下的钱不是让你去花掉的钱，而是让你去使其翻倍的钱：5先令翻成6先令，再一翻，变成7先令3便士。这些钱翻倍后就变成未来的钱，而未来的钱大于当下的钱。当你把当下的钱还清，再加上一点点利息，多出来的都是你的，因此你一直处于现在的钱和未来的钱的辩证过程中。我想再问一次大家，你同不同意这样的说法呢？

富兰克林告诉你，既然未来的钱一定会比当下的钱更多，未来的钱当然就比当下的钱更重要，因此在生活中要看到并看重未来的钱。

因为看重未来的钱，所以绝不会随便杀掉当下的钱。如果你不杀掉当下的钱，也就意味着当下手上有多少钱都不是真正的你的钱，这些都是为了在未来可以有更多钱，今天才存放在你的手里。而且，正因为你会一直不断地让钱翻倍，才可以在每一笔交易中都信守诺言，这样可以得到更多钱，并且让钱一直这么翻倍。这叫作资本主义精神。

　　这样的资本主义精神，是否符合现在大家对资本主义的认知和理解呢？或是它与大家身处其中的生活的规律是否有一致之处呢？大家是否已经体会到用韦伯的眼光看，资本主义真的非常独特甚至是很奇怪了呢？

9. 又理性，又执迷：永远追求财富增长的最优解

之前和大家介绍过，韦伯明确地提出，资本主义并不是源自人们想象、理解的人天生的贪念。资本主义有一种不一样的或者说更深刻的精神。

簿记与会计：资本主义理性的必然产物

韦伯接下来会定义，这究竟是一种什么样的精神。资本主义持续不断用理性的经营追求更进一步的利益，在理性化的过程中，非常关键的阶段、因素是家计与经营的分离。能使家计与经营分离，很关键的是发明了簿记。簿记再升级到更复杂一些，就形成了会计。不管是簿记还是会计，关键都在于让人能算清投资效益。这种理性是一路贯彻到非常清楚、明确的数字上的。

消费的钱是 10 块，投资的钱也是 10 块，但不能把这两个 10 块搞混了。投资的钱必须留在那里，因为它要在时间中增长。而且，从富兰克林的那句名言可以了解对投资的钱的基本观点，每多增加一天、十天、一个月，这个钱就会一直不断增长。这与消费的钱非常不一样。

这是资本主义社会了不起的智慧，因为它要求人能控制自己的

欲望。消费的归消费的，投资的归投资的，因为只有在区分清楚之后，才能弄清自己的投资到底有多高的绩效。

在马克思的概念之下，在资本主义生产方式这一具体语境中，资本和时间勾连的逻辑及其后果，体现在作为剩余价值或资本主义生产标尺的时间上。为什么会有利息？为什么会有债？资本与时间联系在一起，时间变成资本的重要变数。马克思用这种方式看待资本主义，而韦伯用更现实、更实际的方法呈现，让人们看到簿记的产生。簿记是比较简单的计算，然而为什么要从簿记更进一步发展出会计？那是为了处理时间与金钱之间很复杂的关系。

在绝大部分文明和社会中，每个人都有欲望，没人会希望自己的财产越少越好，但这不是资本主义。在资本主义崛起之前，大部分文明和社会中的财产意识并没有连接这么详尽、精确的财产算法。

在财产的形式中，有一些是你手上就有的，另一些是你欠别人的（可能也有别人欠你的），在这样的连环关系中，只需要一个基本的简单计算。但在韦伯看来，在西方资本主义的精神之下，它所发展出来的簿记、会计有了应收账款，人的资产、负债都必须分成详细的项目。而且，如果稍微仔细地看，就会了解基本上所有这些项目都与时间有关系。

会计：对时间与资本的复杂计算

这种时间与金钱之间的复杂关系，只出现在资本主义的系统里。会计重视几个项目。比如，一边要算资产，一边要算负债。资产中又分成固定资产和流动资产，这都是从时间而来的区分。因此，产生了簿记这门特别的技术，再从簿记升级成会计，那就变成了学问、知识。

在时间的变动过程中，资产和负债彼此间的互动变得非常复杂，是不容易被确定的。缺乏了簿记与会计的概念，没有这样的技术和知识，人就无法掌握自己的财富在时间中的状况到底是怎么样的。

当前的会计系统里区分了固定资产和流动资产。当说到固定资产时，一定要连带说的一个项目是折旧。比如，你现在拥有一个大厂房，想把它租借给别人，并从中得到租金。如果你花了300万元盖厂房，要出售的话，它也许可以卖350万元，而每年出租则可以得到40万元租金。

光是这个数字关系就已经很复杂，而在会计中还要多增加一项折旧。也就是说，你不能理所当然地认为自己现在拥有300万元或350万元资产，因为厂房会越变越旧，第二年它就不再价值300万元了。如果你把明年的固定资产仍然列为300万元，这在理性的计算上就成了漏洞。

更进一步看，这个厂房的使用年限也许是15年，15年之后它会垮塌而不能被使用，那么，300万元就没有了。如果等到15年后，你说自己突然损失了300万元资产，那么这就是资本主义之前的古旧看法。现在不能这么看，因为涉及如何更有效、更理性地运用自己的资产。在这样的理性精神之下，会计的方式是扣除固定资产中的折旧部分。如果该厂房只能用15年，那每年必须让它折旧20万元。

还不止如此，刚刚提到因为你已经投资300万元，那么同时要计算如果这300万元本来不用于投资，它在这个厂房上可能产生的利息所得。每年折旧20万元，同时要计算不一样的时间点上，其折旧发生时可能涉及的金额——比如你借钱盖厂房，它会附加不一样的利息。由此，我们才会知道为什么现在在大学里有会计系、会计研究所，为什么人需要花这么久的时间去教、去学，这真的是非常复杂的一套系统，而这些构成了资本主义的复杂计算系统。

理性中的执迷：永远追求最优解

在大学、研究所里学过会计的人知道，会计还要不断地变化和发展。也有人在学院里的会计专门期刊上发表各式各样的论文,那是什么呢?可以说,那是源自资本主义的一种执迷(obsession),而那偏偏又是出自理性的一种执迷。

执迷应该就是非理性的,但这是一个奇特的变化发展。从理性中产生了执迷,就一定要不断地追问:这么计算够准确了吗?这么计算是不是漏掉了一些什么变数?计算过程中,在某一个变数和另一个变数之间,是否没有运用、发明更好的公式?

因此,会计不断地发展,这是资本主义的一个重要特色,在手段上高度理性的追求,另外是理性的坚持——坚持到近乎执迷。而追求私利的欲望不等于资本主义,资本主义在追求资本增长时,它必须是理性的。

上文提到家计与经营分开,直到今天在企业经营上都是如此——必须有一个清楚的概念,区分开企业的投资与人生享受的花费。谈到家族企业,它自然有其优点,但在现代管理学里,也会特别提防家族企业最难处理的一个缺点:公私不分。这也意味着在家族的私人关系中,会把公司盈利的钱当作私人所得花掉。

如果发生了这种情况,那么这个企业就无法继续依照资本主义精神,在资本主义系统里维系下去。资本主义要求的并通过这个系统渗透到每一个企业中的,是一种理性经营的态度。

接到一笔订单,需要一笔资金满足完成这笔订单所需的成本,这必须要预备好,因此公司必须在它的盈利收益下保留部分作为未来的准备。一个公司、一个企业必须要有投资计划。投资计划是什么?这又涉及时间,因为它是面向未来的,而不是处理当下的。

每一笔钱都有它的过去、现在,更重要的是,每一笔钱都有它的未来。如果是为了公司扩张或是解决意外的变数等问题,那么公司的资产必须经过理性的安排和分配,并且要有非常严格的管理。

这与家族企业里谁想到哪里度假、想买一辆跑车的行为是绝对不一样的，因而必须要把它们区隔开。如果家族企业能经营、延续，那么家族成员都必须进入这种理性模式之下，规定董事长领多少薪水，他占有这个企业的多少股份，每当公司有盈余时，需要按比例拿出多少分给这些股份的持有者，董事长也只能按自己的股份占比拿到这些钱。这样一来，这个企业才算是在资本主义理性的内部，用理性的方式经营。

资本主义的非理性：不为享受的财富增长

其实，资本主义的内在工具性在最高的层次产生了一种非理性，这意味着资本主义认定人是财富的看守者、执行者，而不是财富的享受者，人努力使财富增长，并不是为了享受财富的结果。回到前文所引用的那句富兰克林的名言，你今天把 5 先令花掉了，那等于花掉了未来的 1 镑，你有义务保留这 5 先令，让它在未来变成 1 镑，你必须要尽到这样的责任。

如此一来，其他文明对财富的看法——认为它来自欲望，意味着人希望过得好，并希望累积更多，让自己的生活越来越富裕——就是一件不合理的事了，甚至，It's insane，这是没有道理的，这不是应该在人生中合理追求的。拥有财富，却必须把财富和私人享受隔绝开，人是为了让财富增长的责任而经营事业。

在这样的文明与社会比较的观念之下，也就推出了更根本的问题，资本主义中的这种责任感到底是怎么来的呢？为什么其他的文明、社会里都没有这种责任感，那里的人们不觉得增加财富是自己的使命？我们必须跟随韦伯，不把这件事视为理所当然，从西方的历史、社会组成结构，并更进一步地从西方人的心灵，从更内在的信仰上寻找这个大问题的答案。

10. 旧教伦理 vs 新教伦理：上帝需要服侍，还是需要义人？

本节继续介绍韦伯在探索资本主义精神时，如何联系到马丁·路德以及新教改革。

马丁·路德的贡献：挑战旧教伦理，建立新教伦理

韦伯在《新教伦理与资本主义精神》一书的第三章，提出了对马丁·路德的特别解释：马丁·路德在决定攻击罗马天主教会时，他其实已经对自己要展开的这场战斗所需铺陈的战线有了非常完整的准备。

环顾现在仍受这些天主教巨大影响、传承了非常深远的罗马天主教传统的国家，就会发现一件非常特别的事。之前提过，如法国、意大利、西班牙等国家以美食著称，而德国、荷兰、英国就不是这样。还不止如此，法国、意大利、西班牙这几个国家的观光资源和条件，必然比邻近的其他新教国家更优越、更有优势。

什么叫优越、有优势的观光资源呢？比如，与天主教相关的两种建筑形式，现在都变成了旅游观光的重点。一个是教堂，而且是cathedral（大教堂），因为它和天主教会强调的仪式有关。

除了教堂，还有另一种建筑，即修道院。天主教会有这么多修道院，现在人们去那里是为了特别地感受与世俗建筑完全不一样的设计、安排，以及由此产生的不一样的气氛。这是因为天主教中有一套非常完整的系统，要建立在世俗里的国中之国，也就是由罗马教会所代表的上帝之城。所以，换成从马丁·路德的眼光来看，他要批判的就是罗马天主教会用何种方式将这些信徒玩弄于股掌之间。

其中的一种策略、做法，便是刻意凸显天主教会和世俗间的差距。

为什么都是大教堂，尤其是哥特式大教堂？因为要在大教堂里进行一般人不可能在家里进行的仪式。在传统的中国社会，每个人的家里都可以摆放祖先牌位，使人可以对着祖先牌位烧香祭拜。但对天主教徒来说，他们的仪式一定要在教堂里进行，他们一定要每个星期到教堂做礼拜。

进入教堂，马上就可以感受到这种建筑最重要的特色便是它与每个人的家不一样，甚至与帝王的宫殿也不一样，没人会把自己的家盖成像教堂那样。于是，教堂就是一个世俗以外的空间，刻意区隔出教会的空间，它与人世俗日常的生活是不同的。这延续着在4世纪就确立下来的圣奥古斯丁说的上帝之城的理论。

罗马教会代表了 City of God（上帝之城），而一般人活在 City of Man（人间），即人的城市。天主教会最重要的诱引，就是让人可以 get a taste of the City of God，即让人稍微碰触、感受到上帝之城可能是什么样子。人当然会羡慕，这是自己将来死后，有机会上天堂才能进去的地方。可是，人也很希望还在人间时，能通过自己的感官感受上帝自身。

这时该怎么办？就必须要通过教会。教会既有权力决定人未来能否进入上帝之城，而且也先搭建了一个接近上帝之城的空间作为诱惑，让人依附。

马丁·路德之所以了不起，在于他要对抗已经存在这么久、让人习惯的传统；同时，他要面对的是掌握这么多资源的天主教会，要在这种状况下提出不一样的看法。所以，在马丁·路德的神学里必须有全面的企图，他要挑战天主教会认定的由教会来代表上帝之城（的观念），这个空间是与世俗隔绝的——这是罗马教会神圣性的来源。

马丁·路德发动了攻击，尤其是将修道院作为其神学批判的对象。修道院是什么？在天主教会的解释中，那是最圣洁的地方。因为修道士离开了世俗，没有世俗的欲望，包括世俗欲望中最强烈的因而也必须最小心应对、最难被消除的 carnal desire（肉体的欲望）。进入修道院，人没有机会满足肉体的欲望，也没有任何个人财产，从而财富的欲望也被熄灭。当所有的欲望统统被排除后，人就变成了修道士，过着专心侍奉上帝的圣洁且单纯的生活。他们有这么大的决心进入修会，进入修道院，因此就应该是上帝最宠幸、宠爱的人。

马丁·路德挑战了这套天主教会的权威说法，他是《圣经》的专家，而且精熟于《圣经·新约》，因此他拿出《圣经》中的四大福音，看其中描述的耶稣最重要的精神是什么？是耶稣爱人。

在耶稣爱人中，特别强调了 communal（公共的）。耶稣基督建立了一个自己的 community（社会／社区／共同体），他吸引了这么多人来投靠他，让这些人都觉得可以在这个群体中得到照顾。所以，耶稣基督的关键精神是，他牺牲自己，是一个最不自私的人。要知道，耶稣基督甚至不是人，而是上帝之子，他没有原罪，却要下到凡间，承担人的罪恶。这是他最无私的一面。

于是，马丁·路德刻意凸显耶稣基督的无私，这表现在他照顾世俗上被迫害的、贫苦无告之人。那么相对的，天主教会的这些修道士是什么？是最自私的人，因为他们心里没有无私奉献，只是为了让自己的灵魂可以上天堂，而把自己关在修道院里，根本不在意世俗中到底发生了什么。

因此，在对抗、批判罗马教会的同时，马丁·路德也改写了基督教的伦理，从旧教伦理变成了新教伦理。

上帝无须服侍，你要做一个义人

新教伦理中有神学上非常完整的解释，告诉人们不应该再像以前罗马教会教导的那样把自己隔离在世俗之外。世俗不是污秽的，而是人实践信仰的场域。如果人真的相信耶稣基督，就必须要"因信而义"。这是新教教义中非常重要的一个观念。"因信而义"指的是因为信仰而让自己做义行，变成一个义人。人如何表现出真正相信耶稣基督？那就要活得像耶稣基督一样，这才是真实的信仰。信仰必须落实在人的行为上，以及自己变成一个什么样的人，因此才叫作"因信而义"。

如果人要像耶稣基督一样行动，那么在世俗因素里，耶稣基督哪里有把自己隔绝在所有人之外而成为一个修道士呢？这是一种无法从《圣经》中找到权威来合理化的行为。

相反，耶稣基督所展现出的最重要的精神是进入世俗，尽自己的责任。这意味着一个人要尽量在世俗的环境里做到照顾自己，同时更无私地照顾其他所有人。因而，行义行、成为义人的基本定义便是：在世间能照顾自己，进而获得照顾别人的能力。

这是马丁·路德在神学上的重要突破，这个突破接下来也重新解释了什么叫 beruf（德文译为"志业"），也就是"calling"或"召唤"。在罗马教会的教义下，最强烈的召唤是上帝让人服侍他，让人当修道士、神父，所以人离开了父母，弃绝了自己的家庭，弃绝了世俗上的其他可能性，依上帝的召唤，去当他的仆人。

然而，马丁·路德说，上帝不会这么召唤，他为什么要召唤你去服侍他呢？上帝有这么自私吗？他只要你去服侍他吗？上帝真正的召唤是让你在世间做一个义人,你要在这个世界上像耶稣基督一样,做一个义人,这才是耶稣基督让人去完成的。

那么,要如何在这个世界里成为一个义人呢?首先,要证明你能尽到在这个世界上的一切责任,其中包括你对家庭的责任,以及你选择的职业。既然选择了这样一份职业,那么就要把自己的工作做到最好,这是上帝对每一个人理所当然的召唤。

在这里,又回到基督新教马丁·路德的重要主张,即认为人们可以与上帝建立个别的关系,而不必然通过教会的集体仪式。所以,上帝的召唤也就不可能只针对少数人,让他们去当神父、修道士,或再让神父慢慢变成主教、教宗或修道院院长。

上帝的召唤绝不可能只被这些人听到并予以呼应。每个人都能通过阅读《圣经》,通过耶稣基督和上帝建立这样的个别关系。上帝的召唤一定是每个人都能听到的,因而上帝与耶稣也绝不可能叫每个人都去当传教士,都去当神父,都去当修道士。

上帝和耶稣基督会在《圣经》里告诉人们,人最理想的生活是当一个修士,而不与这个世界产生任何其他关系吗?不可能的。如果主张并相信上帝爱每一个人,耶稣基督对每个人都有召唤,那么最有可能、最合理的召唤就是让人们用一种积极的精神,将世俗生活里的每一件事(包括自己的工作)都做好。

好好工作,作为一种"义人"的责任

由此,产生了韦伯的两个重要思考。第一个思考是直接与资本主义精神有关的——资本主义的精神是怎么来的?怎么会把赚钱当作责任?正是来自这种积极性:把赚钱当一回事,并把它做好。由此,赚钱变成了一种责任,它不是一种欲望的堕落,不是因为人在上帝、耶稣基督面前无法抗拒诱惑而掉入自己的欲望出不来，才追求的财富。如果把赚钱和经营资本当作召唤，那就不是职业，而是变成了自己的志业。如此，就满足了你和上帝之间的关系。

韦伯的另一个思考是确认了：之所以资本主义只会出现在西方，是因为如果没有马丁·路德做出的神学上的突破，就没有这种特别的召唤和精神，就没有资本主义的精神，也就没有资本主义了。

11. 韦伯的创见：社会基于信仰而建立

　　韦伯是一位伟大的社会学家，因为他在研究探索社会的过程中，一方面提示了人们研究社会的方法，另一方面建立了社会学研究社会的方法论。要理解韦伯在这方面的特殊成就，需要先分辨什么是方法以及什么是方法论。

韦伯不仅有方法，还有方法论

　　其实，很多在研究所学习（或做过研究的人）对方法和方法论究竟是怎么回事，不见得有基本的概念。人们进行理性的探索与理解时，经常会产生混淆。

　　什么是方法？简单地说，比如要做一道菜，有人给了一种食谱，那么食谱就是方法的指引。

　　什么是方法论？它是关于方法的探索，如果仍用做菜作为例子，那就是要探索什么是煮、蒸、炸、煎，用到何种烹调方式会得到何种效果，何种材料适合用何种方式与另外的材料配合，而后不同材料的组合、不同的调味，再加上不同的烹调形式，它们各自有怎样的利弊得失。换句话说，这是对方法的讨论，而且讨论涉及方法的运用、方向，以及运用方法时会产生什么好坏优劣的结果。这样的讨论、知识叫方法论。

因此，理解韦伯在社会学上的贡献必须分成好几个层次。其中之一是他研究这样特别的社会，尤其是他对现代社会的形成、认识和理解所提出的主张。

韦伯的研究聚焦在现代社会，或者说是以资本主义为核心现象的现代社会，他对现代社会提出了自己的看法，这是在前几节内容中对照马克思的看法向大家解释的。不过，要完整地认识韦伯，就不能只认识他对社会提出的种种看法，还要了解他在形成对资本主义现代社会看法的过程中所使用的方法，以及他自己非常清楚的方法论的自觉。

在韦伯的社会学方法上，最独特的地方是方法的层次。这就像一位厨师在做菜、设计菜时，和其他主厨相比最不一样的地方是他懂得最根本的道理，因此他不只能创造出不一样的菜，还对为什么这么做心知肚明，以至于人们如果能听到他解释自己烹调的手法，以及他如何创造出这套新的菜，就可以得到新的认知和理解。

韦伯的创见：社会基于信仰而建立

韦伯的社会学方法中很重要的一点是对信仰的强调，而且他对自己的方法论有一套说明，让人们明白信仰何以那么重要，尤其是在认识、理解、分析现代社会时不能忽略信仰。

韦伯研究社会时，看到每个社会都是基于一套信仰而建立的，要认识、了解一个社会，就不能忽略建构该社会的独特信仰。为什么这在方法上如此独特呢？因为韦伯是在19世纪末20世纪初建构起自己的社会学研究，研究的是受资本主义笼罩、影响的现代社会。关于这样的社会的看法，在19世纪末已经形成共识，也就是对这样的社会有了固定标准答案式的解释。

这种社会如何产生？它不就是宗教瓦解后才出现的一种理性社会吗？也就是说，韦伯提出并进行的这种社会学研究的特殊方法（每个社会都是基于一套信仰而建立的），明显违背了当时对现代社会和资本主义社会的基本共识。

直到今天，人们常常会在解释资本主义社会时溯源，从历史上说，也就是先从宗教瓦解并失去了力量开始说起。在韦伯那个时代，更明确的解释是现代社会是一个功能社会，它不是按人相信什么，而是按人需要什么形成的，社会是满足人的需求而产生的一套功能。这是功能论，其中最能彰显现代社会的特性。

从这个现代社会特性的角度，回头就会看到对照、批判、嘲笑传统社会的观点。传统社会是落后的而现代社会相对是进步的，这就是因为现代社会没有宗教，没有信仰的包袱，现代人是按照人所需要的建立了功能，将各种功能交由不一样的人承担，从而组成了社会。

大家已经形成这样的共识，因而就可以知道韦伯难能可贵的、奇特的地方：他挑衅地告诉人们，如果要好好地认识一个社会，就不能忽略每个社会背后都有其信仰，一份从根底上运作社会的信仰。社会的形成离不开信仰，因此对社会的认识和理解也不应离开信仰。

韦伯点出了在当时具有高度冲击性的看法，而且他要在自己的社会学研究中予以证实并告诉大家：不要搞错了，是的，原来传统的西方社会是按宗教依傍的教会建构起来的。虽然宗教没落了，但取代宗教而形成了现代社会构成的基本原理、原则仍然是信仰，不能因为它不是宗教或它取代了原来的宗教就误以为这不是信仰。人们必须要对管辖、构成社会的基本原理、原则的这套信仰，有所认识和理解；更进一步的，人们要知道用什么方式来认识和理解管辖、构成社会的信仰。这就是重要的提醒。

从资本主义社会开始，追溯社会形成的底层逻辑

在韦伯的社会学呈现、展开的过程中，这个提醒与马克思的概念冲撞在一起。

马克思的概念依傍着上文所说的那一套新共识：现代社会产生了自己新的原则，与宗教信仰无关。

马克思是一位多么了不起的思想家，他会在别人的思想习惯中把自己的思想方式往更前面推，或是推出更精巧、更复杂的想法。比如，一个资本主义社会的原理、原则是如何与宗教不一样的？资本主义社会将本求利，找出一种让大家可以赚钱、得到资本增生的方式。但马克思进一步在自己的理论建构上，提出了上层结构和下层结构之间的概念：下层结构指的是生产方式、经济基础，更通俗地说，那是经济行为或是经济领域的活动；上层结构指一定社会的意识形态。

马克思用他的理论彻底改写了历史的因果作用。原来，大家的想法是在现代社会，信仰变得不重要了，而相对应的，经济行为越来越发达，越来越重要。在人类的历史和生活中，向来都是经济最重要，都是经济领域在发展什么事情（这叫作下层结构），因而决定了会有什么样的上层结构。下层结构决定上层结构，意思是产生了特定的一种经济生产活动，决定了一个人如何活下去，如果没有这种生产，就不可能活下去，因而这是最根本的。

然而，经济不会单纯只有生产面，它还涉及生产力和生产关系，包括如何分配生产劳动、生产所得，这些形成了生产关系。农业社会有农业社会的生产模式，工业社会有工业社会的生产模式，不同的生产模式是下层结构。

下层结构决定了上层结构，意味着所谓的思想、信仰，甚至包括社会组织、政治制度、国家、政府乃至于艺术、文化、宗教，这

些统统都是上层结构。其实，上层结构是有其重要性的，是为了合理化下层结构的。

这意味着在一个农业社会里，必然会产生劳动力不均衡的分配。在分配过程中，有劳心者，有劳力者，还有完全不劳动的人，要安排一种由多数人承担劳动力，但这多数人在分配上处于相对弱势的生产关系，才能集中财富，才能运转这套系统。

于是，这样的生产力和生产关系就决定了以贵族制作为主要模式的国家体制，相应地产生了合理化贵族式的各种文化思考和文化模式，也才会有产生于这种文化的艺术、文学作品，而文学、艺术、国家、社会都离不开底下的下层结构。这是马克思所说的下层结构决定上层结构。

马克思把这样的想法、主张普遍推广至全部人类的历史上，这当然非常了不起。这样的概念帮助人们看到了很多以前看不到的东西。在历史上，会发现原来经济活动与政治、社会乃至于文化有这么密切的互动。在过去，这些都是被分别看待的，很少予以联结，但被马克思提醒之后，人们把它们联结在一起看，会发现原来它们真的有这么密切的关系。

另一件事是，在谈下层结构决定上层结构时，马克思的理论并没有那么僵化，没有采取严格的因果关系说——有这样的下层结构必然有那样的上层结构。比如，以农业的生产力和生产关系作为下层结构的社会，可以产生出许多不同的上层社会。农业社会会产生封建制，会产生中央集权的国家体制，也有可能产生庄园制，或是贵族制的政治组织。

而关键之处在哪里？在于马克思的意识是两层的。第一，不可能出现长久的上层结构和下层结构分离的状态。如果是上层结构和下层结构分离的情况，上层结构必然要因应下层结构的改变。第二，在下层结构和上层结构的关系上，下层结构会造成上层结构的改变，但反过来却不成立，在下层结构不改变的情况下，即使上层结构因为受其他因素（比如外来文化或征服者）影响产生了变化，并且这些因素也对整体产生了冲击——然而这种新的上下层结构不符合的状态，在下层结构未改变的情况下，这种新的上层结构也维持不了多久，它仍然要调整回来，以适应、配合下层结构。

这是马克思的理论，也是他用于资本主义的认识和理解上的。然而，韦伯的社会学研究对撞了马克思的这套理论，而且刻意地选择在同一个领域上对撞，这个领域就是解释资本主义如何出现。在解释资本主义起源时，韦伯告诉人们资本主义源自宗教被推翻，但并不表示取而代之的不是信仰，其实是另一套信仰产生了资本主义。这是韦伯重要的论点。

这个论点不只涉及如何认识与理解资本主义的来历，以及资本主义的发展与当下的现实，还涉及人们到底如何去观察、分析和理解社会，尤其是了解社会变化的来龙去脉。关于韦伯这方面的想法和贡献，我会在下一节仔细解说。

12. 先破后立：资本主义诞生与宗教没落有关系吗？

在理解韦伯的理论尤其是在谈他的《新教伦理与资本主义精神》时，要记得一个背景，即在韦伯写这本书、提出其中的论点时，人们已经固定下一套关于资本主义的历史来历的解释与想法，尤其是资本主义和宗教之间关系的解释、故事。

简单的因果故事：教会没落，资本主义兴起

固定下来的故事是，在现代之前没有资本主义是因为有教会，有强大的宗教力量，宗教和教会基本上是反对盈利行为的。基督教会的价值信仰和它对社会的规范阻挡了盈利，因而无法建立、推展累积利益的行为，自然也不会有资本主义在这样的社会中诞生。这是明确的历史现象。

这个历史现象也部分解释了为什么犹太人在欧洲的历史上如此重要，又如此讨人厌。那是因为罗马教会的基督教信仰有严格的规范，不准收取利息。可是，社会上的确有借款的需求，那么要怎么办？正因为犹太人不是基督徒，所以他们可以做这件事，而且由于可以从中赚取利息，他们愿意借钱。

因此，所有人都知道可以找犹太人借钱，但是这么做就必须支付利息。因而人们一方面需要犹太人，另一方面会被不断地反复提醒：你看，就因为他们不是我们基督徒，所以可以赚我们赚不到的钱，他们的财富不只让人眼红，还让人觉得这来历是邪恶的。教会和资本主义必须等到教会没落，其权威瓦解了，资本主义也就是人的逐利的欲望才被解放出来。教会不再有力量限制人追求利益、满足欲望，才产生了资本主义。

因此，资本主义和宗教信仰、教会彼此是互相对立的，必须要在教会的规范瓦解之后，才能产生资本主义。这是一个太明确又极度干净、漂亮的因果连接与解释。

韦伯：教会没落，未必会导向资本主义

韦伯最不一样的地方是告诉人们，挖掘出的社会现象的真正变化不是如此。他如何挑战这个业已建立的解释呢？韦伯提到了两件事，它们都非常重要。

第一件事是（在前几节提过）要认识资本主义，不能只认识资本主义的现象，还要认识资本主义的精神。这种精神也涉及为什么资本主义用这种方式建立与运作。这背后有一套信仰和价值系统。资本主义精神因为有了这个精神才能被区分开，才建立了资本主义的现象。

另一件事是，现代资本主义和过去传统社会中普遍的赚钱的冲动、欲望相比，最大的不同是前者把赚钱视为天职。大家都想赚钱，但能形成资本主义，是在这个过程中有了非常奇特的信仰和精神：不只要赚钱，而且是把赚钱当作活在这个世界上的一种最重要的任务。它是一个 calling，一份天职，甚至不是人自己想要的，而是有一个更高的、超越的权威，刺激人、规定人、逼迫人、催促人，必须

要这么去做。这是资本主义的精神，也是资本主义最大的特质。

用资本主义精神而不是资本主义现象来解释资本主义，一方面更彻底，另一方面也能摆脱原来的故事。回头看，本来有非常干净、漂亮的解释的故事出现了破绽，包括马克思提出的理论。马克思认为可以用生产力、生产关系予以解释，韦伯不接受，后者要问的是这种冲动究竟是怎么来的？如果要追寻这种冲动的来源，按原来的故事，是宗教瓦解后，因为没有宗教的约束，所以人开始追求资本主义，建立资本主义。而韦伯却是从实证历史研究出发，挑战这个看法。

有一件非常明确的事，即宗教、教会的瓦解比资本主义的起源更早，在宗教瓦解的过程中，很早就出现了两种不一样的倾向，但并没有从更早的一种倾向中发展出资本主义。

在意大利，中世纪世俗的力量和教会的力量产生了严重的冲突。到15、16世纪就在意大利半岛产生了非常清楚的反教会的意识形态。

反教会的意识形态、反教会的价值——在意大利佛罗伦萨的美第奇家族是最重要的代表，产生了那个时代反教会、宗教权威最重要的经典作品：马基雅维里的《君主论》。

《君主论》代表的是一种什么价值呢？那就是如果反对教会的宗教价值，就必然要朝向世俗现实，重视权力，并以相对功利、势利的方式看待世间的事物。

那是很早就在文艺复兴时期出现的教会的对立面，教会的权威已经遭到侵蚀，反对教会就必然抬高世俗。在文艺复兴时期，明明已经有针对教会权威而产生的世俗化这一面的内容和思想，可资本主义并不是在意大利出现的。

非常清楚，在资本主义发展的过程中，意大利不重要，并且资本主义绝不是来自文艺复兴时期反宗教、反教会的这部分世俗的力量。韦伯挑战当时已被视为固定答案的说法的一个方面，即提出了以资本主义的精神而不是资本主义的现象作为他调查与研究的对象。

韦伯提醒，当谈论信仰、宗教时，人们经常有误会、盲点，只看表面在说什么。比如基督新教所有的信条，即表面的规约、规定，没有任何一条可以让人将之与资本主义的现象予以联系，甚至可以在其中找到与资本主义现象、资本主义行为相反的主张。

在这种状况下，人们理所当然地认为这两者是对立的，一个上来一个就会下去，也就看不到这两者间的因果连接。韦伯要提醒的是，人的主观意志，尤其是通过集体行为实践时所产生的客观结果，和原来主观的意志不是同一回事。这意味着不能假定今天这里的每一个人都是为了信仰、崇拜上帝，因而他们所做的每一件事情都是让大家更接近上帝。

在社会的集体实践中，结果往往会偏离最初的意志

当然，这是韦伯在他的历史社会学里最关心的事。可是，我所看重的和要凸显的是这个抽象的方法论，它帮助人们摆脱误解，摆脱盲点。我希望大家花一点时间，尤其是把这个主张当作一副眼镜，稍微想想，当自己换上它之后，是否能在周围看到这样的例证。

让我再说一次，人的主观意志通过集体行为的实践所产生的客观结果，其中包含三个部分。首先，是人主观想做什么；其次，这不是个人追求和实践的事，必须要与许多人一起配合，它由此变成了一种集体意志、一种集体追寻；最后，在这种状况下它产生了什么结果。这就是韦伯所说的，人的主观是一回事，而等人们一起去追求所经过的集体的互动，就是社会组织、社会行为，结果产生了完全不一样的作用。

必须记住，要做一个合格的社会研究者，必须具备的能力是：不能按主观意志的表面接受它，而是要认真地考察这套信仰。

这套信仰通过实践尤其是集体实践（因为社会就是集体实践的

现象），会变成一种怎样的客观结果？这两者没有必然的等同性。甚至可以反过来这么说，社会学要研究的往往是怎样的主观意志、集体的主观意志经过了什么过程，在实践后变成了与主观意志、主观目的不一样的客观结果。如果主观意志追求什么，客观结果就完全按主观意志来，其中就没有社会学可以发挥、着力的地方，因为看不到社会组织在集体行为中产生的作用。

应该要弄清楚，这是社会学研究的重要方向，也是韦伯重要的社会学方法之特色。认真地看待信仰，并且刺激人们了解社会，了解每个社会背后都有这种信仰运作的规则，而韦伯就是以他研究资本主义的起源作为这个方法论的示范。

13. 从天主教到基督新教：以信仰之名，打击教会的权威

接下来继续介绍韦伯对资本主义的解释。

教会怎么会突然瓦解？

关于现代社会、资本主义社会的出现，在韦伯提出其论理之前，已经有了众人都能接受的一套说法、一个图景。在人类变化的历史过程中，退回中世纪，那是黑暗时代。为什么黑暗呢？因为教会与宗教信仰笼罩着整个欧洲，那时的欧洲社会是按教会的宗教信仰组织而成的。到了文艺复兴时期，这个黑暗时代开始受到冲击，被动摇了，其中最重要的就是教会的权威被动摇，到后来教会的权威瓦解了。

教会的权威瓦解之后，出现了启蒙主义，产生了双面效果。变化之一是瓦解了原本所有人都往上看、看向上帝的，以教会作为绝对权威的价值和心态，人们开始世俗化并重视自己周遭的现实生活。

双重变化的另一项是理性取代了信仰。信仰原来是不能被挑战的，人只能去信，但理性却鼓励每个人去检验，去找出自己所相信

的，并依此安排自己的生活。在那样的情况下，在宗教与宗教的权威瓦解之后，有了启蒙主义，而资本主义就是在启蒙主义的双重基础（既是世俗化，也是理性化）上诞生的。这听起来是很合理的解释。对照回去，在西方欧洲历史的认识与理解上，这是一种很容易接受的说法。

但韦伯却非常尖锐地指出他认为不太对劲的地方。这不是一个完整的说法，因为按它所说，在教会权威瓦解之后，取而代之的是启蒙主义。韦伯问道：等一等，那罗马教会的权威是怎么瓦解的？你这样一笔带过教会权威的瓦解，而后是启蒙主义取而代之，这样对吗？这里面最大的问题是它并非一个"whole story"（完整的故事）。

天主教会、罗马教会并不是就这么跌落的，而是经过了新教改革。在新教改革也即 reformation（改革）之后，还一度有 restoration（重建、修复）。新教改革还刺激了罗马教会自身的变化，这就产生了罗马教会的复兴。

比如，在这个过程中，耶稣扮演了非常重要的角色。并不是说罗马教会前一天是大权威，第二天它就突然瓦解消失了，它甚至不是沿着一段稳定向下的斜坡走到了谷底之后，被其他事物踩在脚下，这时启蒙主义取而代之，并压在它之上。明明历史上的这一切并不是这么发生的。教会权威瓦解的过程是一段波澜壮阔的历程，而且充满了戏剧性，其中最核心的是宗教改革。

关注现世与世俗，对罗马教会的第一波冲击

回到文艺复兴的历史就知道，来自东方希腊与罗马文化的复兴，给了当时的人新的刺激、新的价值归属，他们开始挑战《圣经》以及教会所代表的一切。之所以叫作文艺复兴，是因为他们是用希腊、罗马古典的文化来挑战教会的。

韦伯说，文艺复兴对罗马教会的挑战，一方面产生了像马基雅维里《君王论》那样彻底世俗的东西，也就是表明拒绝教会所代表的神圣性的方面发展到极端——那就是世俗化。

在这个世俗的环境中，找出了最重要的一个变数，即权力。因此，马基雅维里集中分析了在世俗中的权力机制到底是怎么一回事，而后写了一本类似于如何在世俗中运用权力的手册。马基雅维里清楚地表明，人要在世俗中获得成功，并不需要上帝，更不需要教会。

文艺复兴开始挑战并怀疑罗马教会的权威，这是一条路。与世俗的马基雅维里《君王论》的批判不同的，还有另一条路，把这两条路或两股力量加在一起看，才能解释为什么罗马教会没落、瓦解了。

世俗的这一面对罗马教会的批评是：教会给我们提供的服务都没有用，我们现在"life is elsewhere"（生活在别处）。教会让我们关注自己的灵魂，担心自己未来死了，离开这个世界之后的生活，但现在它们对我来说不重要了，真正重要的是当下世俗的生活。应该如何累积当下的财富，应该如何掌握当下的权力，应该如何安排、如何取得、如何运用权力，这些才是我关心的，不会再要教会强调的神圣、超越的那一面。我也不在意死后到底在天堂还是地狱，而只关注在世俗的当下过的是比较接近天堂的生活，还是像在地狱里接受贫穷、没有地位、没有权力的种种折磨。这部分教会管不了我，对我没有用，我也就可以不再理会教会。

不过，真正让罗马教会快速从权威跌落，以至于后来罗马教会必须因应产生改革，他们并不是针对这部分世俗化的挑战。回到历史的实际图景里，像马基雅维里或美第奇家族、威尼斯、佛罗伦萨这些意大利北部的势力，他们早就与罗马教会展开了长期斗争，产生这种激烈世俗化的想法已不是一朝一夕之事，也不能真的撼动罗马教会。

新教改革：以信仰之名，冲击罗马教会

真正撼动罗马教会的是与马基雅维里完全相反，来自另一个方向的对罗马教会的批评。

马基雅维里的态度是"who cares"（无人在意）：死后上天堂还是下地狱，你说什么与我无关。但反方向的批评是"we really care"（我们真的在意）：我们真的要弄清死后到底是上天堂还是下地狱，最终上天堂或下地狱的根本道理是什么；弄清我们与上帝间的真实关系是什么。

换句话说，他们对罗马教会最重要的批评是"you don't care enough"，即教会并不是真正地在意人们的灵魂。教会告诉人们要看到、照顾自己的灵魂，要把灵魂看得比肉体更重要，要知道死后灵魂的去处，灵魂与上帝间的关系远胜于人们在此世活着时所得到的待遇。这是罗马教会告诉人们的，但教会整体作为一个组织，看起来并不是这样运作的。

因而，这种批评主张要有一个更真实的教会，有一个更真实的信仰，这就是新教改革的力量。韦伯问道：我们可以忽略新教改革吗？依照那样的图景、说法，其中并未考量到新教改革，仿佛新教改革不存在一样。而如果忽略了新教改革，就无法弄清资本主义形成过程中真正发生的事。

来看新教改革，推动它的这群人不是马基雅维里，不是不在意灵魂的人，恰好相反，他们是一群更在意灵魂的人。新教改革也就意味着他们更关切自己灵魂的救赎，他们批判罗马教会，马丁·路德钉在门楣上的那《九十五条论纲》一条条指向的是什么？指向的都是罗马教会这些教士、主教。他们是虚伪的，人们现在要追求的是更真实的信仰。在更真实的信仰中产生了一种需求，即找到真实的救赎之感受。

赎罪券买不来的救赎感

韦伯的特殊之处是我们先入为主地认为他是一位社会学家，顶多还是一位历史社会学家，但他真的不止如此。比如，他在这样的研究过程中，认真看待了马丁·路德的神学。

马丁·路德的神学的一个重点，是他如何用德文翻译《圣经》。在翻译《圣经》时，他特别放大了救赎的概念，我们要体会的是马丁·路德对救赎的重新定义、重新追寻。

在《九十五条论纲》中，历史上最有名的是反对赎罪券。如果回到马丁·路德在神学上的探讨，就涉及拉丁文的关键词，翻译成为英文是"redemption"，也就是"救赎"。

反对赎罪券意味着，拿钱买赎罪券不会有真实救赎的感觉，也不是真实的救赎。教会怎么能用这种方式定义救赎到底是什么呢？衍生到神学上，这是马丁·路德还有基督新教非常在意和强调的，救赎是精神性的，是感受性的。

说到救赎时，除了道德就是从神学上批判赎罪券。人把钱送进教会，教会给他一张证书，一张赎罪券，这个赎罪券怎么可能与人有圣灵上的交换？人会在那里感受到什么救赎的意义吗？

马丁·路德主张的对象是信仰者。对于信仰者，他提出了简单但直接的疑惑：你的信仰是什么？是用表面的仪式、形式来保障的吗？你可以不管你的信仰有一种内在精神，或是你的信仰的感受层次吗？

如果从感受层次探索救赎，就会追溯到原来这在基督教里有一个传统，但是这个传统后来在罗马天主教会越来越不重要，而相对的表面仪式越来越重要，参与仪式的这种外在之物的比重到后来也就越来越高，因而这部分就被忽略了。可当它被马丁·路德重新唤起时，引起了很多人的共鸣。

《忏悔录》：你感受过一种超越的力量吗？

这个传统可以追溯到4世纪的圣奥古斯丁。圣奥古斯丁写过《忏悔录》，这是一本非常重要也非常有意思的书。如果大家有兴趣的话，我建议应该找来看看。

圣奥古斯丁《忏悔录》的一个历史作用是描述了什么叫信仰，而且圣奥古斯丁是采用了一种既非常具有精神性，又非常具有肉体性的描述，才能在那样的时代发挥了重要力量。

从圣奥古斯丁的《忏悔录》说起的话，让我简单地问问大家：你认为最强烈的宗教感受是什么？这里说的是感受，而不是理性的解释。意思是，在什么状况下会让人极度敏锐、极度清楚地感觉到在人之外，在这个世界之外，有超越的另一股力量、另一种权威？

每个人的信仰经验或宗教经验大概都不太一样，不过可能很多人都思考过或经历过这样一种冲击。

在下一节内容中，我会更进一步地为大家解释圣奥古斯丁如何理解宗教经验，以及为什么对新教改革乃至于更进一步的资本主义的兴起，有这样一种决定性的影响力量。

14. 我们与上帝的距离，从《忏悔录》谈起

在这节内容中，首先要谈谈圣奥古斯丁的《忏悔录》。

《忏悔录》：我与上帝的距离

在描述自己生命开头的这一章，圣奥古斯丁的写法非常特别，那是对上帝的呼唤，而他呼唤上帝的方式是提出一连串问题——你到底是什么？我要怎么认识你？

关键在于他提出了一连串非常精彩的问题，而且基本上是无法回答的。其实，这样的表达方式就探触到了宗教经验。在宗教经验中，这样的心情、这样的气氛有一定的普遍性。

举个例子，《楚辞》中有一篇很怪的文章，叫《天问》。它最特别的地方，正如标题显现的，从头到尾都是问，累积了一百七十多个问题，一个个地问，这与《忏悔录》的第一章很像，因为这些都是难以回答或根本无法回答的问题。

天到底是什么？天到底有多远？如果天没有那么远，为什么我们会摸不到？但如果天真的那么远，为什么我们又看得到它呢？

类似这样的问题，从天联系到天的作用，联系到什么叫人，为

什么人与天之间有这些关系,这就是《天问》,全部都是问题。

读《天问》干什么?得不到任何答案,读的过程中不会觉得不舒服吗?其实,读这样的文章是最直接的,因为它跳过了理性,这些连环问题所呈现的就是天最大的特色——永远都不可能了解天是什么,天在人之外,在人的了解、控制和掌握之外。与天相比,与那268个无穷无尽的、无法得到答案的问题相比,人能具体地察觉和感受到自己如何渺小,包括人的智慧、能力和体会,一切都如此渺小。

一种类似宗教飞跃的狂喜

对照之后就能了解,圣奥古斯丁为什么要用这种方式写《忏悔录》的开头。他在开头写的是向上帝的告白,这里产生了非基督教信仰中常有的误会或简化。

简化地说,圣奥古斯丁的忏悔是在向上帝说他作为一个人,在认识上帝前做过多少错事。(他的确写了年轻时曾如何陷溺在满足肉体的欲望等。)也就是说,我原来是一个平庸的人,我看到肉会想吃,看到女人会想抱,所有这些错误我都犯过,但是我认识了你……他用这种方式对上帝告白,并忏悔称自己把这些都改了。

这是对圣奥古斯丁的《忏悔录》的一种简化版解释。

不能单纯抓住中文翻译的"忏悔"一词,而产生望文生义的联想。这本书的重要之处是他在表白自己如何认识上帝。另外,这本书最了不起的一个吊诡之处是,在认识上帝的过程中一层层地展现出:将认知上帝最重要的这一整条路走到最后,他却认知到自己没有资格认识上帝。一旦人体会了自己没有资格认识上帝,才真正得到一种圣灵充满的直觉的、真实的感受。

在上帝面前,人体会到绝对的渺小,而绝对的渺小意味着上帝可以对人做任何事，人却对上帝完全无能为力。在这个过程中，当人彻底地同意、承认自己绝对渺小时，就产生了一种理性绝对无法解释，也绝对达不到的狂喜的感动。

为什么会有那种狂喜的感动？它来自这样的对比（也许读者朋友中也有人曾有这样的体会）：在庞大的大自然面前，面对着如挪威的大冰山那样奇特的景观。或是遭遇某种奇遇：在高速公路上卷入连环车祸，在车子停下的一刹那，所有的声音、混乱、伤害停止，而你意外地发现自己竟然还活着。在那个瞬间，就能体会到自己的绝对渺小。

当体会了自己的绝对渺小，不管用什么方式到达这种境界，就会产生一种宗教的飞跃，一份狂喜。狂喜来自什么呢？来自英文里的"self-abandon"（自我抛弃）。

在那个状况下，有这样一个超越的圣灵，就会觉得为什么人还要一直替自己负责。在这个圣灵面前，在这个巨大的近乎无穷的力量面前，当然要完全放弃自己，把自己交给绝对权威的圣灵。

这是《忏悔录》要表达的。圣奥古斯丁走完了这一整条忏悔的、自白认罪的路之后，他忠实地明确在书里要表达的是他与上帝的关系，而这种关系就是一连串他无法解答的问题。因为使用任何答案，都是亵渎、冒犯了上帝，把自己抬得太高了，所以只能用一连串问题表达自己与上帝之间决然的差别。

这在马丁·路德的神学中很重要，他回到了圣奥古斯丁的传统上，强调这是真实的宗教体验。而真实的宗教体验不是去参加天主教在歌德式大教堂里的仪式，当然更不可能是去买赎罪券。

买赎罪券是非常严重的亵渎，因为人非常清楚知道自己在做什么，这全来自理性上的算计。人有了自我意志，与上帝算账，当人处于这种功利的自我意志状态之下，就不会与上帝有任何关系。上帝明明就是超越人的，人怎么可能靠着自我意志来选择要与上帝发生什么关系呢?

什么时候才能认识上帝?马丁·路德的主张是在非常稀有的、真实的经验下,你保住了这样一个特别的状态:觉得神进入了自己,自己变成神力的容器。

因此,在基督新教中,从马丁·路德开始就如此看重从感受上体会、建立自己的宗教信仰,是在这里诞生了新教改革。新教用这种方式挑战了罗马教会,哪里会是世俗性的呢?

不是马基雅维里,而是马丁·路德等人的态度,批判了罗马教会的错误,甚至更根本地批判了罗马教会错误的宗教观,才造成天主教会权威的下降。

加尔文教派:我们只是神力的工具

更进一步地推演,马丁·路德开启其端,接下来新教有了各式各样的变化发展。在基督新教变化发展的历程中,韦伯特别凸显了加尔文教派。加尔文在这上面与路德有类似的地方,也有不同的地方。类似的地方是,加尔文和马丁·路德同样强调,作为人的宗教经验是意识到、感受到自己和上帝之间存在绝对的差距。

人与上帝之间只有这种信仰的关系,没有任何因素可以让人与上帝相提并论。不过加尔文比马丁·路德更严厉,韦伯曾提到,在加尔文的神学里,有一条是明确反对马丁·路德的,因为马丁·路德说,人的关键是成为神力的容器。

加尔文从宗教神学论理上提出其中存在的严重矛盾:人是有限的,神力是无限的,有限不可能成为无限的容器,有限的容器不可能容纳无限的东西。神是无限的,神怎么变成人的一部分?怎么会进入人呢?

对于加尔文来说,人唯一的机会绝不是像马丁·路德说的,可以感到自己成为神力的容器，而是人感知到自己是神力的工具，并且只是一个工具。神到底要拿自己做什么？人无法知道也无从在意，更别谈与神在人要做怎样的工具这件事上讨价还价。在这种自我抛弃之下，人才能建立与神的关系。

韦伯为什么特别提到了加尔文教派？在历史的现实中，这意味着从马丁·路德、加尔文教派一路衍生出来的，一般在新教中被称为puritan（清教徒）的教会，也就是新教中更为严厉的这部分教会，它在宗教上发挥影响的地点与时间，几乎与资本主义诞生、资本主义现象出现的地点与时间是重叠的。

光从历史现象上，就发现了一种密切关系（affinity），这在韦伯的方法论上是很重要的观念，下文会更进一步解释。

清教徒与资本主义的联系

既然出现了历史现象上的亲和性，就会让人怀疑，这会不会不完全出自时间和空间上的偶然，而是有因果关系？由此，会更进一步探索：清教徒与资本主义之间，有什么关系呢？

从这个角度看，就是加尔文教派在社会组织上有特别的长处，他们的组织格外严密。用今天的语言和概念来说，当这样的社会遇到外在挑战时，其竞争力特别强。

为什么是加尔文教派拥有这样一种社会组织的能力呢？这是韦伯要更进一步解释的。加尔文教派和社会组织间的关系因而能延续，让我们探测和了解，这与资本主义的精神是有联系的。

长话短说，加尔文教派最大的优势是社会成员之间的关系，回到《圣经》中被特别强调的，要组成这样的社会，涉及如何辨识自己的neighbor（邻人、邻居）。这些人指的是与自己没有直接关系的（不管是血缘关系还是利害关系），只是在空间上与自己相近的人。

但这样的相近之人，光是靠着与你自己相近的因素，就把他包纳进来，成为自己的群体的一部分。

人和邻居之间的关系是什么？韦伯在对加尔文教派的调查与研究中，发现了一个重要的现象：所有的社会都必须找出一种方式，教人如何看待他的邻居。当然，要记得这也包括我们自己的社会，这已经碰触到韦伯在方法论上提出的，如何认识、检验和分析我们自己的社会，这可以让我们一直不断地思考。

比如，大家可以想一想，每个社会都要定义谁是邻居：那是与自己有共同生活的人，但他们与自己没有直接的共同利益。如果用这样两个标准来看，那么我们的社会用什么方式看待邻居，或如何教我们如何看待邻居？

为什么邻居那么重要？因为邻居涉及什么是"我们"，什么是"我群"，对待"我群"时到底应该如何规范。有"我群"作为它的核心，可以大概分析出自己所处的究竟是一个怎样的社会。这是社会学观察、收集资料和分析的一种方法。

大家不妨试试看，有意识地检验当前自己所处社会的邻居观，是否可以得到一些过去没有想过的对当今社会的认识与理解呢？

15. 今天的社会，和清教徒到底有什么关系？

韦伯对西方近代资本主义起源的探索是从对资本主义精神的研究开始，而后联系到基督新教的伦理，了解了这些之后，我想很多人心里会延展出这样一个问题：现在的资本主义、现在的资本家，尤其是根本不在基督新教影响范围之内的其他区域的资本主义是怎么来的呢？

清教徒：方法、条理的倡导者和执行者

先来看韦伯的重要论证。比如，他说资本主义基本上是在加尔文教派清教徒，或是 Methodist（一般在中文中译为"美以美教会"）的影响下产生的。

但是，韦伯在书里清楚表明，不要忘了 Methodist 一词的来源是 method（方法、条理），这不是没有道理的。因为不管是这些人主观的认定，还是别人对他们的观察，都会发现他们对过日子最讲究方法，也就是在生活上有非常严格的纪律：要如何安排一天的正常生活，都必须讲究方法（method）。所以，称之为 Methodist。

现在的资本主义还与这样的宗教有关系吗？如果是靠宗教、基

督新教伦理才产生了资本主义精神,才有了资本主义,那么没有这种宗教伦理的地方,为什么也能产生资本主义?日本和新教伦理有什么关系呢?中国和新教伦理更是没有什么关系吧?

韦伯说的,是一份历史的动力,新教伦理关系到的是资本主义的精神,而不是资本主义和环绕着金钱运作的那套制度——那套制度的运作仍是马克思在《资本论》里讲得最好、最清楚。

要知道,韦伯的历史社会学真正关联的是资本主义精神,而不是资本主义制度。资本主义精神很关键的是一种禁欲的价值、禁欲的意识形态。禁欲的意识形态使人们开始建构另一种生活,并用这种生活建构了另一种社会。

这种社会讲究的是生活中要有安排、有方法,而且是理性的安排、算计。人永远都要弄清:自己究竟在过怎样的生活?在这样的日子里要追求什么?为了追求这个目标应该付出怎样的代价,要建构或依循什么工具和手段?是这样一套思考方式乃至于该思考方式所依赖的生活安排,构成了资本主义所带来的最大的社会冲击和社会影响。

理性,作为一种新的信仰

当资本主义用这种方法将禁欲的习惯、禁欲的价值观带入社会,产生了资本主义现代社会的雏形后,这个现代社会形成了一种高度紧张的状态,在这种状况下就不需要宗教。在这里,这种高度紧张和它背后的理性其实形成了一种信仰。这是什么样的信仰呢?

我相信本书的读者没有一个人是基督新教的虔诚信徒,即使你是会去做礼拜的基督徒,也不会是本书所描述的害怕来世得不到救赎的加尔文教派信徒。既然不是基督新教的信徒,那么重点是:对你来说,生活、生命如何构成意义?这是韦伯最在意的。

韦伯提醒人们，每个人都对以下内容有一种"意义"的观点：生命，生命与世界间的联系，如何看待世界，如何安排世界和自己。这意义的观点会以各种不同的方式呈现，从而有种种时代上的变形。

有教会、有制度、有严整教义的宗教，这是人在这个世界中建构意义的一种方式，但并不是唯一的。没有宗教信仰的人，仍然必须为自己的生活找到一份意义。而在今天这种社会体系之下，我们也必然会有自己的社会价值意识形态。

人活在这个世界上相信什么？这背后有什么社会性的信仰吗？

比如，有人相信人活在这个世界上，活在这个社会中应该要有用；有人相信自己可以从使用的意义与使用的价值判定，以安排自己的生活；有人相信一个人不能在生活里没有任何条理；有人相信如果一个人不能确切地知道自己在过什么日子，会是一件可怕的事……这些都在人们的心里，都在人们的生活里。有了这样的价值观和信念，其实就证明了人是受到资本主义和理性洗礼之后，才创建出这样一个现代社会。

虽然不是基督新教的教徒就不会了解这么多，但韦伯说明后，也让人清楚地看到这种社会是怎么来的。今天人们抱持的现代社会信念的价值观，比当时在少数区域里影响少数人的基督新教的伦理自然广泛得多，而且它的强制力、影响力更大。这时，人们不需要基督新教伦理就会有资本主义的生活，也就产生了与资本主义相关的特殊的现代社会形态。

政治制度的理性范本——《美国宪法》

从历史上看，韦伯在其著作里并没有讲明，但可以很清楚地从当下现实需要里引申出来的，是创造现代世界基本共同环境中最重要的两个因素：一个是资本主义，而另一个无法被忽略的是民主政治。

如果沿着韦伯的这项推理继续推论,不只是资本主义源自基督新教伦理,"民主"乃至民主社会、民主方式在相当大的程度上也来自新教伦理,或者说是与基督新教徒所建立的生活意义和世界关联。如果要确切地探索、掌握这样的精神,一定要参考和了解的文献是《美国宪法》(Constitution of the United States of America)。

《美国宪法》源自美国,这并不是意外,也不是偶然。正如韦伯在书里特别告诉读者的,为什么美国原来在新世界(当然是相较于欧洲)是一个落后、后进的地区,而正因为这样的落后性、后进性,才接收了这些在欧洲被歧视、被迫害的清教徒。他们来到美洲之后,快速地在很短时间内创造出欧洲以外最蓬勃,甚至后来发展到最高峰的资本主义社会、资本主义系统。

另外,在民主制度上,明明欧洲经历了这么多变化,民主可以回溯到1688年英国光荣革命及1789年法国大革命等,但这些历史事件和历史条件却不符合今天现代社会真正在运作的、人们意识里的民主的情况。今天现代社会所运作、所理解的民主,是发源于18世纪的、在北美殖民地形成并信奉的《美国宪法》。

《美国宪法》有一个了不起的精神,即《美国宪法》内部的合理性。什么叫内部的合理性?这意味着《美国宪法》的内容其实非常简单,条文非常少,但是每一款条文,条文与条文之间又有非常密切的关联。这样的情况与全世界各国的宪法,甚至包括一些明显受《美国宪法》启发、跟随《美国宪法》条文而来的其他宪法,都有很大的差别。

大部分宪法分成不同的章,有不同的条文,但其中有很多条文是彼此不相干、不在同一个逻辑之下的,因此无法拿其中一款条文去解释另一款条文。可是,《美国宪法》是条文间联系得非常紧密的一份文献。它的每一条、每一块环环相扣,统统连在一起,甚至每一个字、每一个句子都是连在一起的。

从新教伦理到理性精神，再到现代世界

《美国宪法》的开头叫"Preamble"，即"前言"。前言的第一句是"We the people"，这里表明了什么叫宪法——美国的《宪法》是"人民"的《宪法》，这也规定了《美国宪法》最基本的精神。

《美国宪法》在这件事情上是前后一贯的，也就是宪法规定了政府如何管理人民，而人民决定了给政府让渡什么权力。为了人民共同的利益，人民让渡了原本拥有的完整权力，将其中的部分让渡给政府——在这个范围内，人民让政府管理自己，因为有政府管理，可以创造人民共同的利益。在面对《美国宪法》时，这样的立场极度重要。

要解释《美国宪法》没那么难，比如先区分这到底是管理政府还是管理人民。如果是管理政府，基本上只要《美国宪法》没提到的，政府都不可以做，都是违宪的。反过来，如果是管理人民，《美国宪法》上没有规定人民不能做的，人民都可以做。

《美国宪法》是用这种方式，在逻辑上分别对政府和人民清楚地做了完整的安排，因而每一个环节都彼此架构在一起。在这样的状态之下，整部《美国宪法》的条文很短。它为什么可以维持这么多年呢？就因为环环相扣，也就是有合理性。或者，这就是韦伯在描述、形容的，在现代社会特别是理性安排发挥到最高峰时，是要追求、形成一个环环相扣的逻辑，其中任何一个部分都不能在这个逻辑的合理性上脱了钩、落了队。

而《美国宪法》为什么会呈现这么严密的合理性？这就与基督新教伦理在资本主义上发挥的最大作用是完全一样的，那就是内在贯彻的合理性。比如前文提到的，什么叫Methodist？那就是人的生活要有方法，用最有效的方式予以安排。延伸来看，在人的经济行为上要有最有效、最合理的安排；在人的社会组织、政治关系层面，也一定要寻求最合理、最有效的方式予以安排。

这种意识形态价值由同样的这群清教徒运用在他们对政治制度的新思考上，这意味着背后有一种高度的精神动力——要创造一种政治制度，使这套政治制度的每一个环节都应是合理的。是基于这样一份严格的合理性，才创造出《美国宪法》中关于人民权利的想法。

对比法国人，比如卢梭所说的"天赋人权"，他在《社会契约论》里说了这么多理论，但读者一定要记得，是谁用何种方式落实了卢梭所说的天赋人权——是美国人用《美国宪法》而不是法国的宪法落实的。

相比之下，法国的宪法一塌糊涂。只要看看在历史上法国出现了几个共和，就会知道法国产生了几份宪法，而每一份宪法都不是完整的文献——这意味着相较于《美国宪法》，它里面有很多纠结和混乱，以至于在推行、运作时产生了种种问题。第五共和有双首长制，而光是第五共和的双首长彼此间的权力关系就制造了众多混乱。

在比较中能体会到，为什么美国会产生这样的宪法？因为那份来自清教徒的，与创造资本主义精神完全一样的合理性的坚持，不允许任何东西不在这个逻辑之下，要保证所有条文都环环相扣。非常明显，法国是一个天主教国家，也就没有源自清教徒、新教伦理的那种对现实生活的内在紧张性。

《美国宪法》之所以能用这种方式设计并使之成立，这与韦伯在分析资本主义时展现的资本主义和加尔文教派的关系是一样的，这意味着他们用一种宗教的紧张度来安排世俗的生活。这世俗的生活在经济方面涉及生产、财富、成长，于是就有了资本主义。将其置于社会组织和政治运作中时，就涉及权力如何安排，而这些清教徒发挥的是同样的精神，贯彻了内在合理性，一切必须用近乎宗教的紧张程度予以严格的安排和控制，让每一项安排都产生一种严密的内在合理性。

这是现代世界和基督新教伦理最直接的同时也是最广泛的因果关系。

16. 现代"巫术"的诞生

现代社会的特殊性：高度严密地安排俗世生活

我在前文介绍了韦伯分析的如何从基督新教的宗教紧张度产生了资本主义，也延伸分析了它如何在美国产生了民主。有了资本主义，有了民主，新教教徒的共同精神、共同特性要求对从经济到政治、社会等生活的不同方面都要有合理的安排，这就产生了现代的世界。

从这个角度看，这也是韦伯的社会学、韦伯式社会分析的特殊之处。这意味着韦伯的社会学要分析、探究的就是现代社会的特殊性。韦伯在现代社会找到的最重要的特殊性，就在于高度严密的安排。

这个高度严密的安排不是建立在任何个人或少数人的意志上，而是建立在一套非常严格的依循逻辑的合理性上。也因为如此，韦伯分析、描述现代社会时，动用了另一个观念。之前也提过，那就是 disenchantment，一般翻译为"祛魅"或"除魅"。这是一个被祛魅之后的社会。那么，什么叫祛魅的社会（disenchanted society）？祛魅到底是怎么一回事？

回到前文提到的加尔文教派新教伦理，这些人面对俗世生活时，因为带着宗教的紧张度，所以不相信偶然，也不相信意外。这是很特殊、很新鲜的人类信念、态度。因为在绝大部分人类的历史和文化中，直到今天，人们都没能完全摆脱这样的情况：经常在面对自己不知道的尤其是自己害怕的事物时，诉诸广义的巫术，用它为自己提供基本的安慰——这意味着人期待有什么事物会不需要理由地打破正常的因果，降临在自己身上。

比如，你相信自己会买到有一亿三千五百七十九万分之一概率中奖的彩券。这是广义的巫术，这意味着你相信有一种方法，这种意志力可以让你决定买这一亿三千五百七十九万分之一的彩券。

又比如，在更常见的情况下，如果有一个人突然告诉你"你的命很坏"，你会怎么样？你大概率不会相信。可是，如果在这段时间中突然有很多事不顺遂，你想起了这件事，就会觉得好像应该去卜卦或算命。这也是广义的巫术。

过去传统社会的最大特色就是到处流窜着这种广义的巫术。巫术拥有非常大的空间：心理的空间乃至于现实的空间，个体的空间以及集体的空间。巫术在这样的空间中运作，给人提供了很多安慰——意味着你试图去相信这些东西可以依照你的意志、期待，朝对你有利的方向发展。

但是，在现代社会、现代理性的发展中遇到的最大问题，是不断用理性消减巫术的空间。因此，人在现代社会活得越来越理性，有越来越大的压力，要合理地、理性地安排自己的生活，或是配合群体过一种理性的、合理安排的生活。

现代的代价：理性的忧郁

用理性的方式安排得越多、越绵密，意外和偶然也就越变越少。总体来说，这样的现代社会逼着现代人付出了一定的代价。

最简单也最直接的一种代价：现代社会必然因为太有秩序，变得极度的无聊。太有秩序，意味着一切都在合理的安排之下，让人没有那么多空间做梦。在这种状况下，人就进入了祛魅（disenchanted）的状态。换另一个角度说，现代社会里的人都活得太清醒了，没有那么多梦，没有那么多迷幻。

韦伯的敏锐之处在于他用历史社会学的眼光，将这件事经过时间上的整理后，凸显出能让人体会、认知的现代社会特殊性。

当韦伯在进行现代社会研究时，他看到了其他社会学家（比如孔德）永远不会看到的一些现象。比如，他看到了什么是理性的因果环节，在理性发达到一定程度后，会创造出怎样的社会效果；而这种社会效果不只影响了所有人，还更进一步决定了这样的现代社会是如何运作的。

这是一个太过清醒的社会。韦伯提醒人们，清醒的社会一定会带来祛魅后产生的忧郁（melancholy），一种悲观、被动，因为人不再相信这个社会随时可能产生突然从天上掉下来的，打破因果、值得兴奋或害怕的事。当所有的一切都被严密地安排，就统统变成了routine（一套动作），变成循环反复出现的固定之事。没有好奇，而就算好奇也没有用。

因而相对的，当你努力主动做什么事，但大部分结果在你开始做之前都已被决定，那么你不会再那么主动，而会变得被动。而且，你对未来有一种固定的理解和想象，也就必然带来与被动相关的悲观。

活在这样的现代社会里，社会比人大。什么叫"社会比人大"？即社会是有道理的，人们无法假装自己不处于这份社会的严密、理性安排的道理中。不管是正式学过、理解过、调查研究过这份社会的道理，还是纯粹在生活里累积下的经验，它们都在告诉你，在这个社会中，只有按照社会合理安排的规律、规则（之外）那么一点点可以转身、有一些创造的空间，你走不到哪里去。

你很难离开社会的规律、规则，因为它们环环相扣，太严密了。你也不可能进行怎样的突破，不会隔天自己就在这个社会里突然变成另一种人。这样的忧郁就是活在这种社会环境中的现代人，必然要付出的一份代价。

现代"巫术"的诞生

付出这个代价的另一个反面，是解释现代社会的关键重点，也就产生了一直不断跃动着但有时带有悲剧性的冲动需求。

依照韦伯的观念和命名，应该称之为"reenchantment"（复魅），即重新在这个由理性合理安排的社会里寻找可以让人们继续做梦，继续相信意外、偶然的一些事迹，或是去打开让广义的巫术还能发挥作用的空间。那要怎样 reenchant（复魅）呢？韦伯并没有明说，或者应该说，韦伯对此没有那么关切。但是，他提出这样的观念，就有了清楚的历史证据，产生了让人可以重新相信广义巫术的种种逃避。

比如，韦伯在他生命的最后一段时间，在经历了魏玛共和之后，他来得及看到但并没有分析（那样的现象）。诸如在 20 世纪 30 年代，好莱坞最流行的是歌舞片。它把整个电影带上了另一条路，不只整体改造了好莱坞电影制片的制度，甚至完全改变了电影与观众间的关系。

从歌舞片开始，观众进入电影院看电影就产生了新的期待、新的经验：不管自己现在几岁、生活在怎样的情境下，只要进入电影院，就会被还原成一个大孩子，回到童真、幼稚，愿意相信所有美好事物。过去，电影与电影院是分不开的，进入电影院之后的两个小时里，电影让人离开外面清醒的、有限的、什么事也做不了的世界，让人到了一个好像所有事情都有可能发生的华丽的、不同的世界里。

从这里可以推演出，20世纪的娱乐事业延续到21世纪，都是要帮助人们不再活得那么清醒：人可以多一点幻想，甚至可以堕落一点；人可以相信任何事，也就是可以笨一点，先不要怀疑和推论，把它们暂时忘记。

就笨一点嘛，因为人越笨，就越有机会不需要活得那么严谨，也就可以给自己多带来一点乐趣。什么样的乐趣？由复魅带来的乐趣。这样的需求产生了满足需求的各种途径，这是韦伯没有看到，自然也就没有放入他自己的社会学里进行分析的。

现代娱乐工业：用理性创造幻境

必须佩服韦伯，他在提出自己的社会学理论，在分析、解释现代社会特殊性时，就已经预见了这样的冲突、紧张，以及可能对冲突、紧张所产生的需求的满足。

今天，因应这样的冲突与紧张，产生了庞大的工业。这个工业是一个创造幻想、创造如广义巫术般的各种情境的行业。然而，这个行业，比如做游戏的、拍电影的，甚至是在美国拉斯维加斯开赌场的，他们要创造的是幻象、假象，带人离开现实，让人可以在严密的理性安排中，喘一口气，得到休息。但是，还有一个吊诡之处是，不管是做游戏的、拍电影的，还是开赌场的（也许有一些读者就处于这个行业里），这个行业本身必须是用最严格的理性来安排的。

要做好的游戏公司，那么它必须要分工成几个部门？这些部门彼此要如何协作？行销部门、设计部门、剧情部门、技术部门……每一个部门都有不同的需求，所有的需求会产生很多冲突，而最大的冲突是共用同样的资源。因此，资源要如何分配？要如何解决各个部门需求中的冲突？这个公司最后能不能成功，甚至它能不能成立，都必须取决于是否有一套理性解决问题的制度。

这就叫作现代社会。现代社会是即使在试图创造新的广义巫术时，都必须要诉诸理性手段。

一个韩国天团要如何组成？要如何到中国表演？要如何搭舞台、打灯光？成员如何唱歌并跳舞？如何运用现成的音效配合现场收音？如何让全场的年轻观众疯狂、尖叫、狂哭，像是整个人被运到另一个时空中？这不就是一种迷魅（enchantment）吗？——但那里面的每一个环节都受到严格控制。

于是，就产生了最强烈的对比，甚至是最强烈的反讽，要创造出复魅所需要的，反而是最严格控制的工具类型。这是韦伯早已经指出、刻画出的现代社会的面貌。这个面貌以各种不同的方式仍然呈现在人们自己的生活中，因此，如果想要更进一步地了解自己的生活，找到观察与分析自己生活的方式，还是应该了解一下韦伯曾说过什么。

17. 理性社会的巨大隐忧：Charisma 与残破的意义之网

Charisma：获得权力的特殊方式

韦伯在他的社会学中，尤其是在分析权力、权力和现代社会间的关系时，提到了直到今天仍非常重要的问题：由于这种祛魅的状态，一个现代社会如何产生对权威、对权力运作的特别态度？

这样的社会延续下来，其权力有三种不一样的形态：一种是传统的权力，一种是制度的权力，还有一种非常特殊的是 charisma。有 charisma 的人会在现代社会里特别地拥有权力，或者说拥有在现代社会中特殊的作用。

什么是 charisma？韦伯为什么要特别凸显 charisma？其实，很难有单一的中文名词能对应、对照"charisma"这个词，它也很难在其他语言中找到相应的非常适合的翻译名词。但为了读者阅读方便，本书选择将其译为超凡魅力（也可译作奇幻魅力、非凡魅力）。

什么叫拥有超凡魅力的人？只能试图用这种方式来解释和理解：你并不知道拥有超凡魅力之人的迷人魅力是从哪里来的，又是用什么方式产生了这么巨大的影响力，你不知道该如何解释。而这个人最大的魅力就来自人们解释不出那个魅力的性质，如果能被解释，就是符合一定的规范和模式,也就不是那么超凡魅力式(charismatic)的了。

这本来也是一个来自神学、基督宗教的概念,在韦伯的社会学中却变成分析权力时的重要元素。那是因为现代社会是一个过度合理、过度讲究方法、过度详密安排、理性过度发达的社会。在这样的社会里,必须要安排一切,必须要找到最适当的方法,因而在权力运作上就产生了这样的压力:必须找出最有能力的人担任领导者。

要如何分析这个人有能力?有各种不同的规范,有各种因为工具理性发达所产生的标准,以至于到后来所有的标准、繁文缛节,让人纠缠其间,难以解决。于是,突然之间冒出了一个人,他让你相信他,最好是把自己交给他,相信他可以解决所有这些问题。

理性发达的隐忧:放弃理性,拒绝思考

如果这样个人真的能取得全面的信任,那么这就是超凡魅力。超凡魅力的作用是引动人的不负责任(abandonment),即放弃自己去仔细地安排、思考所有的一切,放弃由冷静、理性带给人的责任。活在这样的环境里太累了,有太多责任。

于是,在权力的应用上,出现了无法解释其迷魅素质的人,他号召人们:什么都不必管,只要相信我就对了。一旦通过这种方式成功了,那个人就变成一个超凡魅力型领袖。

如果从现代社会的特性上看,超凡魅力型领袖最大的特色是现代社会基本逻辑的逆反。不能用现代理性社会中的理性方式反驳、推翻一个拥有超凡魅力的领袖。也因此,这样的力量、因素变成了被祛魅之后的现代社会的隐忧,可能会造成现代社会的危机。

在人类20世纪的历史上,韦伯这种悲观的、前瞻的视野很快得到了证实。当他在分析理性的现代社会与超凡魅力型领袖之间的关系时,他还不可能预见,但很快就出现了这样的一个人,那就是希

特勒（Adolf Hitler，1889—1945）。可以用各种各样的方式说明希特勒如何在德国并进而在欧洲取得了那么大的权力：希特勒是一个什么样的人？他有什么特质和能力？也可以分析、解释他用了什么策略，有什么狡诈的诡计。

但是，把这些全都摆出来，希特勒最奇特的地方是他超越了所有这些理由。我们还是无法从这些理由中认知到，为什么当时的德国人会为他疯狂。因此，我们只能诉诸韦伯的社会学史解释。

什么是超凡魅力？什么是超凡魅力式？那就是引动了德国人对理性的厌恶，由于整个社会太过理性，引发了对理性的反动。那么，最能感动人、让人高兴的是对那些已经活在高度理性发展状态下的人说：你可以不用在某个人说话时，那么仔细地随时检验什么是对的、什么是错的，其中有哪些符合事实、有哪些偏离了事实。因为这个人使群众（至少是群众中相当大比例的一群人）可以不受理性的拘束。

那些支持希特勒的人，正是因为认为他摆脱了旧规则（beyond old rules）。他们想要享受或追求的就是跟着希特勒，而后不再管那些在意逻辑、理性、事实与否的人，并可以回过头来对这些人说：你们烦死了，一天到晚告诉我要知道事实、道理，要做一个好公民需要拥有多少知识，需要认知、介入、参与多少的安排。我不要，我累坏了。我就是想要摆脱所有这些规律，但我没有勇气，也没有权力、渠道，我没有其他方法可以摆脱规律，但我总可以跟随着一个摆脱规律的人吧？

韦伯告诉人们，这是在理性高度发达、过度发达的社会中，现代社会几乎无可避免的、人们必须要面对的巨大挑战和严重问题。

复魅的冲动，是瓦解现代社会的隐忧

韦伯建立的是一个庞大的社会学传统，该传统在今天却得到了一个相对狭窄的名称，即德国社会学派，或是历史社会学派。这其实是一件不幸的事，这意味着韦伯开发出的这一派社会学的研究和知识并不是正统。

因为后来实证主义的社会学建立了自己的正统，而后从实证主义的正统角度，把韦伯当作一个很怪的分支。但我想告诉大家的是，对现代社会的认知与理解，韦伯社会学的传统非常有价值。

韦伯看待和研究现代社会时特别讲究"意义"，这意味着他从来不觉得人们可以用实证客观的方式来观察、分析社会现象。人们找不到一种价值中立（value free）的方式去记录、分析社会现象。

不管社会上发生任何事，为什么会有这样的现象？它应该在社会的系统下，在社会的运作里拥有怎样的功能？只要解释了功能，似乎就达成了所谓的叫社会学研究和解释的任务。这是后来社会学的看法。

韦伯并不是用这种方式看待社会的。他清楚地看出，现代社会和传统社会间决然的差别，他会格外地凸显、格外地敏感于现代社会构成中的工具理性这部分。更进一步的，他在这里建立了自己批判的系统，因此，这绝对不是以客观的、价值中立的方式看待社会。

韦伯的社会学的最大贡献、最大成就在于批判现代社会，指出了现代社会的一些根本问题。一个过度清醒、过度理性的社会，会产生追求复魅的冲动。该如何处理这种冲动？它随时可能瓦解一个现代社会，尤其是如果涉及超凡魅力式权力的时候。

只在意工具或手段，无法编织人的"意义之网"

现代社会是一个工具理性的社会，然而在工具理性过度发达之后，就产生了相关的种种问题，那就是人们认知、理解的理性被工具理性取代了，因而忽略了理性应有的另外一面，即价值理性或者目的理性。

每一个人对手段、过程斤斤计较，认真地探究，但在探究应该如何找到更好的办法时，人忘记了一件事，这更需要自己仔细地思考和做决定——比如，活着的目的到底是什么？人决定自己活着的目的，而这背后的价值观是什么？

人们擅长用理性的方法安排所有的手段和工具，但是与当年在传统社会中有信仰的人相比，最大的问题是人们的信仰变成了一套程序、工具，而忘记了目的、价值，忘记了人是用何种方式编织出这样的意义之网，让人可以安居在这张网中，并利用这张网把所有的东西连接在一起。

如果包围着人所在的这张网只有工具理性，那么人就无法把这个世界中的纷纭现象整合成一个系统，于是活在这个世界上的人的感受开始分裂，并有了很多纷扰的漏洞。

在工具理性组成的残破之网中走不了多远，就会掉到一个洞里，产生一番困扰。而后，人们必须耗费很多精力再处理这样的漏洞，但又缺乏能真正解决、填补这些漏洞的基本能力与元素。

为什么呢？因为人们总以为是手段不够好，才会掉到洞里，才会出现问题，所以就没有找到一条回到价值与目的、真正地去看待和分析问题的路。

在这样的社会中韦伯悲观地呈现：人的意义之网是残破的。人们遗忘了信仰，遗忘了哲学，更关键的是再也没有人在意哲学，人都不知道哲学的重要性，也一点儿不觉得哲学在做什么重要的事。

哲学是关于目的的理性思考，包括这个世界的存在到底有没有目的。如果有的话，它的目的在哪里？如果没有的话，人要如何在一个没有目的的世界里活着？人是否需要用什么方法在这个没有目的的世界中创造出自己的目的呢？

比如，更进一步的思考是，社会存在的目的是什么？一个政治制度的目的又是什么？最简单、最核心的，也是你逃避不掉的——你活着的目的是什么？你今天活着的意义到底是什么？

不得不告诉大家，虽然谈的是韦伯的社会学，然而一旦追究到价值与目的，韦伯的社会学背后一定牵连着哲学或类似于哲学的思考，这样才能真正带领我们去寻找答案。我很希望大家愿意回答这些问题：你的生命在今天这样的情况中，会需要哲学吗？另外，当听到哲学时，你认为它是什么？你认为哲学与你的关系是什么？

韦伯提醒我们，这是来自他的社会学批判。虽然是社会学式的提法，但在现代社会里人们流失了这样的能力，每天斤斤计较地追求的都只是工具、工具理性，因此使人活得慌乱、忧郁，也因为这样，人就更容易被各式各样给予你迷魅的复魅手段欺骗，包括那些打破所有规律、不受任何规矩约束的超凡魅力式政治权力者。

现代社会成员，缺乏自己的意义之网的人，很容易被这样的人、这样的权力现象诱惑。这是韦伯在社会学的视野中有这种忧郁情调的来源之一。

18. 韦伯的社会学理想与精神分析批判

在前一节内容中，提到了忧郁的韦伯或韦伯在他的思想、理论中的忧郁情调。韦伯一直关注着社会用这种方式在理性过度发达的环境中产生的阴暗面。

精神分析：现代的宗教告解？

韦伯重新思考了什么是现代社会，因而发表了两篇非常重要的演讲。它们有一个共同焦点，即英文中的"vocation"或"calling"，也就是"志业"或"职志"。一篇是《政治作为一种志业》（*Politik als Beruf*），另一篇是《学术（科学）作为一种志业》（*Wissenschaft als Beruf*）。

学术（科学）作为一种志业，政治作为一种志业，这意味着这时人不是为了满足工具理性下的需求，比如纯粹为了糊口，或是为了尽现代社会成员的责任——这是手段性的。人采取一种当作手段的态度从事政治，这是一回事；而将政治作为一种志业，就变成了另一回事。在这之间，人必须要思考、理解的，甚至需要遵循的原则大不相同。

这里先解释学术作为一种志业,这与韦伯对精神分析的接触有关。韦伯一度精神状况非常混乱,以至于他很早就从知识层面注意到了精神分析。到 1907、1908 年,他已在相当程度上熟悉弗洛伊德的理论。

虽然弗洛伊德在维也纳,但此时他已是德语知识圈的重要明星。于是很快地,韦伯形成了对精神分析的两项重要评判。这两项评判当然不见得公允,也不见得能帮助人们了解弗洛伊德和精神分析,不过这有助于了解韦伯及其学术思想来历。

第一个评判是,韦伯看到了弗洛伊德非常奇特的、厉害的一面,这在于弗洛伊德善用自己犹太人的身份,但布置了巧妙的障眼法。为什么要特别强调弗洛伊德的犹太人身份?韦伯说因为大家都认为弗洛伊德是犹太人,所以理所当然地判断弗洛伊德的思想来历与天主教无关——这是弗洛伊德的障眼法。

有很多人嘲笑甚至在批判,用种族主义的偏见说:精神分析是犹太科学、犹太知识。韦伯有彻底相反的看法,他认为这种说法是上了当,意思是弗洛伊德故意指引人们这么看,特别地看精神分析和犹太之间的关系。这是为了让人遗忘韦伯接下来说出的这一点:弗洛伊德的精神分析根本就是天主教告解(confession)的变形,只不过天主教中的告解室,这时变成了弗洛伊德诊疗室中那张最有名的躺椅,听告解的神父也就变成了精神分析师。

韦伯说,弗洛伊德将告解脱胎换骨,变成了精神分析。而大家心里想的总是这是犹太人搞出来的,因而就不会联想到天主教,尤其是天主教中的告解,也就忽略了这两者之间明确的关联性、相似性。

精神分析,为什么不是一种科学?

韦伯更进一步的第二个评判是,如果将告解和精神分析做比较,就会凸显出最大的问题在精神分析师的资格。在告解中人们面对的是神父，神父凭什么听告解？又凭什么可以解决告解所带来的心理纠结呢？

神父代表的是上帝的权威，另外，这个告解者也相信神父具备上帝的权威，在传统的社会、宗教里，神父的价值系统和告解者的价值系统一致。而因为神父和告解者有共同的价值系统，并且神父还拥有价值系统中比较高的权威，所以告解者才会选择神父作为告解对象。在与神父告解时，他会用共有价值系统中的权威对告解者说没问题，上帝原谅你了，因而告解者得到了心理压力上的解脱。

韦伯让人们对照着看精神分析，精神分析要能达到同样的告解作用，就应该具备和告解一样的现实条件。这个现实条件是病人的价值系统必须与精神分析医生、精神分析师一样。

即使弗洛伊德在许多理论上看起来朝这个方向做了一些让步，但现实中，精神分析师和病人间的权力关系中，谁的权力更大？当然是医生的权力更大，因此当两个人拥有不一样的价值系统时，谁会让步？或用什么方式能让两个人保有的价值系统趋向一致呢？

韦伯特别要批判精神分析，部分是因为他自己的精神问题，以及他产生的一种抗拒、辩护，不过也要看到的是，这对他的思想、对他的学术有非常关键的影响。

韦伯认为，如果精神分析要发挥作用，那么精神分析医生实际上要做什么？他要强迫病人进入医生的价值系统中，以改变病人的价值系统。而在他改变病人的价值系统之前，必须先剥夺病人自主选择价值系统的权利，让病人放弃原有的价值系统，接受精神分析或精神分析医生的价值系统。只有进入这个价值系统，医疗的作用才有可能发生。

韦伯在意的不是精神分析究竟能否治疗病人，而是从弗洛伊德一路下来，精神分析师是以科学的身份面对病人的。韦伯所批判的，并更进一步地上纲成为他科学信条的是：到底什么是科学？什么是科学家？科学、学术作为一种志业（vocation），而不是专业（profession），那就必须信守一个原则，即科学不能去探索，甚至不应该碰触目的理性、价值系统，因为科学没有资格、没有权利替别人决定目的和价值。

科学针对的是一个个独立于纷纭复杂的不同社会系统的，在不涉及任何价值系统的状态下都能予以证明的事实，这才是科学家的态度，这才是科学要探索的对象。

什么是韦伯式的社会学

要记住，韦伯将社会学也当作一种学术、一种科学，这也是他重要的贡献。

社会学在韦伯的手中变成了一门非常艰难的学科，幸运的是，他用这种方式建立了社会学的理想。不幸的是，这套理想真的太艰难了，以至于包括后来许多崇拜韦伯的人、自以为是韦伯信徒的人，都不太可能真正地维持这个理想。

比如，将韦伯的主要著作译为英文，并且写了许多解释韦伯作品的美国社会学家塔尔科特·帕森斯。帕森斯表面上依循着韦伯的途径，但他也建构起自己的社会行动理论。他一部分继承了韦伯，但比起韦伯的社会学系统，社会行动理论其实大幅地窄化了社会学的领域和工作。

依照韦伯的方式，社会学很难研究。

首先，社会学不能忽略意义，也就是不能忽略人主观的看法，必须尊重一个人脑子里建构的意义，要从价值系统、从非常根源的地方——他到底相信什么？他在追求什么？——去认知、理解和解释人的行为。韦伯正是用这种方式解释出资本主义的外在现象背后来源的精神。这是韦伯提倡的一种社会学观点。

可在这样的研究过程中，一个社会学家却不能涉入价值系统的判断，要尽可能将所有价值系统一视同仁。

假设你是一位称职的韦伯式社会学家，正把政治当作社会学的相关议题来研究。而在这个社会中，很多人相信自由是最重要的，并认为在政治权利的安排中，保障人身自由是最重要的。可在同样的社会里，可能有另一部分人认为，在自由中言论自由最重要。还有另一部分人从根本上认为自由不能太多，如果有太多的自由，就应该用各种方式，甚至诉诸非常激烈的方式予以限制。

在这件事上，虽然作为一位社会学家，作为一个人，你必然有自己的价值判断。但如果你今天从事的是学术工作，作为一位科学家进行调查研究时，面对所有这些价值，不管是强调人身自由，强调言论自由，还是强调应该严格限制自由，你都不能下价值判断，而是得找到一种方法将这些评断排除在外，使自己记录的事实和分析的条理仍能成立。这才算是成为一位科学家、一位知识的研究者，这也才是韦伯心目中称职的学术研究者。

依照韦伯的看法，社会学是在这样的两面夹击中建立起来的。一方面，不能忽略和遗忘每个人有自己的意义形成过程，有个体及集体所构成的意义之网，缺乏了意义之网作为背景、脉络，就无法解释人的个体或集体的行为。另一方面，你又不能介入，因为作为一位科学家，你不能用自己的价值系统去挑衅、挑战，更不能否认、控制、改变调查对象抱持的价值系统，最后才能得到科学的、学术的社会学成果。

这是一份非常高的理想。正因如此，它其实和后来包括在今天被习惯称为"sociology"的社会学学科的走向很不一样。也正因为韦伯抱持了这样高蹈的理想，所以作为理想、理念，就算大家对那种主流的社会学没有兴趣，我想只要活在这个社会中，当人和社会有这么密切的互动，人想要知道作为一个人要如何活在社会中，那么在自己的生活思考上，韦伯的看法和意见有时就比实证的社会学给出的种种通则更有益处。

第二章

宗教与社会：
人类文明如何演进、如何不同

1. 马克斯·韦伯的成长环境

不那么"科学"的韦伯的社会学

在这一节的开始,容我再强调一次,韦伯的社会学与现在对社会的研究及分析,与今天一般大学所教的社会学,有两个非常明显的不同之处。

第一,韦伯的社会学叫历史社会学,它并不是单纯的现实社会研究、社会分析,关于这部分将来还会展开解释。第二,韦伯非常强调在研究社会时要理解"人如何形成意义",以及在这样的"意义之网"下形成的和别人的关系,以看待社会、组构社会。

这里看到的是内在的、主观的解释,非常明显的,比如在理解资本主义时,它就与马克思及马克思主义强调的非常不一样;另外,它和现在西方作为社会学主流,也就是在科学实证态度之下发展出来的行为主义的原则也很不一样。

行为主义即相信只有行为可以被客观地观察,行为也就变成了社会学在调查和研究时可以依赖的唯一或主要的材料。至于行为背后各种不同的主观感受或思考,这对科学来说就难以把握了,每个人在理解和解释上会产生差异。如果每一个研究者在面对这件事时会得到不一样的结果,那就不是科学,因为无法进行科学的验证。

从这个角度看,依照今天的标准,韦伯的社会学有一部分是没那么科学的,但又不得不体认恐怕也正是当今社会学不愿碰触、无法碰触的这部分,一方面它是韦伯思想最了不起、最特别的一部分,另一方面它反而提供了很多刺激,让人可以更深刻地反省:自己究竟是用什么方式过日子?自己做了什么事、如何去适应这个社会?又如何在自己的内心主观感受上还保留着无法完全和这个社会统一,无法彻底变成社会一分子的那些残余部分?那些残余部分是人生中重要的部分,而相当程度上它们也仍是这个社会的重要现象。

不能用那种行为主义科学实证的方式,将这些"意义"的问题彻底排除在外。也因为强调意义,韦伯才会看出新教伦理与资本主义制度有一种密切的历史关系,甚至可以说,如果没有新教伦理产生的作用,就不会有资本主义。

另外,韦伯也才能提醒人们:不要以为活在资本主义、现代的理性环境中,宗教、信仰、意义就对自己没什么作用。这是不可能的,资本主义本身又形成了一种对理性的信仰,这个信仰创造了人们的意义;没有这份意义,就不会有这样的社会,人们也就无法在这样的社会里生存。

韦伯传记:了解韦伯思想的重要著作

从这里可以看到,韦伯庞大的思想体系中,宗教非常重要。至于韦伯为什么会有这么特殊的切入观点,从而看到其他人在看社会时看不到的、想到其他人在思考社会时想不到的?这必须回到他的生平,以更深入地理解。

今天了解韦伯有一个很好的渠道。相当幸运,韦伯去世后出现了一部杰出的传记,其作者是韦伯的太太玛丽安妮·韦伯。绝大部分人见过留下传记或有人帮写传记的传记主,但很少有人像韦伯这么幸运——因为传记是他的妻子写的。这不只是因为他的妻子具备这样的能力,更重要的是,他的妻子长久以来对他做的事,乃至于他进行的研究以及他在这些研究背后的动机、思考都非常清楚。

韦伯于1864年出生,1920年去世,只活了56岁。以他的年纪、在世的时间来说,韦伯留下了庞大的著作。这些著作有很大一部分是遗稿,这意味着在他去世之前来不及完成出版。而这些遗稿后来必须依赖其妻子玛丽安妮·韦伯为他整理,因此,玛丽安妮·韦伯与她的丈夫又有另一层非常紧密的关系——她是他的思想继承者、整理者。从这样的角色、身份,我们更能体会她写出的这部传记的重要性。

再换另一个角度探索,为什么韦伯会有这么多遗稿需要整理呢?因为在56年的生命历程中,他极度勤奋、认真,但又遇到太多打扰因素,让他不能安静地、有效地将想写的内容一一写完。

韦伯遗稿中最重要的也是他花了最大力气去写的,是20世纪10年代的《经济与社会》这部大书。今天认为韦伯的重要著作,比如他论城市、论各种宗教与经济行为间的关系,都是从《经济与社会》这部庞大的书中起源的,或甚至其内容就是从这部书里抽摘出来的。

玛丽安妮·韦伯在写韦伯传记时,其实比韦伯的学生或其他阅读、研究韦伯的人更熟悉韦伯的著作,因为她同时也是韦伯整个生平著作的主要编辑者。另外,还有一个重要的条件,韦伯在那个年代留下众多书信,在他死后这些书信留在妻子玛丽安妮·韦伯手里,而且她知道并熟悉韦伯通信的绝大部分对象。

因此,她可以动用这庞大的韦伯私人文件。另外,假如是其他研究者,即使他们拿到了这些书信,还得先摸清是谁给韦伯写了这些信,他们与韦伯是什么关系。对玛丽安妮·韦伯来说,这些也是她生命的一部分,她一看就知道谁是谁,信里讨论的是什么事。因此,她掌握的信息当然比其他人更确切。

此外，韦伯思想的形成，一直到他为什么会用这种方式完成前面介绍过的《新教伦理与资本主义精神》，写宗教在经济制度上产生的巨大作用，这些都与韦伯的家庭背景有非常密切的关系，而他与他妈妈之间的通信是探索这方面内容的最重要资料。

当然，玛丽安妮·韦伯还有另一个优势，即她长期与韦伯一起生活，她对他的私生活这一面也很了解、清楚。具备了这么多特殊条件，玛丽安妮·韦伯写出了一部经典的传记。

即使你原来不认识韦伯，对韦伯的学术也没有那么多兴趣，我还是会推荐你读这部传记。更不要说，今天介绍韦伯的学术和思想时，这部著作就在面前。它既是帮助垫高视野的重要基础，同时也是绕不过去的，一定要进入、细细体会，相当于和韦伯的思想完全混合在一起的宝藏。

家庭与时代对韦伯的塑造

有了这样的传记，会相对容易地了解韦伯是一个什么样的人，但同时我们也就更有责任，认真地探索韦伯的学术思想与他的生命乃至于他的时代背景有什么样的关系。

前文提及韦伯在1864年出生，接下来先快速地回溯那是什么样的时代。韦伯出生于德国图林根，但很快跟随家庭搬到柏林。这件事非常重要，因为此时柏林是普鲁士的首都。这是俾斯麦的普鲁士，在它快速崛起没多久，发生了在整个欧洲史和世界史上都非常重要的大事，即日耳曼统一（或德国统一）。

为什么会有这样的事呢？这意味着世界改变了很多，但欧洲在非常奇怪的最核心、最中间的部分却留下了中古的残局。在被称为日耳曼的这片地区，到了民族国家、民族主义高度发展的19世纪后半叶，竟然依旧呈现严重的分裂状况。于是，以普鲁士为中心，它不断地将自身势力从东普鲁士西向开始进行统一，俾斯麦及当时的德皇就成了统一过程中德国人的历史英雄。

韦伯不只是在这样特殊的历史时机中成长的，他的父亲之所以把家搬到柏林去，是因为他父亲是积极活跃的政治参与者。韦伯的父亲抱持着俾斯麦主政之下政治上主流的态度，那是右翼的自由派，而他在右翼自由党中有非常重要的地位。

在玛丽安妮·韦伯写的传记中，因为对韦伯有如此彻底的了解，所以她在说韦伯的家事时，奇特地先从韦伯的外祖父开始说起，而不是由韦伯的祖父或他的父亲开始说起。

韦伯的母亲和父亲的家世很不一样。韦伯的父亲、祖父这边原是汉诺威的贵族，但在普鲁士扩张的过程中，他们产生了对普鲁士的高度认同，同时也认同德国统一。但是，韦伯的外祖父这边却是一个商人家庭，在快速变动的环境中，韦伯的外祖父在海德堡建立起一个家园。而韦伯的外祖父强烈地影响了韦伯的母亲，他们有一种极为严格的宗教性，那是一个虔诚信仰基督新教的家庭。

在韦伯的成长过程中，这两大因素清晰地影响了他——他活在由来自父亲和母亲的两套非常不同的家庭价值信仰结合所产生的特殊环境中。

韦伯的父亲是一个政治人物。政治人物在不同的时代、社会有一种共性，就是必然有强烈的现实态度。韦伯的父亲属于拥有真正权力的主流，因此他父亲在这部分非常世故，但这个特性却使来自虔诚基督新教家庭的韦伯的母亲非常不舒服。她很不愿意让自己的家变成一种只算计利益，失去了对上帝虔诚信仰的环境。

韦伯出生之后，由于是长子，他首先得到了和他父亲一样的名字。但韦伯的父母对他应该被叫作"父亲的儿子"还是"母亲的儿子"（也就是应该依照父亲还是母亲的价值观念来培养和教导小孩）的问题产生了矛盾，这使得本就有差异的这对夫妻的关系越来越紧张,后来甚至使他们越来越疏离。

作为一个儿子,这个环境是对韦伯的严格考验。

一方面,在家庭照顾上,母亲和儿子有比较亲密的关系,这后来使韦伯和父亲的关系也变得紧张。但这不代表韦伯能全心全意地进入母亲的世界。可以想象,母亲的世界其实是一个对小男孩成长非常不利、让他很不舒服的世界——那是个充满罪恶感的世界。前文介绍了韦伯对新教伦理的各种描述与推演,读者也应该留下了这样的印象:基督新教(清教)很严格,要从内心服从上帝,要理解上帝,要完完全全地而不是在外表上服从这些仪式。

新教之所以产生改革,就是因为批判旧教天主教的虚伪。他们讲究的不是表面上的仪式:对上帝做礼拜、参加告解,或参加几场弥撒。这些对新教徒来说都不重要,甚至把它们当作虚伪的、魔鬼的、变相的诱惑,让人遗忘、忽视自己与上帝之间的关系。

要能与上帝建立关系,要证明自己值得被上帝当作选民,就产生了非常高度的内在紧张。韦伯的母亲由于有高度的来自宗教、来自新教的心理紧张,因而不能适应与她的丈夫即韦伯父亲的这种现实生活,这对她来说是败德的生活,并且不断地在追求权力、利益,理所当然地活在权力和利益中。因而,韦伯的母亲希望灌注给他的是严厉的、发自内心的宗教自省、宗教自律。

宗教的自省、自律产生的一个重要效果是必须随时知道自己在过什么样的生活,且随时进行反省。我们绝不能忽视来自韦伯母亲的强烈影响,因为这能联结到为什么韦伯在看待、分析现代社会时,会看到别人看不见的、被他揭示之后又不得不认同的重要现象。这就是检讨自己的生活。

我们会看到这个生活究竟是在被用什么方式安排,被用什么方式规范,这就变成了:一来,马克斯·韦伯社会学的一个核心;二来,马克斯·韦伯的思想在今天对人们所产生的最大、最重要的提醒。

2. 韦伯的独到观察：军事体制，也是一种宗教吗？

接下来继续探索为什么在韦伯的社会学中，会有这么强烈的关于人如何形成意义、人如何活在意义中、意义在社会组成结构上扮演什么角色的特殊洞见？而要回答它们，必须回到韦伯的生平上来看。

韦伯的三大嗜好：阅读、研究、发呆

在玛丽安妮·韦伯替丈夫写的传记中，她特别揭示了当马克斯·韦伯出生后，其母亲在与其他朋友通信时显现出的焦虑。

韦伯的母亲是一个非常虔诚的基督新教教徒，她担心自己无法给儿子在宗教信仰上做好准备。对她来说，如果宗教不是深深地进入了人格、内心，就算外表表现得再虔诚都是没用的，人和上帝之间缺乏了真实的联结，也就不可能得到生命中的落锚点（anchor）。

在韦伯的成长过程中，他身上很早就展现出父亲和母亲紧张冲突下的矛盾所产生的影响。一方面，母亲严厉地反对甚至蔑视父亲那边的价值，使得韦伯很难认同父亲；另一方面，作为一个小男孩，韦伯的内在有很多冲动，这使得他很难完全依循母亲这种严厉的新教规矩，彻底地压制、取消这些冲动。因而，在这种严重分裂的情

况下，韦伯开始出现精神问题。

他后来曾有精神崩溃的打击。在面对自己的精神问题时，韦伯曾深刻自省。依照韦伯后来的认知与理解，他体会到自己的生命中有一个非常强烈的逃避态度。他必须要找到一个出路，让他可以离开父母之间严重的紧张冲突。

他逃到了哪里呢？逃到了书籍里。在年纪很小的时候，韦伯就变成了一个专注的、用心的研究者，并开始了他的学术生涯。

可对他来说（他后来大概可以体会），这个学术生涯也是他在家庭生活以外，不得不找的一个逃避领域。

韦伯在13岁开始进行历史学术研究，到了15岁他开始发表历史研究的文章。对他而言，这是寄托，如此他才能在父母的价值与信仰的冲突矛盾中，找出自己的领域、自己的路。

我们不得不为玛丽安妮·韦伯作为妻子所描述的这个人——在母亲严厉的新教价值观之下长大的韦伯——感到深刻的悲哀。玛丽安妮·韦伯嫁给韦伯后，发现他是一个相当无聊的人。他为什么无聊？如何无聊？韦伯几乎没有任何嗜好，也几乎没有任何其他技能。在他生活里最重要的，甚至占据了全部时间的是他的阅读、研究。以至于后来韦伯精神出状况时，他的妻子一直不断地鼓励他，希望他至少培养一种嗜好，让自己可以放松。

最后，韦伯终于依据妻子的鼓励和要求有了一个嗜好：发呆。除了发呆，韦伯无法再找到其他嗜好。为什么？因为来自内在心灵的宗教紧张，其他嗜好在基督新教的标准之下都是堕落的，都是有罪恶感的。因此，除了发呆，韦伯不知道他还能做什么。

一方面，韦伯受到这种宗教的限制；但另一方面，他又无法像其母亲一样变成虔信者。他没有那么信仰上帝，无法完全依赖上帝过日子，但这份信仰却在他的内在产生了抗拒——对任何享乐的抗拒。放松享乐在新教理论中是要被监视、被取消的。

关键的背景是，韦伯并不是一个信仰者，但他又非常了解什么是信仰者、这些信仰者与信仰之间产生了什么样的关系，以及信仰对他们的生活、外在行为会产生什么样的影响。我们必须要记住这件事，这是了解韦伯社会学不得不依赖的一项重点。

对军事体制的社会学观察

等韦伯长大一些，他在中学毕业之后到外祖父所在的海德堡读书。他在海德堡大学读的是法律。那个时代的德国没有社会学，没有社会研究，还要等待韦伯在德国建立起这门学问。虽然韦伯当时学的是法律，但那时他已经有了真正的对于社会的兴趣。

这时是1881年，距离德国统一已经过去10年，在德国这样的环境中，有一项重要的制度不会改变，也不能改变。德国在俾斯麦的领导下，非常清楚能统一日耳曼靠的是铁与血，也就意味着德国必须长期维持军事力量。所以，德国在那个时代有非常特殊的普遍兵役制度：不只是服役一段时间，而且必须经常回到军队中，有时把人叫回来半年、一年去受训练，维持他们可以从军、打仗的状态，所有男性都必须用这种方式备战。

于是，韦伯参加了军训。而这件事在韦伯的生命中，可以被视为"blessing in disguise"（因祸得福）。

这自然是一件非常痛苦的事，韦伯从小就不喜欢运动——他不可能喜欢运动，因为运动会产生激情、欢乐。激情与欢乐，乃至于竞争的输赢，在基督新教中都是应该被压抑的，因此韦伯的身体非常缺乏训练。

要接受军训，首先肉体上会受到很多折磨，但还有另一部分更深的折磨，那就是从家庭出来。韦伯原本已经习惯以读书、做学术研究当作他的逃避方法，可是在军中不能看书、做研究，因此他真的不知道该如何处理自己的时间。也因为这样，他才会一直不断地质疑，为什么要有军事体制？为什么要有这些军事训练？正是在这里，产生了刚刚所说的"blessing in disguise"——如果不是必须在那里反反复复地接受军事体制的折磨，韦伯不会有这样的第一手认识。

韦伯了解了军队组织是什么，在军队组织中人如何被训练，尤其是人被教导应以怎样的方式看待战争。虽然韦伯并未上过战场，但正因为他没有上过战场，因此，军事体制用什么方式教导体制下的人养成面对战争的固定、明确的态度和价值这件事，反而让他留下了更深刻的印象。

韦伯在接受军事训练时如此无聊，于是只能观察和思考军事组织、军事体制，这使他对组织非常明确的到后来也越来越清楚的一种图像萌芽了，那就是 hierarchy（科层组织），即用上下分层的方式把人组织起来。后来，韦伯借由在德国军队中的经验，投射了他如何了解官僚体系，又把官僚体系变成他的社会学中的一个核心主题。

韦伯在军队里观察和体会到的是：在军事体制里到底什么是最重要的。那并不是军事训练、作战的技能（包括立正、起立，各种不同的操点），或是在这过程中学到的其他技能。在军事训练中，人拿着枪，绝大多数时候并不是要射击、打靶，而是在那里排行列式，学走路、端着枪、扛着枪，持枪做各式各样的动作。

整体来说，最关键的其实是让人学会服从。

服从不是技能，那么它是什么？是习惯，同时也是一种信仰，或者是与信仰连接上的观念。在军事训练中，军事体制中核心、关键的地方，也是一套价值系统、一套信仰。

虽然在表面上看来，军事训练、军事体制和宗教有天差地别，但如果拨开表面的差异，用后来由韦伯建立的特殊眼光看它内在的社会形成、社会功能，就会发现宗教与军事组织、军事训练其实有完全一样的部分——用各式各样的仪式将人诱导或强迫人进入其中，知道在那里有一个最高的权威,让人服从这个权威,祛除对这个权威的所有质疑,学会服从权威的任何信条。

不同的价值系统,如何对话?

在这里,韦伯更进一步地对什么是信仰、价值有了更宽阔、更丰富的经验。他非常讨厌军事训练,因此军事训练又带给他另一种在后来的生命中发挥了很大作用的 blessing(有益之事)——在很早的时候,他就养成了反战的态度。

在厌恶军事训练的同时,韦伯读了大量那个时代的书。德国也是在这样剧烈变化的过程中爆发出各式各样的思想,其中有一些人是非常有名的和平主义者,他们所写的著作这时进入了韦伯的阅读中,进入了他的意识里。

读过这些著作后,韦伯觉得越来越不对劲。这是因为他自己在军事组织中,发现这些和平主义者、反战者虽然反对战争,但对军事体制和军队、对什么是战争的认知和理解存在天差地别——他们根本不了解什么是军队。

当人在完全不了解军队的情况下,提出和平、反战的主张,这样的主张方式是没有意义的,或者说绝对不会有力道。当时的韦伯更强烈、更清楚地感受到什么是价值系统。这意味着一个和平主义者,他不可能进入军队、军事的价值系统中,因此彼此只能各说各话。表面上,和平主义者是反对军事、反对战争的,但他们与支持战争的或与现实里真正的军队、军事体制没有任何对话的可能性,因为他们处于不一样的价值系统中。

因此,这种看待价值系统的方式,以及一定要在分析、认识社会的同时弄清价值系统彼此间关系的观念,早在韦伯读大学时就已经进入他的思想中,进而开启了他对历史和社会整体探究的一个非常特别的面向。

3. 是谁把你的生活安排得明明白白？

社会学的视野：分辨个人行为与社会行动

　　从对韦伯生平的认识与理解，可以大概知道在他早慧的学术追求过程中，很早就形成了一个非常重要的特殊洞见，也是这个条件使他可以建立起一个特殊的社会学或历史社会学的传统，那就是重视价值系统——或用韦伯喜欢的语言来说，那叫"意义之网"。

　　人是活在价值系统中的，也是通过价值系统而与其他人形成了社会组织。如果看到了一个社会组织，对韦伯来说，应该假定并努力地察知这背后有一个怎样的价值系统把所有这些人联系在了一起。

　　反过来，如果要了解人与人之间如何联系而形成社会并有了社会行动，那么也就不能忽略这中间价值系统扮演的角色及发挥的功能。在这里，另外形成了社会学的一种视野。社会学很关键的一件事是提醒人们，分辨个人行为与社会行动的差异。个人行为与社会行动有什么差异呢？大家可以思考一下，比如在日常生活中，甚至在一个特殊事件中，你怎么分辨哪些是属于个人性的，哪些是属于社会性的呢？你会用什么方式分辨呢？

　　其实，这就是前文提过的，韦伯的学说在英美世界的一位非常重要的翻译者及转述者，即社会学家塔尔科特·帕森斯所继承并在美国推广的。用塔尔科特·帕森斯自己创造出的术语，也许可以更进一步地了解这中间的意义是什么。

塔尔科特·帕森斯把自己的这套理论称为社会行动的结构，他甚至还进一步把原来英文里的"structure"，也就是"结构"这个词（它原来是个名词）动词化，从而创造了一个新的词"structuration"，即"形成结构"或是"动态形成过程中的结构"。塔尔科特·帕森斯的这个观念是要人们看到社会行动是结构性的，也就是它并不是个别的、单一的，或者说分成了各自不同的门类，它们会复杂地彼此联结在一起，因而有了结构。

所以，要了解社会行动，不能停留于对表面上的个别、单一行动的记录或分析，而是要把所有这些行动摆在一起，查看它们如何联结在一起。联结在一起的是一个结构，而这个结构一直不断地在形成，甚至是一直不断地在变化。可是，不可能没有这样的结构，如果没有它，人与人之间就不可能形成一个社会，从而产生社会活动或社会行动。

我们摆脱不了价值判断，也摆脱不了系统安排

如果要了解社会行动的结构，可以找到的一个焦点是价值系统，它是使得所有社会行动联结在一起的方式和力量。这还是在用抽象的方式给大家解释，也许我们也可以更进一步地从所处的现实中反思、体认价值系统的存在。

先了解价值、是非好坏的判断当然是随时存在的，而且这对任何一个人的生活都非常重要。在生活中，每天几点起床，为什么在某个时间点起床，起床后要如何安排这一天的活动，先做什么、后做什么，在做哪件事情时怎么做……我希望大家可以觉察，或是试

着去理解：其实一个人每天正常地活着，要做非常多的决定，更别说在非常的状态之下。比如离开了惯常的生活出门旅行，由于那是在一个陌生的环境里，因而没有现成的轨道依循，更是必须每分每秒都要面对许多决定。用这种方法理解自己的生活，应该就能意识到其实人每天都做了非常多的选择与决定。

每天早上7点15分起床还是8点20分起床，这是一个选择，是一种自由。起床后先吃早餐还是先做瑜伽，也是一个选择。人每天都要面对很多选择，但从另一面来说，有这么多的选择也就意味着人根本逃不掉，人的选择背后一定有主导如何做选择的价值观念。

人为什么觉得这样是对的，那样是错的？或是人为什么觉得这样比那样更好？这就叫作价值。人不可能摆脱价值（连半小时、一小时都不可能）生活。这是价值系统的"价值"部分。

既然叫作"价值系统"，也就同时提醒了我们，它还有"系统性"的、不是个别的另一面，这意味着人所做的决定——7点15分起床，起床后先吃早餐，吃完后出去散步，散完步后搭公交车——每一个行为的决定背后都有人的价值观，人为什么这样选择。而从起床到晚上睡觉等行为联结在一起，这是一种系统性，也就意味着人不是、也不可能个别地做出单独的决定，比如决定几点起床的这个决定，它不可能不是因为连带着考虑接下来决定做什么事做出的。大家应该可以体会到这个系统的存在，以及这个系统的无所不在。然而，还必须体会这个系统的另一层意义。这意味着这个系统里不只是人所做的决定彼此连接，更进一步的是人所做的决定中，有很多是与别人或别人的行动有关系的。

比如，当一个人开始检讨：为什么7点15分起床，而不是8点20分起床？因为他要和家人一起吃早餐，此时是一个家人的决定影响了这个人的决定。这个人的弟弟有他的价值选择，因为吃完早餐后他要立刻搭地铁，赶着上班。而他上班的时间也不是他自己决定的：非常明确的是，如果他不能在9点20分之前到达办公室，就会被扣工资。所以，是弟弟被自己的组织社会性价值观影响了，更进一步地由弟弟通过家庭组织影响到这个人。在这里，就产生了个别行动与社会活动间的差异。大家可以更进一步地思考或尽量努力地分辨，在某一天中，你有多少选择是自由地依照个人意愿，完全出于个人的价值所做的？又有多少选择是你被置于社会性之中，由这个社会或连带的组织性替你做的，让你无从选择或是让你不需要选择的？

用这种方法，可以清楚地体会到塔尔科特·帕森斯所说的社会行动的结构。要形成社会行动，就得处于这种结构中。这个结构已经在那里，就必须参与这个结构，但同时所有人的参与构成了这个结构的形成结构（structuration），它是一种动态的而不是静态的存在。

为什么我们甘愿被"剥夺"自由

我希望大家借由这个机会观察、思考自己的生活，去分辨其中有多少选择是依循着更大、更严密的集体系统，而不是个人行为做出的？这两者的比例如何？

更进一步的，人们为什么会用这种方法过着社会生活，参与到这个结构中？其实，这相当程度上也就等于人放弃了或被剥夺了许许多多依照自己的价值观选择的自由。

为什么这么做呢？为什么要这么放弃自由？人得到了什么？其实，人得到了很多，其中得到的最大好处是如此便去除了某种焦虑。这种焦虑是什么？是一个人要做这么多决定的焦虑。如果不是社会行动的结构先找好所有答案，让人别无选择，人就要面对真正自由地活着时的焦虑：对比刚刚提到的例子，一个人去旅行尤其是自由行时，他要做这么多决定。因此，为什么到一个真正陌生的地方时，大部分人不会选择自由行？因为参加旅行团旅行使旅行从个人行为变成一项社会行动。在这项社会行动中，隔天早上几点在大堂集合、集合前去哪里吃早餐、吃早餐时应该做什么准备等问题都不用个人做决定——这与自由行时每一件事都必须自己先想过、先决定相比，产生了极大差别。

一个人想要依照自己的价值观做决定，就必须承担这样的心理压力。而进入这个现成的社会结构中，绝大部分决定是先由社会集体组织大幅减少了其中的选项，甚至有时会减少到至少在一个人的心中，根本不需要反应就以为这是唯一的方法或选项。接下来会看看，在个人与社会之间我们是如何安排自己的生活的。

我们都是意义之网上的"蜘蛛"，却不是网的织就者

韦伯格外重视宗教的作用，因为对他来说，宗教是最清楚的社会集体价值系统。在相当程度上，宗教的意义是提供成套的意义之网，让人可以在其中安居。所谓安居，就是减少焦虑，不需要做这么多决定。

什么叫意义之网？我希望大家可以非常清楚地理解它的象征性来源——也就意味着，如果在这个社会性的宗教中，人活得像一只织好网的蜘蛛一样，就待在那张网的中间，哪里也不用去，而且哪里也不想去。它所做的事是什么？当有其他昆虫被捕住，它才会离开中心，去到这张网的任意之处做本能要做的事——把这个猎物捉回来吃下。它的所有活动都不会离开这张网。

而对每一个人来说，宗教或广义的价值系统，就是形成了这样一张网，每一个人都像网中的这只蜘蛛。只是，一来，每个人的网各有不同，也许有较宽的，有较窄的，有较密的，有较松的。二来，

其实人就活在这张意义之网中，但没有察觉也找不到这张网到底在哪里。

倪匡写过一篇介于推理和科幻的非常有趣的短篇小说。它说的是一位研究蜜蜂的专家自杀了，本来所有迹象都显现他是自杀的，没有任何他杀嫌疑。可是，经过追查，发现这其实是一个奇特的他杀案件。而凶器是什么？是一连串卡片，而且是对照的卡片。

一组卡片是这位专家自己做的卡片，那是调查蜜蜂行为时做出的每一只蜜蜂在其一生中的所有飞行路线与飞行范围的图像。因此，这是一条条极其复杂但看起来非常固定的蜜蜂行动记录。

另一组卡片是凶手记录的基于这位蜜蜂专家每一天的行动画出的类似路线图。

这组"两相对照"（的卡片）为什么会变成凶器呢？其实是在提醒这位蜜蜂研究专家一个残酷的事实，从而使他有了严重的抑郁症，以至于不想继续活下去。他发现，这么多年来努力研究蜜蜂的行为，并因此在这个领域里得到了成就和名声。但到最后发现，他的生活与完全出于本能的蜜蜂的生活几乎是一样的。意义在哪里？

这种方式刺激了这位专家。他突然回想到，自己30年来根本就不是作为一个人而活着，他与自己的研究对象蜜蜂在这个层面上没有任何差别，因而万念俱灰，认为自己浪费了这30年，根本没有作为一个人好好地活着。因此，他终结了自己的生命。

当然，这中间有夸大的部分，但它显现的意义还是相当惊人的。这也是在告诉我们，作为人（有时个人的部分和集体的部分会以非常奇特的比例组成），以个人的部分、以自己的自由意志所做的决定，它们的比例到底有多高？而被这个社会决定，因而人没有自由，只是依循已经安排好的路线做固定的事情选择，这部分的比例又有多高呢？韦伯非常关心这件事，因为这就是社会最重要的特性之一。

不过，从这里又延伸出两个大问题。仍然用意义之网与蜘蛛的象征做比拟,那就是人已经在这张网中变成那只蜘蛛,可是这张网是如何被组织起来的呢?我们知道蜘蛛如何织成这张网,但是个人的社会意义之网、价值系统却不是如此——在人活着的过程里,这张网就已经存在了。

因此,要认知、体会和追溯这张意义之网是如何被组织起来的,就有了它的历史性。韦伯因而很认真地探究了宗教的发展,在其中形成了他的历史社会学,这也能解释为什么在韦伯的社会学中历史的成分如此浓厚。

第二个重大的问题是,意义之网如何在个人及集体的层次运作?尤其是当人原来是在非自觉的情况下活在意义之网中。现在,因为有韦伯、历史社会学,因为有这本书,提醒我们人活在意义之网中的事实,那么了解了社会学之后,会因此对自己的个别的生活产生什么变化吗?此外,在有韦伯社会学之前和之后,一个社会在意义之网上的运作又会产生什么连带变化?这些都是非常重要、非常有趣的问题。初步的答案已由韦伯提供了,但它也只是启发我们更进一步思索和探讨的线索。

4. 政治的作用：解决不同价值系统的冲突

在上一节中特别提到，在韦伯的社会学里非常重要的观念是意义之网。人都活在意义之网或价值系统中，由价值系统决定了人如何看待这个世界、人如何过日子。

从这里，韦伯建立了在社会学研究上非常关键的体系——价值信念、价值系统是最主要的社会力量，要了解一个社会如何运作，不能单纯只看表面的客观现象，而是去追究这样的现象背后，做这件事的人处于其价值系统、意义之网中的哪个部分。

必须用这种方法将观察到的人的行为向后追究至其主观动机，同时将这个人的行为之意义、价值脉络化，放入这个系统中，才能确定当这样的行为作为一种社会行动时意味着什么。

政治作为一种志业，要避开绝对价值判断

这进一步影响了韦伯和他父亲的关系。受父亲影响，韦伯也对政治产生了高度的兴趣，可是他看待政治的方式就像他看待宗教的一样。他看待宗教的方式受到母亲深刻的影响，但因为有父亲那边完全不一样的态度，他不可能以和母亲一样的方式看待宗教。也是

受到父亲影响,韦伯对政治有兴趣,但被母亲那边完全不一样的态度冲击,他也不可能都认同父亲的政治行为。

由于韦伯活在这样的政治世家里,因而相对有最好的位置观察政治行为。从这个角度出发,也包括韦伯对意义之网的认知和理解、对价值系统的看重,就进一步形成了韦伯对政治的非常特别的看法。他给出了一个从社会的、价值系统的角度提出的政治主张。

前文提到,韦伯曾有一场非常重要的演讲及该演讲留下的文稿。这场演讲的主题是《政治作为一种志业》。他告诉人们政治不可以、不应该是一种绝对的伦理价值的主张,也就是当人要从事政治时,首先要思考自己与价值系统之间的关系。

从上一节内容中,大家应该已经对什么是价值系统有比较清楚的概念了,我相信大家也大概知道政治是什么,不管是清楚的还是模糊的,大家也都对自己与政治的关系有体会。如果把这两件事情加在一起,大家要不要试试推论,韦伯会认为政治与价值系统之间有什么样的关系?

在韦伯的主张中,有一件非常关键的事是政治要尽可能避开绝对的伦理价值。这也意味着如果一个从事政治的人有一个强烈的价值观,尤其是如果他抱持的是绝对的价值观,即对于什么是对、什么是错、什么是好的政治、什么是坏的政治有非常明确且非常坚定的判断,那么这就不是适当的从事政治的态度。甚至更进一步,韦伯认为这违背了人可以把政治当作一种志业的基本条件。

从社会的角度看,这是将政治看成一种社会功能、社会角色,关键之处是人是在政治领域里解决冲突的,人是在政治领域里分配权力、利益的。而且,为什么要分配?为什么要有一个正式的过程,将其作为政治去分配?因为在这中间会产生冲突。

因此,一件非常重要的事情是如果政治家将从事政治作为志业而不是职业,就要有一种解决冲突的责任感。

政治的作用：解决不同价值系统的冲突

社会为什么需要政治体系？从韦伯社会观察的基底上看，这是因为任何一个社会——尤其是像他所处的那个历史阶段的德国，经过翻天覆地的新教改革、军事统一扩张，接下来民族主义席卷整个德国，该过程中爆发出各式各样的价值系统——虽然在国家体制上统一了，但这种统一不可能渗透到社会的层面，让所有人都在单一价值系统中生活。

于是，回到那个形象——每个人都有自己的意义之网。而意义之网形成社会行动，这种社会行动牵连了一部分人群，和自己在同一张意义之网中的就是自己人，它有一种集体性，你和这样的人具备团体中共享的意义之网。

存在不一样的价值系统，也就构成了不同的团体。在社会的层面，没有任何一个团体可以成功地将整个社会改造成只存在单一价值系统。一定会有不一样的团体，有不一样的价值信念、价值系统。

政治要做什么？人为什么要投身于政治？为什么要设计政治制度？政治制度很重要的一点是它是一个架构。在这个系统、架构中，假设人们会保持不一样的意义和价值的信念，并且这些不同的价值信念不只可以并存，还可以进行权力互动。

政治制度在其社会角色上所应发挥的作用是协调冲突，以至于人要作为一个政治工作者、一个政治家；如果是将政治当作志业，就必须认真地看待这个职责。要做政治的工作，就必须先放下心中绝对的善恶伦理，政治和伦理在这样的架构之下，绝对不能混淆。而在伦理上，人可以且有时必须要做出绝对的判断，比如有什么事情是绝对不可以做的。

在每个人的价值系统中，都有极端的一面：绝对的善或恶，绝对的是或非。然而，政治的志业却不能有绝对的价值判断，必须以此作为前提和开始。政治要能发挥作用，而且社会之所以需要政治，是因为政治的专业效能是帮忙调和、解决不同价值系统中必然会产生的种种冲突。再说一次，政治的关键作用和能力在于解决冲突。

韦伯的学术研究：从法律到历史、经济的交错

韦伯在前文提及的家庭环境与外在的德国时代气氛之下，发展出了自己的思想，他继续读书，进行学术研究。1889 年，韦伯 25 岁，此时他已取得博士学位。韦伯取得的博士学位也很有意思，可以看出他对历史的兴趣，虽然那时他学的是法律。

那时德国的法学领域，并不是每个人学的都是当下的法律，都是要去当律师。因此，韦伯做的是中世纪贸易公司的历史，也就是探究在中世纪环境之下，保证贸易进行所依赖的是当时的什么法律、法令和管理的强度及其性质。这是他提出的博士论文题目。

直到今天，韦伯的博士论文都是对中世纪日耳曼地区非常重要的历史整理。表面上看，他做的是贸易领域研究，然而这是更广泛的对法律和经济之间关系的探讨。

另外，这也是直到今天都非常稀有，而且具有高度原创性的经济史和法律史的交叉。在获得博士学位之后，韦伯并没有停下来。他后来也检讨，学术研究对他来说太重要了，他是借由学术研究以逃避家庭和整个巨大的时代环境带给他的高度紧张的压力。

成年之后，韦伯更感受到家庭背景给予他的压力，于是他更积极地投入学术研究中。韦伯先是做中世纪贸易研究，在接下来的两年后，为了在德国体制中得到更高阶的教职地位，他又参加了人文中学教师资格考试。

为了这次考试，他完成了另一份论文。在这份论文中，他转而研究罗马农业史，也就是在时代上从中世纪往上回溯至罗马帝国时

代。关于中世纪，他关注的是商业贸易，时间再往前回溯，他又转变了领域，开始关注农业。但这两份论文在题材上其实并没有这么大的差别，因为它们关切的核心仍有一部分是法律，而后是从法律的角度牵连到经济与生产，用这种方式将法律史与经济史结合在一起。

另外，1891年，韦伯进行了论文的最后考试，他的考官之一值得我们稍微认识一下，这个人是克里斯蒂安·蒙森（Christian Matthias Theodor Mommsen, 1817—1903）。蒙森是19世纪末到20世纪初非常重要的罗马史大史家，而他的另一个奇特身份是1902年的诺贝尔文学奖获得者。他应该是诺贝尔文学奖在很长的历史中，唯一得奖的历史学家。蒙森获奖的一个理由是他作为历史学家，写下的历史文字漂亮，真正有高度的文学性。

不过另一个重点是，那时诺贝尔文学奖刚成立。在世纪之交，对什么叫"文学"采取了比较广义的看法，这意味着这是一个以文学为核心并奖励在文字书写上有高度贡献的人，因而是相对广泛的人文的概念。如此，才会在1902年将诺贝尔文学奖颁给蒙森，一位非常明确的历史学家。如果继续往下追索，再稍后一些的时间，会看到诺贝尔文学奖颁给了亨利·柏格森（Henri Bergson, 1859—1941），这是一位法国哲学家。这些都显现出早期诺贝尔文学奖的范围与目的，它们与我们今天所认知的不太一样。

韦伯的精神危机

到了1893年，韦伯29岁，又发生了一件关键的事。从这一年开始，一连串发生的事对韦伯的生活产生了越来越大的阻碍。1893年比较简单，韦伯结了婚，可是他的婚姻也不是那么单纯。

韦伯在结婚之前有一个情人，这个情人和他有一点亲属关系，同时她也有精神问题。发现情人有精神问题时，韦伯不得不和她分手。在那之后，他很快就遇到了玛丽安妮。他与玛丽安妮的感情发展很快，后来就结了婚。但是结婚时，刚好是韦伯的前女友处于精神最脆弱、正在恢复的时候。韦伯后来听到了消息，他的内心也由此被刺激出深刻的罪恶感。而后，前女友的精神状况恶化，韦伯认为这与他快速与玛丽安妮结婚有关，因此结婚给韦伯带来了强烈的罪恶感。

几年之后，1897年的另一件事给了韦伯更大的冲击，这与他和父亲的紧张关系有关。此时，韦伯已经成年娶妻，他先是去弗莱堡当了一阵子教授，而后又回到海德堡。韦伯在学术生涯上算是顺利的，他取得了一定的自信。但在1897年，韦伯和父亲发生了一场非常激烈的冲突。而且，在来不及和解的情况下，父亲又突然去世。于是，这更加重了韦伯从结婚时就已经感觉到的他愧对于别人的深刻罪恶感。

之前有前女友的事，后面又有父亲（而且父亲去世了，永远也不可能和解了）的事，它们在此时引发了韦伯的第一次精神危机。

在精神危机中，韦伯仍未完全放弃对思想学术的追求，因而他在后来接触到了弗洛伊德的理论，再从弗洛伊德的理论深化了两方面内容。一方面，是他对价值系统的认知（这在前文曾稍微提及）。另一方面，延伸出去，也使他用更深刻的眼光看待和理解：到底什么是宗教？宗教在人类过去的社会历史上发挥过什么功能？又是用什么方式形成了一股组织社会的力量？

5. 正当性：人类为什么愿意服从于他人？

韦伯在建立自己的社会学的过程中，以历史作为一部分最重要的依据。他接下来会提到，与所有后来的社会学家非常不一样的地方是，他试图用这个学科来完整地解释什么叫社会，尤其是人如何组成社会、社会的组成过程中需要涉及哪些因素。因而，他在他的社会学里特别凸显了宗教社会学。

从霍布斯到卢梭的社会解释，中间缺失了什么？

宗教有两个面向。一个是内在的，关于个人的信仰。而另一个，是韦伯特别看重也特别凸显的——它是一种外显的集体行动，换一个方向看，宗教在形成社会和维系社会上具有巨大的作用。

如果回到霍布斯对人类历史变化的一个原初假设，即在一切开始时，人人为己，每个人心里想的都只是自己如何能生存下去，自己要如何得到充分的资源，因此人和人之间只能有彼此互相争夺的关系。

在那种激烈的斗争之下，每个人都是其他所有人的敌人，彼此间是非常尖锐的敌对关系。在这样的情形下怎么能合作呢？或者是更进一步的，如卢梭在《社会契约论》中想象和描述的：在原初状况之下，人开始注意到彼此互相争斗的结果对谁都没有好处，于是产生了另一个新的可能性，即自主选择形成一种对大家都有利的团体。

所以，在团体里彼此之间的联结是大家都同意或能感受到的：与其打来打去，还不如清楚分辨对内和对外的情形。对内平息（斗争），大家一起合作，形成可以合作的契约关系，如此团结在一起，就可以在对外时保有安全，甚至可以从自然、其他生物乃至于其他人的团体那里获得更大的利益。

问题在于，从霍布斯形容的状态到卢梭形容的状态中间的过程到底是什么？或者这么说，卢梭跳得太快了，他告诉人们这样的团体合作形成之后，其契约的基础——这是卢梭在意的。但韦伯要问的是，怎样能让个体的人结合成团体，从而形成了组织呢？当然，一个更根本的生物性理由，就是血缘、亲子关系乃至于稍微扩大的家庭。但是除了家庭，需要有更大的、不一样的力量，才能让不同的成员愿意合并在一起。

于是，韦伯历史性地、认真地、全面地、普遍地进行了追踪研究，他特别地找到了宗教这个因素。

他认为由此到彼，基本少不了宗教。也就是说，人们在这个过程中产生了共同的信仰，而用韦伯的语言来说，这个共同的信仰在形成社会的过程中有政治作用——也就意味着在此过程中，不只会形成比家庭更大的团体，而且要分配团体中的地位、权力，以及有了可以分配权力的威权。

换句话说，宗教提供了（人类社会）刚开始时非常迫切需要的正当性。正当性的概念其实也很简单，可以思考一下，今天每个人都活在极其复杂的正当性的结构中。之前提醒过大家，日常生活里有太多事不是由你自己做决定，而是由别人帮你做决定。此时，可以更进一步地追问：那些人到底是谁？那些人具备了什么样的权力？为什么他们具备这样的权力？为什么他们有这种地位、资格可以替自己做决定呢?

在此过程中,为什么你要服从这些威权给予的答案、决定呢?当然,也可以反过来看,不管在什么位阶上,当你也成为一个决定者,有威权替一些人做决定,而他们必须要服从你做的决定。这是一个更有趣也更重要的自省,问问自己,你的正当性是从哪里来的?为什么你理所当然地觉得在某些事情上——比如今天应该买牛奶而不是买豆浆,今天应该要8点30分而不是8点45分出门——这些决定立刻就能使几个人基本毫不怀疑也不争论地直接服从?这样的权威来自哪里?理由是什么?这就叫"正当性"。

如此,也就会了解正当性在人与人的协同行动中是不可或缺的,那么应该如何看待正当性?自己在面对正当性时,观察到了哪些特殊的现象,如何思考它们?不管自己处于上位还是下位,这个正当性如何影响、如何决定自己的生活呢?

巫术:原初社会的正当性来源

可以沿着韦伯的历史性思考,也就是追索到最原始的形式。对韦伯来说,最原始的形式不只是宗教,而且是宗教中的一种特别的角色,即具备巫术能力的巫师。换句话说,人的团体的其中一种组成形式,其正当性就是来自巫术。

巫术有什么特别之处呢?韦伯用其所谓的理想型(ideal type)方式形容,也就是专注地看这个变数,暂时先去除其他变数,因而这样的描述不符合任何一个特定的历史案件、事例,但它可以凸显并让人更容易地分析出复杂的社会现象背后,究竟存在着一些什么样的条件,这些条件又是如何彼此发生关系的。

接下来用理想型方式来看看巫术。

在巫术出现之前,人是用"试误"(trial and error)的方式找到一些方法，以应对自己的生活。这里面有很多来自本能的，来自完全动物性的（从昆虫到哺乳类动物、到鸟类都必然有的）本能。只不过，本能对生活的控制和决定的范围有大有小，越简单的生物，其本能所涵盖的范围也就越广。

等到像人这样有了复杂的大脑，就产生了多样性，人可以决定自己应该怎么做。可是人怎么做决定的？这中间除了本能、遗传，另一个最重要的就是经验教训。比如，一个人在某处不小心碰到了火，并被火烫着或烧伤，那么他就会存留经验，下次再看到火，就不敢靠得那么近。又如，一个人在冬天走到结冰的小溪上，明明脚下是坚固的，但再下一步就掉入冰寒彻骨的水里。等下次再看到那样一片白白的、好像变硬了的冰面，这个人就再也不敢这么踩上去。

或者，一个人从动物身上剥下一层毛皮披在自己的身上，突然之间打哆嗦的寒冷消失了，那么下次他就知道天气变冷时，应该找一件毛皮御寒。又或者，一个人在特殊状况下爬到树上，而后发现在树上可以看得更远，更重要的是那些可能会伤害自己的动物还没靠近，就已经能看到它们，他也因此可以躲避它们的伤害。

这是一种最原始的行为方式，全部来自经验，来自"试误"留给人的教训。不过这样的教训有很多疏漏。在每天要遇到的现象中，有太多（可能有 80% 甚至 90%）不在人已经拥有、已经存留的"试误"有效性涵盖范围内，也就意味着这样的生活充满了各式各样的意外，也就带来了高度的焦虑和不安全感。

巫术是什么？它有一部分仍然来自经验，告诉人做了什么事情会得到什么结果。但韦伯提醒我们，巫术更重要的地方其实不在于经验的因果，而是它提供了一套完整的解释，让人将经验中的因果放入一个更复杂、更广大的关系之中，这个关系也就是最早的意义之网。前文曾一再提及意义之网，它对韦伯来说，就是可以一直推到人之所以为人在历史上最早的状态。

巫师和巫术是一个重大的突破，让人从原来那种自然主义的经验状态之下，进入支起的一张将外界各种不同现象联结在一起的意义之网，让人变成完全不同的存在形式。

巫术建立了一张什么样的意义之网？最简单也是最有效的，就是泛灵论。泛灵论说的是树背后有一种人看不到的树灵，石头背后有人看不到的石头灵，冰后面有人看不到的形成冰的精灵。

为什么同样是一条溪，有时是溪水，有时变成了冰？这就是精灵在作祟。为什么同样的一棵树，有时树枝会往上长，有时树枝会折断，掉到地上？这也是树的精灵在作祟。风是一种精灵，火也是一种精灵。

在泛灵论的视野、架构中，人就活在不同的精灵彼此交互的作用中。于是，可以用精灵与精灵的关系解释几乎所有现象。

刚刚提到用自然主义经验"试误"的方式，有85%、90%的现象是人无从理解、无从解释的，它们也因此对人来说是陌生的、可怕的。然而，巫术铺就了一张网，告诉人们不要担心，虽然这不是人能控制的，但现在可以通过巫师接触所有的精灵。

因此，巫师其实有两面。一面是刚刚提到的，他提供了一张意义之网，把人会遭遇的不同现象联结在一起，在此之后，那种单纯的陌生、偶然和不可控制大幅地降低，因而提供了人存在所需要的信任和安全感，使人和环境之间有了不一样的关系。还有另一面，即巫师的技术面，它在相当程度上依赖于刚刚所说的这张建构起的意义之网。在意义之网的解释之下，巫师的角色就凸显出来，他和其他人都不一样，不只是要告诉人如何解释这个世界，而且要告诉人有能力在一定程度上改变这个世界。

如何改变这个世界？巫师有一些特殊的道具和程序，当然他背后也具有一种特殊的专属能力——他可以与精灵沟通。巫师与不同的精灵沟通，而后试图影响精灵在这张意义之网中本来的行为模式。

那么，此时按自然主义的经验推断，人的行为，比如有时一个人本来要往东边走，会因为受到了什么因素（甚至是其他人的意见或胁迫）影响而改成往西走。因此，也就同样推断，在这个有纷纭复杂的精灵的世界里，精灵也有可能被影响、被改变。

人们把这样的希望和信任投注到巫师身上，于是产生了这种行为的后果。巫师告诉人们应该怎么做，而他们大部分时候会相信他，也会跟着做。巫师的决定、命令也就有了刚刚所说的权力正当性。

以正当性建立社会组织

而这种权力的正当性，往往带有自我实现预言的性质。也就是巫师会警告你，如果你不做什么事，会得到什么坏的结果。由于被这么恐吓，即使你的心里不想依从，不照着做，也会有很多不舒服的感觉，让你觉得似乎巫师的负面预言成真了。反过来说，巫师告诉你跟着他做什么事就可以得到好的结果，如果你跟着他做了，那么就会在心理上开始预期，甚至也会在行为上被引导，制造出这个好结果。

在这种状况下，巫师将所有相信、服从他的人，将愿意接受他从精灵的意义之网中推演出的种种建议的人，结合成一个特殊的团体。这个团体最重要的性质就是依赖巫师、巫术，同时信任巫师和他的意见、命令，于是巫师凸显了出来。在原来建立于经验主义的家户小团体之上，还可以发展出更大的一个团体。

这是韦伯分析的宗教的第一个原初作用，这个作用虽然在历史上起源很早，但并不表示它仅限于在原始的团体和社会里才会起作用。

大家也可以自己想想，在今天号称理性、现代的生活环境里，刚刚所描述的巫术的意义之网，那些相信有精灵在人看不见的地方作祟的想法，这些思考真的彻底从我们的生活中消失了吗？还是说，可以分析、察觉出在某些幽微的地方，或是在某些人的心灵里，这种精灵与巫术的权威、建议乃至于命令，仍然在发挥很大的作用？

6. 社会的开端：四种正当性原型的综合作用

第一种正当性：巫术的掌握者

韦伯的社会宗教学建立在历史溯源的方法论上，另外动用的一种方法论叫理想型，意味着为了看宗教在社会形成中所产生的作用，尤其是韦伯所称的政治作用、政治功能，要先暂时把其他比较复杂的变数排除在外，而单纯只看宗教在这上面的发展。

在上一节中提到，宗教最早、最原始的形式是以巫师、巫术建立起的一个泛灵论的世界观，也就是一张充满了精灵的意义之网。这种方式说服了那些无法解释、无法防备生活中 85%、90% 的不确定因素之人，并形成了一个新的团体。宣称自己能与神灵沟通且被相信的巫师，与其他人区隔开来，他变成了决策者，并取得一种在上一节内容中特别解释的正当性。

接下来，从巫师衍生出了第二种宗教的效用。因为具备威吓的权力，就算一个人不照做，他的心里也已经受到影响，会开始担心并不断预备着，可能会有什么巫师预言的可怕之事降临到自己身上。最后，在那张意义之网的作用之下，很可能大部分人会宁可按巫师的指令做，以避免可怕的灾祸降临在自己身上。

其实，从理性的角度看，那不过就是人维持了原来的生活。但现在这样的生活有了不一样的意义：人觉得自己是因为按照巫师的指令做，所以可怕的事没有降临在自己身上，于是他将巫师视为一个有帮自己做决定的正当性之人。在这个状况下，巫师的这种行为实际上是在代替这个团体中的其他人制定行为的规范。

而这种行为的规范：第一，它不是纯粹苦口婆心说服人的；第二，它也不像卢梭在《社会契约论》里的理想化描述，是因为它能证明大家团结协作可以带来最大的利益——这种利益不见得可以那么容易地被创造、示范出来。

因此，换句话说，不可能用这么理性的方式形成最早的团体规范。那是什么呢？它一定要有一种源自巫术的惩罚之恐惧，违背者会感到要受到惩罚。只要巫师和巫术建立的意义之网存在，处于这种团体中的人就会受到巫师的威胁，马上就会有心理上的作用——不听从巫师的，心里就有不安，有了更深的焦虑，这不只是会活得更痛苦，还似乎会在做事时格外不顺遂。

第二种正当性：立法者

当然，接下来会引发从这张意义之网里产生的集体行为。巫术在施行时不会只牵涉巫师一人，巫师会在其行使巫术的过程中，牵涉越来越多的人，于是形成了仪式，而这个仪式的集体性必然同时带着牵制性。

换句话说，一个违背这种规范的人接下来要面对第二种惩罚，即集体大于个人的合法暴力。

也就是说，作为一个个体，如果他面对的是巫师一个人，他可以不听从。但今天巫师所组成的意义之网已经形成团体，团体中有固定的仪式，违背仪式之人此时变成反抗所有参与仪式的人，这时整个力量的形式就不一样了。这不是像霍布斯所说的个人对个人的利益的冲突,而是变成一个违背规定的个人面对庞大的服从规定、要更进一步贯彻规定的群体,而群体的力量绝对大于个人。因此,个人在这种不利的情势下,多半也只好改变态度,服从规范。

于是,从巫师、巫术而衍生出的第二种角色是立法者。立法者之所以能立法,是因为其正当性即源自巫术的威吓,以及众人形成的仪式性服从。但一旦有了确定的立法者,其正当性在接下的时间中就有可能脱离巫术,而变成权威的来源。

事实上,这个权威的来源不需要再有巫术或精灵的恐惧作为背景,大家慢慢地就会认定,这个人是立法者,无论他规定了什么,大家都要照着做,因为这么做了之后,会发挥团体的作用。因此,任何一个人不服从,就不是不服从立法者而已,而变成了不服从这个群体的行动法则。在这种状况下,立法者得到了独立的正当性。这是来自宗教的第二种正当性。

第三种正当性:教导者

第三种是从立法者衍生出的教导规矩之人,这也意味着在团体生活里,有各式各样的、不同的规则。但是,有一些规则来自巫术,很可能有非常复杂的精灵作用的解释;有一些即使不是来自巫术,不是单纯来自巫师的任意主观命令,它也有一定的立法道理。但是,这些规范可能是订立于三年前、十年前的,那么等这些规范在团体中被施行到一定程度后,人们只知道该规范的存在,却不知道它们的详细状态,更不知道它们的来历与道理。

在这里,产生了一种角色,而为什么刚开始扮演这种角色的通常是年长者?因为年长者可能经历过十五年前的一场大水,从中学到了教训。巫师告诉人们,要如何防范下一次水灾,在下次涨水时应该采取什么行动,才能避免像上次受到的那么可怕的损害。于是,有了新的规律。

坦白说,对于后人而言,他们并不知道这些新的规范、法令的详细状况,因而一不小心就有可能违反。最麻烦的是,他们根本不知道它是怎么来的,感到莫名其妙,因而产生了一种新的需求。

这个新的需求通常是,老人们依照过去的经验与记忆,发展出新的语言、说故事的方法,告诉后生小辈原来的规则是怎么来的,规则的不同细项如何联结在一起。

这时,在团体中,人与法令之间有了新的关系。过去,法令是纯粹外在的,它管的是人的行为,规定一定要怎么做。此时,开始有了新的状态,人们得以了解这些规则,内化这些法令、规定,同时内化了法令、规定背后的道理。于是,新的状态更强化了团体组织,也就使人们摆脱了单纯的恐惧——那种只是告诉人应该要害怕,因为有法术、精灵,如果不照做就会有倒霉的可怕之事降临于身的恐惧。

可是,有时你会搞不清楚:到底应该遵守法令 A 还是法令 B?它们二者到底是什么关系?并且,就算这时记得法令 B,等到下一次,你可能就忘记法令 B 到底是怎么回事,于是你手足无措。此时,幸好你有一个叔祖,他不时把大家聚集在一起,在炉火边开始告诉你:上一代有一位了不起的大巫师,他在我们遇到大洪水时,带着我们到了比较高的地方,他和我们说了几件事情,比如当你靠近水的时候,要按什么方式运用水、和水产生关系。

于是,你了解的这些东西内化在记忆里,下一次就不需要困惑地想:"到底是法令 A,还是法令 B?"而且,到后来有任何相关的情境,你的脑子里也能浮现出法令 C 或法令 D 关于自己应该怎么做的规定。

事实上,此时它们就已经不再是法令 C、法令 D,而是变成了一套叫伦理法则或伦理行为的指导。这个团体中，由于有一位或几位智者发挥了作用，大家都内化了这套共同的价值观，于是在大部分情境下，大家都循规蹈矩行事，团体的行动也就更加一致、和谐。

因此，出现了第三种具备权力正当性的人——教导规则的人，也就是智者。只要人有困惑，比如对违背法令有疑问，或感到法令与法令之间有冲突、有矛盾，那么在决定如何行事之前，可以先去问这个智者。

在相当程度上，智者和立法者的不同角色重叠了，但他们都具备社会上的威权权力的正当性。不过，他们的权力来源、正当性来源还是有一定差距的。

这是第三种人，第三种威权。这种人是导师，人们可以从他们那里得到指示，因而有了生活上的安定和启发。

结合前文所说，在一个团体中，有三种不同的威权将团体的行为稳定下来，那就是巫师、立法者和教导者（或导师）。

第四种正当性：神秘教义的传授者

然而，依照历史上的观察，会发现一个团体中，一直存在着另一种威权，韦伯将其称为神秘教义的传授者。

这是怎么来的？它意味着，不管巫术如何铺设这张意义之网，并通过立法者和导师对所有东西形成法令、伦理规范，人的生活毕竟总是充满变数，总还是有意义之网无法网罗的部分。当出现这种情况，而它还是会冲击人的实际生活时，就必须在这张意义之网之外去寻找解释。

在这种状况之下，有限的意义之网外的空间就构成了神秘。什么叫神秘？神秘是因为未知而无法排除的一种吸引力——那样一个仿佛永远在迷雾、黑暗中的领域，人不可能不察觉它的存在。甚至有时，人会不小心踏触那个可怕的情境，那是人无从防备的地方。可是，人又无法彻底地把它排除出去，完全不顾及它，因此这时有人专门告诉大家：什么叫神秘，人必须尊重神秘，以及对这样的神秘，人应该用什么眼光、态度予以对待。

换句话说，正因为立法和道德必然存在漏洞和盲点，所以必须要有另一种指引和安慰，那等于是又诉求于人的恐惧，因而产生了从这里、从这个团体的意义之网的扩张，但这有时是对原有团体的意义之网的一种挑战。

社会的开端，来自四种正当性对人类的统合

这就是韦伯宗教社会学的开端，而光是开端就已经这么复杂。韦伯把刚刚提及的这四种正当性通称为先知形态，这是先知的全貌。正当性被分成四种：一种是巫术巫师，一种是立法者，一种是指导者或导师，还有一种是神秘教义的传授者。这四种人各自拥有其正当性，而他们都是以先知的形式构成了社会控制权力的原型，会发挥巨大的政治作用。

什么叫巨大的政治作用呢？也就是他们调和了个别的意志，让原本每个人给自己行动的意向在此时全被融合在一起。四种不同的威权从四个不同的方向把人的自主意识高度地降低，因而形成了团体，才有了组织的行为，才有了社会的开端。也容我再提醒大家一次，这是来自韦伯的宗教社会学，而这四种威权的正当性虽然源自宗教，却不限于只在宗教团体中起作用。我们仍然可以用这种方式了解韦伯，把韦伯所说的这四种先知的运作用于分析自己当下的现实生活。

其实，我们身边还有这种巫师、巫术般的作用。现在，可以更进一步思考、分析：在生活中，有多大的部分是由立法者帮你决定

的？你的生活里有哪些导师？他们又教给你哪些关于行为规范、规则的道理，并让你内化在心中，甚至到后来弄不清楚这是自己的决定，还是导师教你的并彻底内化成直觉的行为？

还有第四种，那几乎像重返巫师的状态下。比如，今天主导的意义力量是科学的、理性的，但还是有很多科学和理性无法涵盖、无法解释的地方，那些地方不也存在着许多神秘教义的传授者吗？这些神秘教义的传授者又是用什么样的方式影响乃至于决定了你的行为呢？

7. 韦伯的研究方向：历史社会学视野下的人类文明史

没有过时的韦伯，没有过时的宗教研究

韦伯说了，现代社会的特性是人活在理性高度发达的社会中。那么，为什么本书还一直要介绍韦伯对宗教的看法？我们还需要讨论、探索宗教的作用吗？

针对这个问题，让我举个例子。比如，穷人穿得破破烂烂的，那么穷人和穿得破烂这两者间的因果关系是什么？这看起来很简单，但其实这两者的因果关系有三种可能性。

第一种可能性是它们没有任何关系，这纯属偶然。要么是穷人刚好衣服破了，要么是今天他出门时刚好捡了一件破衣服穿，又或是穷人刚好都喜欢破衣服，自己选择穿破衣服。

第二种可能性是因为穿破衣服，所以人变穷了。这可能是由于某种特殊的作用，穿了破衣服，人就越过越穷。

第三种可能性是因为穷，所以人买不起衣服，也换不了衣服，就算有钱也得先拿来吃饭，于是一直穿同样的衣服。衣服穿久后，由于磨损、清洗等原因，于是就破了。

对这三种可能性，大家会如何选择呢？大部分人都知道，在理

性的逻辑推断下，答案应该是三。但是，即使是在当下这种现代理性生活中，社会里还是会有很多人相信第二种可能性。

不知道大家有没有听说或遇到过这样的人：他们就是相信不能穿破衣服。这些人要随时检查，尤其是别人看不到的内衣裤——如果内衣裤破了洞要赶快丢掉，千万不能穿。这是因为他们相信穿破衣服会漏财，而且程度很严重。

在中国人的传统思想中，有许多漏财的可能性，也有各种不同迹象。比如，有人会看自己的手相，手纹里的哪一条可能会漏财；也有人会看自己的行为习惯，其中哪种做法会漏财。因此，连带着穿破衣服也变成了会漏财而使人变穷的行为。这不就是"因为穿破衣服，所以人穷"的因果连接吗？

你也不要以为没人用第一种方式看待这两者间的关系。也有人看到有人穿破衣服时，心想这些人为什么不好好地穿衣服？为什么不穿一些像样的衣服？换句话说，这背后的思考是他无法分辨出这些人是不能穿好衣服、穿不起好衣服，因而迫不得已穿着破衣服。他没有这样的看法、观念，因而把本来的不能当作不为，还会埋怨这些人为什么不穿体面的、没有破洞的衣服，认为这不像话。

这是另一种非常严重的思考的问题，那就是混淆了"不能"与"不为"。中国古典《孟子》很早就将这件事讲得非常清楚，而且视之为看待、评价人的行为时的再重要不过的一种标准。一位老者的手举不起来，无法折到树上稍高一些的树枝，于是请求一个人帮他折枝，但这个人拒绝了，那么此时这是不为还是不能呢？由于这完全在那个人的能力范围内，因此是不为。

可是很多时候，包括我们自己在面对诸多状态做决定时，也常常混淆了"不能"与"不为"。其实，这种理性的因果分辨，真的不是能那么容易做到的。光是穷人、破衣这么简单的两个变数，它们之间的因果关系就没有必然的答案，更何况这个社会上复杂的现象那么多，要真正建立起理性的因果关系是有高度困难的。

但是，因果关系非常重要，因为它决定了个体或集体的行动。当一个人认为穷人穿破衣服是不为而不是不能时，他只会在个人层面看不起或质疑、指骂穷人，而不会在集体层面上认为这是一个应该被解决的问题，并思考如何解决它。同样的，如果一个人认为穿破衣会漏财，这时他就合理化了为什么那个人是穷人，认为那个人连不要穿破衣服都不知道，因此即使那个人原本有钱、有财富，可由于一天到晚穿破衣服，这种漏财的行为累积起来，自然会变穷，也难怪那个人现在是穷人。

这样的因果连接，也不会把贫穷当作一个集体的、社会的问题。只有真的确认穷人是因为贫穷而无法穿正常衣服，才会理解关键不在于破衣服，而在于贫穷。由此，需要让这些人不再那么贫穷，才能看到他们不穿破衣服，而是能穿体面的衣服。

韦伯在论理上的最特殊之处，是他一切都从根源上讨论人的社会究竟是如何构成的。韦伯的思想、学问是历史社会学，而历史是他追究人的社会是如何构成的根源的其中一部分。

可是，还要更进一步地说明，韦伯在追溯根源时，其实动用的不仅限于历史，或者应该说他所动用的是扩大意义下的历史。而且，因为有这种扩大的历史的态度，以至于到今天我们还要认知韦伯，而韦伯提出的很多看法、提示和社会学理论还没有办法被超越。

19世纪的欧洲人：对一切好奇

韦伯所处的特殊时代是19世纪欧洲大扩张时期，既有具体的现实上的扩张，也经历了精神的大扩张。精神的大扩张表现在知识上，表现在对人生的态度上，尤其是该世纪中叶浪漫主义潮流大为流行。什么是浪漫主义？它并不是今天的烛光晚餐，或是男女爱情中的浪漫。

浪漫主义（Romanticism）在19世纪的欧洲历史中代表的是一种高度的冲动，它最大的特色是不承认、不接受现有的所有框架和边界。

因此，浪漫主义要尝试人极端的可能性。比如，有人告诉你大海是过不去的，而你偏偏要过去给他看。有人告诉你在世俗的概念里，生命比爱情重要，而你就要彰显和证明，爱情可以在什么状况下比生命更强大、更重要。

浪漫主义用这种方式一直不断地突破。换另一个角度，也有人把它称为浮士德精神。这种精神主张要遍历一切，尝试去上山、下海，去任何还未去到的地方，去解开任何还未解开的谜。我特别提到的"任何还未解开的谜"，就是浪漫主义在不断打破边界的扩张过程中在知识上产生的效果。不仅限于自己的日常生活，也不仅限于与自己有利害关系的所需知识，19世纪的欧洲人对一切都有高度的好奇心。

他们要去调查、研究，不同地方的动物、植物、地形等自然环境因素。因为有这样的精神，才会有达尔文在小猎犬号的那趟远航，而在那趟远航中累积的经验、收集的资料，刺激、协助达尔文创造出了进化论。

接下来，欧洲人调查、研究的不只是所到之处的自然环境，还有那个陌生之地的人的现象、因素。语言学、文字学、人类学、民族志、考古学、历史学等学科领域，在这段时间中得到大幅进展。因此，到了19世纪末，也就是韦伯诞生和成长的世纪之交，这些背景使得严格的比较研究成为可能。

韦伯：站在世纪之交，探索人类社会的共性

韦伯最特别的地方在于，他几乎是第一个将全人类的社会经验作为其研究范围的研究者。他要探索的是普遍的人类经验，是人类

（而不是特定的哪一种人）如何组成社会——这是一个普遍的命题。对于这个普遍的命题，韦伯从方法论到资料的收集，再到得出结论，都坚持普遍的有效性。

比如，韦伯的宗教社会学与在此之前的欧洲人的宗教研究非常不一样，后者甚至是彻底与之相反的。韦伯将其建立在基督教不是普世标准的前提中。

韦伯看到了不同的宗教，他让欧洲人了解在基督教之外还有犹太教、印度教、佛教，还有希腊、罗马的所谓义教，以及中国的宗教。韦伯特别强调中国的宗教中有儒家、有道家、有从印度进入中国的佛教，除此之外，还有琐罗亚斯德教（又称拜火教或祆教），以及其他没那么有名、影响没那么大、涵盖没那么广的各种宗教。

韦伯的宗教社会学是所有这些宗教和社会组织结构之间的关系。并且，刚刚说到韦伯的方法论，他把这么丰富、庞大的世界宗教的资料，放置于他称之为理想型的方法论中，这使他与当时一般的东方学、汉学或被称为制式的历史研究区别开来。

韦伯看待、研究历史并不是要进行单一、个别的历史题目的研究，而是要从这些历史的材料中整合出一个大致的模式。为什么称之为理想型呢？因为他建立的这个模式不符合任何单一个案。如果从个案对照韦伯说的这个模式，会看到有很多的差异与例外。但是，这个理想型是综合了各种不同的宗教、宗教与社会之间的关系整理出来的，可以帮助人们看清其中的变化、发展。

韦伯的宗教社会学用这种方式建立了起来，因而当他在谈巫术、巫师时，他谈的不是任何一个文明、任何一个特定时期的巫师、巫术；他也不是为了研究比如萨满教或是近东阿卡德帝国的巫术、巫师来予以铺陈的。

他要探索的永远都是这样的因果关系要如何建立起来，在什么样的情境下，由于因为什么元素，包括考虑到有什么功能，会产生巫师和巫术的作用。反过来，在那种运作下，巫师和巫术又会创造出什么集体社会行动上的变数。这二者一直不断地互动，而且还要拿这么形成的因果现象和其他现象连接起来做对应。

谈了巫师、巫术，接下来就联系到宗教中的另一种重要角色，即祭司。巫师和祭司都是宗教中的重要角色，但从理想型的角度看，二者最关键的差异是什么？这个差异又连接回刚刚说的那种探索问题的方式。这二者之所以形成，所需要的外在社会集体条件是什么？不同的条件使得一边产生了巫师，另一边产生了祭司。

而巫师和祭司所产生的社会效应，各自反映在什么面向上？更进一步的，有巫师和祭司，这两种角色会发生什么关系？让它们得以存在、运作的这些条件，又会让它们在同一个群体中是彼此竞争，还是互相合作？它们彼此影响，因而后续又产生了一些什么社会效果？

这是我仿照韦伯理想型的方法，把他的方法论做了一种理想型的描述，希望这可以让大家了解韦伯的宗教社会学是奠基在这种普遍的心态上的，因而它就具备了超越任何特定时空、特定社会的普遍效力。这种普遍效力，与任何个别的、不管再怎么精到的历史研究都不一样，因为它会联系到当今人们所处的现代社会。

8. "超越突破"是从先知到哲学的追问？以希腊为例

韦伯的超越突破说

上一节提到韦伯在19世纪末、20世纪初的特殊环境中工作，他建立了最早的以全世界为范围的比较研究。在这么大范围的比较研究中，韦伯得到了非常多的洞见。

在他之前，很少人有这样的条件和资料。虽然这些资料对个别文明来说可能还是有很多漏洞和盲点，但它们足以让韦伯进行非常认真的比较。

在比较过程中，韦伯的宗教社会学提出了一个非常特别的看法，即超越突破。他认为人类主要的古文明都经过了重要的突破，而且这种突破彼此间的性质非常相近。可以反过来说，韦伯注意到有一种在信仰与思想上的突破，如果没有经过这样的突破，文明就无法进一步茁壮成长；而有了这样的突破后，才得以创造出长久的主流文明。

先知、巫师、祭司的不同特点

这个突破的性质在于超越（transcendence），这涉及为什么韦伯在宗教社会学里特别看重先知。在韦伯的描述中，先知有两种特色。

第一，他宣称自己有一种与超越界的联结。所谓超越界，可以是神的地方，是上帝，是某种神秘讯息的来源，也可以是祖先或某种格外超能的神灵。

一位先知进行预言，而且借由这些预言，他能吸引人、说服人。他当然不会说：因为这是我说的，所以你们要听。他会说：我听到了这样的声音，得到了这种信息，它来自某一个你们看不到、摸不到但你们害怕并隐约意识到它的存在的权威，这个权威比这个世界更高，比眼下能看到的各种现实的力量更巨大。

先知是转述这个从权威而来的神圣讯息之人。用这种方式，先知不只告诉人们不知道的事，还建立起一个解释世界的系统。因为先知宣称有和超越界的联结，而且这个联结靠信息的取得与传播建立，所以他可以源源不断地以其神圣真理来解释一般人搞不清楚的世界之运作。用这种方法，他取得了为人们提供一个解释世界的系统的特殊地位。

第二，先知的身边会跟随着一群信仰者，他们中的大部分是被先知的信息所说服的。当先知说世界快要毁灭，洪水快要来了，而他收到一条神圣的信息，它告诉人们：如果不想和其他人一起在世界末日被彻底地毁灭，应该做好5件事，如此才可以得到安全的保障。先知必须要让神圣信息里的5件事彼此关联，而且是在现实里有一定效力的，不然别人不可能相信他的这些信息有神圣来源。

不过，除了这种被先知的信息说服之人，信徒中还有一部分是被先知的信仰的榜样、典范折服的。换句话说，那不是一个知性的过程，而相对的是感性的过程。如果看到一个人如此虔诚地相信你看不到、听不到的声音和现象，你一开始会感到畏惧，而更进一步的，你会想效仿，因为你好像可以在他那里找到一个飞离现实世界的洞口，看到超越领域的可能性。

因而，这些人紧紧地跟随在先知身旁，服务先知。先知的这两种性质，很显然与巫师不同。巫师是个别性的、功能性的、技术性的——如果眼睛旁边长了一个肿瘤，人会赶快找巫师帮自己治病；如果田里的作物不管怎么灌水都会枯萎、垂下来，人会赶快找巫师来田里解决问题。巫师能实现的是片面的功能，因而他并没有宣称，更没办法证明他拥有全面的办法。

巫师的作用、权威来自一次次地借由技术性操作，证明他特定地操控了神明，让神明按他的要求做。他一次又一次地以不同的方式利用不同的神明。用这种方法，他取得了比一般人更大的能力和影响。这是巫师在社会中的角色。

另外，先知也和一般的祭司不一样。刚刚说到，在巫师那里，人和神明的关系是人想办法通过巫师操控神明，让神明的所作所为对人有利或至少不要对人有害。在祭司那里，人与神之间的关系就不一样了——转变成了祈祷，是要求。

祭司所展现、承诺的就不是外在地操控神明。他诉诸的不是表面技法，而是教人或命令人要回到内心，有心诚则灵的想法。祭司是职业性的，而且是集体性的。换句话说，没有个别的祭司，他们一定是隶属于一个体系中。这个体系最大的特色是已经发展出有形的、固定的仪式，而祭司就是这种固定仪式的主持者。

但仪式要干什么？仪式帮助人进入和神之间的特别的内在关系。在仪式中，通过特别的环境、特别的行为乃至于声音、影像的协助，人开始感觉到和神之间有一种神秘的连接。

人哀求、祈祷，告诉神明自己要什么。当然，人并不是用交换的方式，更不是用巫术的方式操控，而是如此真心地恳求。人相信神明会听到自己的声音，相信只要内在的祈求真诚到一定程度，就会感动神，而神至少会把人所祈求的部分降临，使人满足。

这是人与仪式之间的关系。

在这样的关系中,人认同的是仪式本身,是该仪式导引人进入与神的神秘关系,而不是主持仪式的人。因此,在这种系统中,仪式比主持仪式的人更重要。祭司可以换人,信徒还是回到原来的场景、状况下进行仪式,他不会跟着祭司走。这跟先知与其信徒的关系是不一样的,祭司和参加仪式的人并没有个别的关系。

从先知到哲学的突破

如此,先知非常重要,因为他提供了信众接触神圣根源的一种途径,他以超越性的原因解释、组构这个世界,因而得到了一种突破——这也是为什么称之为"超越突破"。

在先知那里或通过先知,这些古文明大概在差不多同样的时期都诞生了哲学或神学。

举一个最有代表性的例子。在古希腊,苏格拉底的出现为什么那么重要?因为在苏格拉底出现前,希腊人已经有非常丰富的神明信仰,有很多神话。包括人们今天对古希腊神话的知识,其实大部分都来自苏格拉底之前的古希腊历史中的不同传说。

到苏格拉底出现时,古希腊的祭司文化正处于发展的高峰。最典型的是当时赫西俄德理性地在整理神话——确信有这么多的神话,有这么多的神。赫西俄德把它们排成一个系谱(《神谱》,在徐贲的《西方人文经典讲演录》中有部分解读)。在这个系谱中,确认了每一个神到底是什么来历,哪两个神生下了哪一个神,这个神和哪个神有父子关系,另外那个神和这个神有偷情的关系、不伦的关系……弄清各式各样的神的来历后,也就把他们的关系网络建构了起来。还有很重要的是,弄清每一个神的性质,而这个性质最关键的是要定下他们主管的辖区。

这么整理神话是要干什么呢?为什么说这是理性的整理呢?因

为这可以让神与人的关系固定下来，而且变得更易掌握，也就更有用。这时，有困惑的人可以清楚地找到对象：他现在的困惑属于哪方面，就到哪个神庙去找到该神庙的祭司，而祭司按照该神庙产生的仪式，也许会让人从仪式中得到一种心领神会的感觉、一条神谕。那么，这就在人的心里产生了安定的作用，帮助自己有信心去面对、解决生活上具体的问题。

哲学：进一步探索人的根源

但这与苏格拉底有多大的差距？苏格拉底不相信也不看重赫西俄德整理出来的神话中的神和神的系谱，他看重和质问的是人内在性质的定义与根源。

举个勇气的例子。人需要勇气，勇气是好的。为什么勇气是好的？当我们说一个人很勇敢，到底是在说什么？什么东西属于勇敢？什么东西其实超越了勇敢？勇敢的反面到底是懦弱、安静，还是急躁？安静、懦弱、急躁与勇敢之间的关系又是什么？这些是更根源性的探索。而且，在讨论勇气时，不是讨论你的、我的或是战神（Mars）的勇气。苏格拉底要谈的是普遍的勇气，也就是包括了神——一个勇敢的神，不也是勇敢吗？

所以，把神都包纳进来，还可以进一步探索：神的勇敢与人的勇敢有什么不一样？比如，勇敢是否一定会涉及恐惧？人应该害怕却不害怕，是勇敢的必要条件吗？如果是这样，神就没有勇敢这件事，因为神不会害怕，也不需要害怕。我们是用这种方法来理解勇敢的吗？勇敢到底是什么呢？这就是苏格拉底，他要追踪、研究各种不同的元素，用这些经历了追踪、研究过后的普遍元素来重新组构原来人们所看到的自己生活的世界。

在这样的探索中，甚至人和神的定义都改变了。人和神原来的差异性被取代了，取而代之的是不管是人还是神，都是由这些元素构成的，都逃不掉、离不开这些元素的定义和元素性质的描述。那不只是物质的元素，还包括了更抽象的精神和人格的元素，从这里引发了后来柏拉图普遍的"理型说"。所有的一切，书有书的理型，马有马的理型，声音有声音的理型，美好有美好的理型，邪恶有邪恶的理型……

人们所看到的一切表面现象，背后都应有一个超越的、普遍的理型，那才是真正的根源。所以，人所在的这个现象的世界是这个理想中理型所构成的、超越世界的一个不完整副本。人不会想要停留在这样不完整、不完美的副本中，而是会想通过这样虽不完整、不完美的副本，再往上追索，试图去回归、重建那个完美、完整的理型现象或理型世界。这就是新的超越。

理型是一个超越。由于形成了这样的超越突破，因而从这里诞生了古希腊辉煌的文明。

这种超越突破与文明的普遍关系是什么？韦伯在探索超越突破时，把中国也纳入其考察范围内，他如何理解中国在这方面的超越突破？今天站在中国文明和中国历史的立场上，我们又如何看待、如何检讨乃至于如何修正韦伯的看法和意见呢？我在下一节会继续仔细地为大家说明。

9. "超越突破"来自革命性观点的出现？以印度为例

"轴心突破"与韦伯的"超越突破"：找个性与找共性

韦伯提出了在比较历史学中非常特别的一个现象的观察，即超越突破。在上一节内容中，已经对超越突破做了初步介绍。后来，超越突破这样的概念、观察经过德国哲学家卡尔·雅斯贝尔斯（Karl Jaspers，1883—1969）的一番改造，被他称为"轴心突破"，而且雅斯贝尔斯相应地增加了一个叫"轴心时期"的说法。

轴心突破的重点可以用"轴心"这两个字清楚地显现出来。为什么称之为"轴心"呢？在雅斯贝尔斯的观察中，他认为文明经过了这种突破，而在突破过程中产生了文明长时间不变的规范，乃至于确定来自各个文明的特殊性格的轴心。

轴心的意思是什么？只要稍微想想家里的门轴，那可开可关的门，可以开一点点，也可以大开……门的位置可以有不一样的变化，然而整座门是被门轴固定着的，门轴永远都在那里，保持不动。这就是一个清楚的象征。自从有这样的轴心突破后，一个文明在后来当然还是会发展出不同的思想、价值、行为、活动、现象、政治或军事上的种种见解，但也会清楚地看到，这个文明有一个没有改变的轴心。

更进一步地追索，会发现这个轴心的出现就是轴心时期的特殊意义。

比如，希腊在轴心突破之后，不管是在公元前6世纪，或是到3世纪，基本上都是以哲学的思辨作为轴心的；希伯来文化的轴心则是一种关于上帝一神的非常崇敬、害怕的，必须用各种方式讨好上帝、与上帝建立明确关系的信仰，印度则是通过佛教提出的轮回观，以及非常复杂、庞大的因果关系，来建立其轴心价值。

特别的地方是中国，中国的轴心是孔子所代表的人文精神——特别看重关于人间的事物，讲究伦理的关系，并且人在伦理关系中，不只是看外表的行为，还要再往内在去探究精神上的道德修养。

卡尔·雅斯贝尔斯最早提出的轴心时期，宽泛地说，它出现在公元前一千纪，大概在这一千年中，几个主要的文明前前后后都产生了这种突破。后来有另一个稍严格的说法，即那是从公元前800年到公元前200年。等到能更明确地研究各个文明的知识和看法，就有了最严格的说法，即那是大概发生在公元前600年到公元前300年。如果对照来看，非常特别的，比如在当时的中国也就是东周春秋战国时期，产生了巨大的变化，建立起一道后来贯彻整个中国文明的轴心。

接下来，比较韦伯所说的超越突破和卡尔·雅斯贝尔斯所说的轴心突破，会发现二人的重点不同。卡尔·雅斯贝尔斯的重点是各个文明各自产生了它们的轴心，也就是文明从这里开始得到了彼此差异的清晰个性。而个性一旦建立，就没那么容易改变，事实上也就决定了这个文明会朝哪个方向发展，在哪些不同的面向、领域里，有了和其他文明很不一样的独特成就。

韦伯较早提出的这个概念则相对地更强调各个文明中突破的共通性。也就意味着，所有的文明不管是朝哪个方向，它们都要有一种"超越性"。这种超越性使得人与自然或全面的自然的规律有关系；也因为这个超越的源头，使得人和其他人也能发生非常密切且稳固的关系。

如果把两个人的概念和说法加在一起，就意味着从公元前600年到公元前300年，各个文明并不是彼此互相影响，而是人类的历史累积到一定程度就产生了这种能量，它刺激着不一样的文明，它们都在这个时期产生了突破。

"超越突破"的共性：对当下流行观念的革命性批判

这个突破后来使得各个文明因此区隔出它们各自非常独特的地方，以至于让人们很容易辨识。并且，在未来的一两千年中，只要这些文明继续发展，它们都是在各自的轴心上变化的。不过，要特别提到的是，虽然韦伯看到的是各个文明中超越突破的共通性、共通点，可他也并不是把各个文明都混在一起讨论，而没有观察和注意到文明间的差异。

比如，他已经提到，中国的突破格外温和。这就意味着，其他文明的超越突破现象都表现为一种对当时流行的观念与习惯的强烈的、革命性的批判。

举一个最清楚的例子。印度的佛陀原是王国的一个世子、贵族，但他对自己的权位、财富产生了高度怀疑，转而去凝视不同的种姓、不同的地位和不同的贫富状态。他看到，从地位最高的贵族到街上的乞丐共有的生老病死现象，以及在此过程中得到的痛苦和折磨，并不会因为某人是一个贵族或国君，他就可以不死、不病。如此，佛陀受了刺激，他提出了更广泛的理论，以取代原有的种姓阶级中繁杂的神话。

从佛陀的眼光看，他在提醒人们：一切都是变化。可是，人虽处于真实的变化中，却妄想自己看到的所有东西（包括自己）有恒常的本性。所谓本性，即认为这些是不会改变的，是会一直存在的。人带着这种恒常的错觉和预期面对、处理实际上无常的变动，难怪在此过程中，人根本不可能阻止变化，并反而因为错误的预期，除了承受由变化的冲击带来的各种焦虑不安，还要再承受失望的痛苦。

从当前现实的生命看，人不会永远活着，但人不会如实地把自己的生命看作是短暂的、随时可能变化的。人际的感情（不管是男女间的爱情，还是与父母的亲情），乃至于财富享受……这一切都是方生方死、方死方生，是短暂的，必然会变化的。处在这样的变化下，人又希望想忽视变化，在变化后追求永恒，这是绝不可能得到的。

用这种方式，只会让人在变化中不断地流转，越流转就越失望、越痛苦。怎么办呢？人唯一能得到的宁静，是来自看清这些因果相连变化的基本规律、基本事实，抛弃关于事物本性、关于恒常的错觉，让自己从幻想中清醒过来。

事实上，佛陀也是用这样的因果相连变化的道理，来解释他所处的原来印度最强大的社会种姓制度。佛陀承认，他自己属于婆罗门阶级，与其他人的阶级不一样，但是用他的理论解释，这种社会的种姓也不可能是恒常的，都是因果造成的。今天、今世、当下为什么会是这样的种姓？那是由人之前的业造成的。一个人之前做了什么事，累积了怎样的业，现在就会得到在某个种姓阶级中轮回再生的结果。

这一切都是由严密的因果控制的，甚至连所谓的人身难得（相较于其他生物、其他存在，人的确是比较高贵的）也是。你不是莫名其妙地单纯因为幸运就变成人：今世能变成人，也是在过去不知道多少世的轮回中，所有的业相加造成的，这就是一个庞大的轮回过程。你也不知道，在作为人的这一世结束后进入六道轮回，接下来会变成什么，说不定就变成了畜生，甚至变成无生物。

因此，人一直在轮回的过程中接受、尝尽了各式各样的痛苦。为什么要一直这样继续下去呢？人想追求真正的快乐，就只有停止不动。止息了，因果才能得到真正的、彻底的宁静，那就是涅槃（nirvana）。

这套佛陀提出的想法、理论，就是对当时印度信仰的一大挑战，并对种姓制度以及解释、合理化种姓制度的这套非常繁杂的印度教神话和思想予以一定的冲击。同时，佛陀也提出了一个关于人在这个世界中能想象的所有现象的彼此联结的完整解释。

中国特殊性：没有革命性的孔子

如果用韦伯的分类来看，也就是在佛陀之前，于印度当道的是婆罗门祭司和国王、武士等——尤其拥有权威的是祭司。这些祭司各自护卫着神庙以及信仰神并在神庙中参与特殊仪式的相关群体。但佛陀不是巫师，也不是祭司，他是先知。佛陀在这里得到一种突破，把解释及教导人们如何处理这个世界的知识予以抽象化、哲学化，得到了超越端的根据，因而奠定了后来的新文化不断地扩张发展的一条轴心。

对比之下，中国的情况不是如此。放在宗教或超越的领域看，孔子似乎不太对劲，这挺奇怪的。因为孔子不是"不语怪力乱神"吗？此外，他在《论语》里说"夫子之言性与天道"，弟子一般都听不到，也不太能了解老师在这方面有什么看法。孔子教导子路，也明确地和他说"不知生，焉知死"。孔子还提出了一种想法、概念，教他的弟子们"祭神如神在"，也就意味着好像并不相信真的有神，而看重的是人祭神的那种礼仪，以及人在祭神中产生的虔诚地回到记忆里、怀念祖先的心情。

在孔子的思想里，有非常强烈的人间现实关怀，要关注和处理的是具体如何做人，以及作为一个像样的人如何与其他人互动。人与人之间的互动背后到底有什么原理，这才是孔子所关心的。另一件事是，孔子曾明确地表明自己是"述而不作"，也就意味着其思想来源不是他创造出来的。不像佛陀，他创造出一套完全新的思想，来对应当时流行的印度教神话。

孔子明确表达的是，他的理想是恢复周公在西周建立之初制定的这套礼乐。换句话说，看起来孔子并没有革命性。

孔子虽然在中国的历史上的确被视为中国文化奠基的重要人物，可是稍微仔细地考察，会发现他并没有革命性地推翻西周文化；他非但没有革命性地推翻西周文化，反而在主观意愿上一再地说，自己拥抱西周文化，他要复古。这里就产生了一个看起来有点矛盾的、不太对劲的地方。那么，我们可以用这种方法，将孔子做的称为突破吗？

在韦伯超越突破的概念下，孔子并不像其他文明中的那些人物，他并没有提出革命，没有推翻之前流行的看法和想法。而且，此时也不存在孔子以先知的姿态挑战巫师或祭司的关系。另外，当我们看到孔子所有的教诲都是关于人间现实的，也不得不怀疑：这里有超越吗？这个"超越"在孔子的身上，在其思想里，真的可以落实吗？

所谓超越突破，会不会是韦伯在看到其他文明后，在所有其他文明的综合情况下制定的一个模式？而他硬是把这个模式套到了观察、思考中国文化上，因而他用这种方法说：中国一定会有超越突破，只不过其超越突破比较温和。在韦伯的理论和中国历史的材料上，似乎存在着这样的严重差别。

如何评价韦伯对中国宗教的看法？进一步的，如何处理韦伯的理论和中国历史之间的差异呢？我会在下一节中仔细地解说。

10. 中国文明的"超越突破"比孔子还早吗?

这一节会继续讨论,用韦伯提出的超越突破说观察、分析中国时产生了一些什么问题。

我想提醒的是,其实这正是韦伯给予的重要提示,他从文明的比较中让人注意、思考,我们过去在关注中国文化、历史的过程中,非常可能忽略的一些现象。如果放回更完整、更长、更高层次的历史观察上,就会发现韦伯提出的超越性其实并不是硬套模式,而是韦伯用这种方法帮我们更换不同的角度提问。

回应韦伯"超越突破说"的中国史研究者

这里会特别提到两位大史家,他们都对韦伯的超越突破说非常熟悉,而且他们的历史研究的范围至少都有部分是中国的上古史。因此,这相当于他们在研究和思考的过程中就接受了韦伯这样的挑战,并沿着韦伯提问的方式提出他们的看法。

这两位大史家中的一位是张光直先生,他是从考古尤其是来自李济先生和"中研院"历史语言研究所非常了不起的安阳考古之成就,重新解释了中国的轴心突破。

周公，中国文明"超越突破"的第一阶段

依照张光直的看法，不能将中国的轴心突破完全聚焦于孔子，而是必须分成两个阶段。这两个阶段各自的代表人物，前一位是周公，后一位是孔子。我们也可以了解到，其实在中国文化上，这本来就是一个传统的看法。周公、孔子经常是并称的，孔子也说自己是承自周公，或是他希望能复古，回到周公的时代。

周公做的是第一次突破，其突破来自治理卓越，建立了封建制度。可这个突破有一个背景，我们要更进一步地体会、认知殷商究竟是一段怎样的历史，这也会解释为什么会涉及安阳的考古，以及安阳考古的发现为什么如此重要。

在安阳考古中出土了大量甲骨文。甲骨文是中国最古老的文字，这些文字被运用于占卜上。占卜基本上是一种人与神鬼世界、祖先灵魂的世界沟通的工具。看到这么多甲骨文以及围绕着甲骨文相应地产生的这些宗教现象，可以进一步复原出，那其实是和后来的中国文化给予的强烈人文性完全不一样的另一种文化的性格。

在殷商时期，商王就是最大的巫。他能得到这么巨大的政治统治的权力，围绕着他能建构起这么庞大的部落联结组织，作为这种联结组织的共主的商王，其实相当程度上是靠他宣称且让周围的人相信并害怕的：他能和看不见的神鬼世界进行有效沟通，能让看不见的世界用不同的方式给他力量，同时帮助他惩罚其他不服从其统治的人。

通过这种方式，商朝建立了一张人与已经死去的祖先的意志及精灵彼此沟通、连接的大网络。借由这么大的网络，在人世间相应地组构了政治与社会的关系。从这个角度来看，殷商不就非常清楚地是一个巫术横行、充满了巫师及祭司的社会吗？

第一次突破是周人翦商成功。当时，周人的文化及思想在黄土高原形成，其实就已经在根底上和商人有相当大的差距。

在周公手里，更清楚地完成了一种把根本的价值观和具体的社会政治条件结合的关键变动。先是取代商朝，建立全新的封建制度，把这个封建制度放在人与人之间的宗亲、血缘关系上，而后一步步地予以扩大。有了这样的思想以及这样的特殊社会组构条件之后，就意味着人不太需要神鬼。就算真的有神鬼，神鬼在周人的生活中也没有实际作用，真正最需要被注意、被处理的是人与人之间的关系。

用张光直先生的说法，也就是中国历史在这里有一个巨大的转折。原先是一个连续的世界观。在这个世界里，活人的世界和死者的世界，人的世界和树木的、动物的世界，基本上没有绝对不能跨越的界限，所以有特殊的人、方式、仪式，包括用卜或祭等不同方法让人相信，依靠人的神魂或人的某种看不见的能力，他可以和祖先的王、祖先的另一个世界沟通，可以进入那里，或是和动物一起飞入另一个完全不同的领域中。这样的世界观充满了一种人、神、鬼彼此互动交接的连续性。

可是到后来，这种世界观就被周人的不连续的世界观取代了。为什么称之为不连续？也就是人和所有神鬼的中间有了一个不能跨越的界限——不能、不应该也不需要跨越。活在这个世界上，人就是好好地处理和自己一样的、自己触摸得到的、自己可以感应的其他所有人。人应该重视、注意的是其他人的行为，人应该试图体会的不是神鬼在想什么，也不是如何运用神鬼的力量。

在这种状况下，周公是一个先知，但又不止于此，他同时是政治权力的改造者：他用自己提出的这种很不一样的世界观，整体重新组构了中国的社会及政治之原则。

孔子，从新的仪式再突破

在这种情况下，周公是创造者，可是他创造的这一套制度到孔子时期已经摇摇欲坠,在各个方面被挑战甚至被破坏。因此,孔子的角色是重申这一套封建秩序、这一套人伦秩序的有效性。他对周公创建的礼乐制度提出了改造的主张,也就是要人们不只是遵循礼乐制度,而且是把礼乐制度当作仪式。

换句话说,依照韦伯的理论可以这么解释:在周公这个先知这里进行突破而产生的这套文明到了孔子的时代,却被祭司取代或把持了。先知与祭司最大的差别在于:先知的背后有一种精神性,有一种抽象哲学的信念。因为有这个信念,所以他会有这样的视野,提出这样的主张。可是等过了一段时间,这些仪式、这套礼乐变成了行礼如仪,人们只是按照传统留下的要求、规定做事。

此时,比如本是来自兄弟叔伯关系的这种行为模式,扩大成为叔伯侄子之国应该如何彼此互动对应。到这个时候,因为经过好几代,叔伯侄子之间的关系变得淡薄,也没有情感,就只是依照原来的行礼如仪。在这种情况下,就产生了许多虚伪的、更进一步的行礼如仪。只是被套用的这种僵化行为也很难真正维持下去,虚伪、动荡、不安、焦虑、不确定、不安定也就随之而生。

孔子在这样的时代重申人应该怎么办。这时,人不是在用更强制的方式执行礼乐,而是要探讨礼乐的来源到底是什么——礼乐的来源来自人的内心、人的精神、人的感受——而后用这种方式让礼乐有了新基础,因此复活了礼乐。这就产生了第二次突破。

可以这么说,因为孔子用这种方式重新建立了礼乐,将其建立在精神和感受的基础上,并探索礼乐之本,让人了解礼有其来源,所以今天重要的是掌握礼之来源的精神和感受,而不是单纯地在外表上遵循、奉行礼的各种不同的仪式。这是一个重要的转化。

有了这个重要的转化,才使得周公建立起的这套礼乐能延续,还能更进一步发展。在这个基础上,前有周公,后有孔子,因此发展出整个中国文化的精神面貌。

从轴心突破的角度重新看待和诠释中国历史，就会发现它有这样一个两阶段的变化过程。

借由韦伯的视角，重新理解中国文明与历史

中国有轴心突破，孔子是个关键人物，只不过如果只看孔子，会看不清中国的轴心突破为什么最后会产生这样的结果；另外，也无法解释韦伯所注意到的特殊点，即为什么孔子并不是一个革命家，为什么孔子会强调他与周公之间的联系，而不是与之前传统的断裂。

通过这种方法，一来，呼应了卡尔·雅斯贝尔斯与韦伯的突破的说法及想法，从而可以把中国的历史放在更广泛的比较历史学中以呈现其特殊性。

二来，也可以通过这种方式清楚地重新诠释中国古代历史。人们会了解在古代历史的变化中，由于之前没有用轴心突破这种方式提问，而忽略了原来从商朝到周代根本就不是后世认为的朝代轮替、彼此继承的变化：这绝对不是旧的朝代终结，新的朝代取而代之，只不过是换不一样的人当统治者而已。从商朝到周代，这其实是翻天覆地的两种文明的大变化、大断裂，从之前的神鬼文明变成了人文精神跃动的，全世界最独特、最关注人本的，以人伦作为核心和基本范围的特殊的文明。

这就是这段历史中最特殊的意义。从这个角度也可以更进一步看到，这种不连续的世界观其实是如此独特。因为它如此独特，所以在其变化和发展中也受到了种种挑战。

为什么其他世界的文明都没有走这个从人文精神跃动到以人伦为主导的方向呢？那是因为人还是活在自然中，还是会对自然界的各种不同现象产生好奇，并从好奇中感受到威胁、恐惧、害怕，因而人要如何处理人文界与自然界之间的关系？在绝大部分文明中，

最后人们的想象力仍是倾向于贯通人文与自然，找到人文与自然联系中的一种连续性。比如，在佛教，这个连续是轮回；在希伯来的文化中，这个联系是上帝；在希腊的文化中，这个联系是柏拉图提出的理型。它们都是连续性的，都找到了这个联系的根本因素，只有中国走的是一条非常特别的路，这条路把自然排除在外，让人只看人文。

那如何处理人面对自然时产生的好奇和恐惧？其实，在这种人文文明的发展初期，好奇和恐惧也是不断地隐隐产生着威胁。因此，这时必须要有孔子，重新整顿礼乐的来源，把礼乐的来源往上进行一种超越。他告诉人们礼乐是有来源的，而该来源是人的共通性。因此，一方面礼乐展现了人的共通性；另一方面在实行礼乐时人们也就在肯定自己和其他人有共同的来源，而这个来源必然是精神性的。

必须要提到的另一位重要史学家是余英时先生，他在其晚年的重要著作《论天人之际》中，特别说到了什么是中国古代文化中"天"的概念。这个"天"的概念的提出以及对"天"的观念的重新诠释，实质上就是在孔子手中完成的一种超越突破。

为什么孔子的想法还是具备超越性呢？关于余英时如何看待古代中国"天人之际"这个核心的关键问题，我将在下一节更进一步地详细解说。

11. 中国有资本主义精神吗?

上一节提到了韦伯式提问,这种提问有非常深刻的意义。比如韦伯说了宗教,也说了中国的宗教,但我们绝不是要套用韦伯对中国宗教的认识和理解,认为他在这方面有特别的贡献,对中国的儒释道提出了原来我们不知道的看法;而是受他提问方式的启发,我们开始用不同眼光看待中国的历史,看待现实的中国社会的面貌、结构乃至其来源。

资本主义在中国,背后的精神推力是什么?

比如,资本主义在中国(无论处于哪一个阶段)到底有没有一种相应的精神?这是之前不在我们视野中的,但经韦伯提醒后难免会想探索的重要问题。

那么,资本主义作为一种特殊的经济结构,其特殊的运作方式在不同时期有背后的推动精神吗?如果有的话,那是什么呢?是有更深刻的信仰形成了这张意义之网,来推动人们塑造出今天的经济体制吗?很难想象这个问题的答案是没有,这也是韦伯式提问的特殊之处,也就意味着他指出了这个几乎是必然的联结——当我们看到一个表面的社会行动，看到在集体行为尤其是在经济动机以及如何满足经济动机上有了新的变化，在这方面不可能没有人的心理上相应的动力。

如果有这样的动力，那么要如何找到这样的动力？又如何描绘这种动力以及它产生的效果呢？

我可以举一个明确的例子。在中国改革开放、经济崛起之前，20世纪70年代到80年代有被称为"亚洲四小龙"的特殊现象，指的是在中国台湾、中国香港、韩国、新加坡都有经济的快速成长。关于这四个地区乃至于更广大的亚洲范围内的经济成长之动力和原因，流行的解释是"雁行理论"。

"雁行理论"与日本有关。日本经济在战后直到1960年开始复苏，而后经济起飞，于是日本被形容为像在天上飞的大雁群的带头大雁。而大雁群有一个非常清楚的排列次序，呈"人"字形，"人"字形的尖端，就是带头的大雁。因为最前面有日本这一带头大雁在飞，所以后面的也就跟上了，比如第二只大雁可能是中国台湾、中国香港，第三只大雁可能是新加坡、韩国。人们用这种方法来解释为什么亚洲会在20世纪70年代有这么明显的经济成长。

亚洲国家的共同精神背景：儒家

正因为引进了韦伯式提问，增加了韦伯提供的扩充视野，从而产生了一种完全不一样的新解释，也就看到了一些不一样的、新的因果联结。

这个新理论在当时非常有名，那就是儒家伦理与资本主义的关系。人们用这种方式看到的是这四个地区有三个都属于广义的华文圈。另外，连韩国在内——虽然韩国在战后刻意地摒除了或者说刻意地在社会上尽量少用汉字，但在韩国社会中，还是有从李朝儒学、理学留下的这些价值信仰的深刻影响。

总体来说，儒家构成了这四个地区的共通性，于是人们积极地进行比较性研究，来看看儒家所强调的价值（比如家庭的价值、教育的价值、勤奋的价值、节俭的价值等各个方面的刺激或约束）是用了何种方式促成资本主义的成长。

如果以过去的例证再进一步做联结，那就是1978年之后中国的改革开放。改革开放到现在已经超过45年，如今大家都生活在一个新系统里——甚至可以说是一个新世界里。

无论从什么角度、用什么方式来描述1978年改革开放后的变化和发展，最清楚的就是社会和经济体系已经与1978年之前的大不相同，而且是有了绝然的变化。而且无论用什么方式描述，人们可以看到也一定会注意到，这45年间它有一贯的发展变化方向，这也是另一个颠扑不破的事实。

不过，如果要关注的是来源、原因或因果的解释，那就是推动或拉引以使得这个新秩序、新系统乃至于新社会成型，这背后的因素和力量到底是什么？要如何来解释呢？这当然是一个非常大的问题，它不可能只有单一的因素，也不可能用单一的角度予以回答。

不过，可以从韦伯的著作中找到很多思考研究的线索和启发。

例如，韦伯非常重视权力合法性，那么从改革开放前到改革开放后的这45年，可以明确地察知政治权力的合法性变化。它从原来建立在革命上也就是强调政治权力最重要的作用在于打倒、摧毁、推翻和突破某些事物，到后来转移到应该去为人民的幸福生活奋斗，让人民富起来、过得好。这其实就是一个非常重要的转折，而且是信念上的转折。人们相信政治权力为什么而存在，政治权力存在应该要做什么，这前后两种情况有着很不一样的取向。还有，因为这样，政治权力和人民之间的关系在集体上就有了很不一样的影响。

用韦伯不一样的概念来解释：这是非正常式的超凡魅力的权力

转移,变成了某种相对应的像是中国传统儒家信仰的精神。这是其中一种看待和思考政治与社会之间联结的、人们可以感知的现象。

虽然在谈论的是经济事务、经济成长,但是我们用这种方式会了解思想、信仰、政治和社会都不可能离开经济,在所有这些元素互动的变化中,才有可能产生这种划时代的集体现象,所以这至少是值得人们参考的韦伯式提问可以产生的作用。

当然,这只是其中一个很小的例子,还有很多其他可能。大家也可以思考,自己对这45年来集体发展背后的政治、社会、思想、信仰等各方面可能产生的联结有怎样的认知和理解。

"入世":中国式的资本主义精神

除了切实分析,韦伯的论题已经明确地改变、影响了我们对中国历史的研究。比如,原本的马克思主义唯物史观,再加上斯大林补上的非常严格的历史五阶段论,使人们在看待中国历史时,必须要解释中国的资本主义时期在何时。因为如果没有资本主义时期,要如何进入社会主义乃至于共产主义时期呢?

在这种状况下,出现了曾经非常流行的一个史学界的新创领域,它被称为资本主义萌芽期。

原来在马克思主义唯物史观、斯大林严格历史阶段论之下,资本主义萌芽期被设定为主要是在明朝,当时的商业和城市有长足发展。但是,后来帝国主义进入中国,而帝国主义是列宁理论中的资本主义最高阶段,于是外来的作为资本主义最高阶段的帝国主义将本来在中国本土萌芽的一点点资本主义压抑住、掐死了。

通过这种方式,解释了为什么中国表面上看起来好像没有资本主义,却在20世纪中期进入社会主义,并建立了社会主义国家。不过,这个论题在史家余英时手中,得到了一种韦伯式转型——也就是说，这原本是从马克思主义发展出的一种史观，但是余英时消化了在资本主义萌芽期调查研究中出土、整理的大量社会史史料，却提出了不一样的问题，因而得到了不一样的答案。

他问的是，这背后有什么样的思想和精神的力量，促成了原来没有的资本主义到了明朝能这么热闹地萌芽、发展呢？这就是所谓的近世后期。在这个特殊的历史时期，余英时主张并以史料呈现和证明，中国在思想信仰方面有了波澜壮阔的、被他称为"入世转向"的变化，而且这是儒、释、道这三种不同的信仰体系或广义地说三种不同的宗教（如果用韦伯的概念的话），普遍从"出世"变成"入世"。

最早是在佛教，从中唐以后开始出现禅宗。禅宗打破了原来佛教主流的出家山林的制度，另以不立文字的原则，扩大他们在不识字的一般庶民中传教的基础，所以禅宗一直不断壮大。在禅宗壮大的过程中，在寺庙里读佛经、打坐的那种静态信仰的方式被改变了，转而强调应该是在生活中，尤其是可以在庶民的日常生活中，实践禅的概念或是禅的启悟。因此，人不需要也不应该处于日常生活以外，被特别地关在寺院里才能变成一个佛教徒，甚至是才能传递别人佛教的真理。

这样的变化和发展后来感染了一方面吸收禅宗、一方面又有意识地和禅宗竞争的新儒家。新儒家理学、道学是在宋朝发展出来的。不过儒家这套新看法、新信仰，又在发达的白银货币环境中，于明朝时向商业领域扩张，因而产生了非常特别的"士商联合"现象。

当时，要成为一个士人，最重要的渠道是科举考试。可是科举考试越来越难，如果家里的小孩没有在年纪很小时就开启童蒙，就必须花很长的时间一直专心读书，还要有足够的天分，以及有对的方法准备科举考试，不然就算这个机会对所有人开放，也还是考不上。

在这种状况下，需要在小孩身上进行教育投资。可是，教育投资的资源要从哪里来呢？到了近世后期，越来越醒目的一种现象是家里最好有一些孩子，一看就知道谁会读书，可以往这个方向走，那么可以留在读书这条路上耐心地琢磨。

但另一些不是那么有天分，看起来对读书也没兴趣，恐怕就没什么太多的机会，这种人最好被教导如何去做生意。做点生意，让家里有资产，那么做生意赚来的一部分钱才能培养这些有机会在科举考试中出人头地的小孩，让他们成长、考试。等他们考试后成为士人，当了官，回来后就有了社会地位，这又会帮助家里的商业生意。

通过这种方法将士与商结合，是一个家族能长期维持其地位，而且有机会进一步发展的一种最好策略。这种特殊的现象使得相信儒家的士人家庭越来越入世，而且他们与商业和城市的关系越来越密切。到后来，甚至连道教都模仿禅宗走出了道观，强调应该涉入社会和经济的领域。

于是，在这种状况下，虽然表面上都是儒、释、道这三教作为中国社会的信仰主流，可是余英时清楚地提出，也逼着我们不得不去正视，看到在中国近世后期产生了非常不一样的历史图像。

当我们在谈中国历史，甚至只是谈中国近世史（从宋代之后直到帝国主义进入之前的这段历史）时，都不能想当然地把中国当作是一样的。而应该从马克思的论题，看到明朝的白银货币经济，看到发达的城市商业网络；再从韦伯式的论题，看到非常特殊的入世精神之发达及普及。中国历史的复杂性被铺陈出来，这种方式也给了我们对中国历史很不一样的认识和了解。

12. 孔子与韦伯的共通之处

余英时运用韦伯论点研究中国历史

上一节介绍了余英时，他从韦伯的论点出发，对中国近世史有非常特殊的研究成果。余英时对韦伯论点的运用，还不止于近世史研究。

早在1977年，余英时写了一篇非常重要的论文，名为《古代知识阶层的兴起与发展》。他在这篇文章中就用过韦伯超越突破的观念。三十几年后，余英时晚年的最后一本专著名为《论天人之际》，他进一步用专书的形式、规模解释孔子在中国历史中如何具有这种超越突破、轴心突破的意义。

礼之本，亦是追索行为背后的精神

在超越突破、轴心突破这件事上，孔子最重要的是提出了对礼之本的思考与追求，也就意味着虽然孔子活在封建制度时期，但他目睹并感受到周遭的封建制度正在崩溃瓦解中。封建文化与人关系最密切的是礼乐，尤其礼有好几个不一样的层次，包括人与人之间如何对应，要有礼（一系列精神原则和言行规范的总称）——应该用什么方式表达这种礼。

另外，关于人的行为有很多规矩，这些规矩构成了人是否守礼的日常评断。而且，还有定时的或是应用于特殊场合的礼仪。那时的人，每天睁开眼睛就是活在礼的一层层拘束之下。然而，这样的拘束到了孔子的时代，受到了越来越多人的质疑，当然也就有更多人离开了礼的拘执，自己去做不一样的行为，过不同的生活。

一方面，孔子希望恢复礼的秩序，让人与人之间有固定的规范。但另一方面，他强调的不是拘泥于礼之外表形式，而是强调礼之本。

第一，人行使这些礼时（不管是和别人的互动，或是进行礼仪），要有内在的一面，要诚心诚意。第二，人要怎样才能诚心诚意？其来源是了解礼背后的道理。为什么我应该这样做？为什么儿子要孝顺父亲？为什么为了表达孝，每天早上儿子要向父亲请安？这些背后都是有原因的，而它们追索到最后，都是出于心，来自感觉，这就是孔子所说的礼之本。探究到最后，它的根源之所以叫韦伯式的论题，而后去谈超越、根源，是因为那就是追索到内心的一份信念。

万物皆有规律与本性，人也如此

礼是有道理的，而不是随便乱定的，但礼是由谁定的？是圣人。那么，圣人又有什么特殊的身份或特殊的资格？圣人先于众人了解、体会了某种先验的秩序，这种秩序也就是通过圣人的操作，将一种天和自然本来就具备的秩序降下，把它变成管辖众人的礼。

这也就意味着其中有这样的关系：最高的层次是天或自然，而天与自然不可能没有秩序。如果天与自然没有秩序，那么就不会有四时、季节，也不会有今天人生活的这个环境里可以期待的、让人安心的时序变化，或其他必然的现象。

比如，一旦一棵树发芽，它一定会往上长，长到一定程度会生出叶子。人不用担心和猜测这棵树接下来会反过来越长越矮，展开的树叶又卷回树枝、树干里，因为它有一个固定的方向和秩序。人对大自然的这种观察，产生了一种必然秩序的信念，再把它抽象化，于是就有了自然或是广义的天的概念。人活在自然中，当然也是自然秩序的一部分。

人和树木一样，出生之后会不断成长，人也不用担心一个小孩长到 5 岁后会突然逆转，越变越小，最后变成婴儿。

人和树木在这方面都依循着自然的必然秩序而变化。同时，也就可以推论，天的秩序、规范内化于我们内在的本性，就是这样的本性规范了我们如何变成一个人，有什么样的方向，有什么样的特质。因此，周代封建制度下的礼，实际上在孔子的手中被彻底改造，也就具备了超越性。

中国轴心突破的特殊性

从韦伯的论题出发，他看到了轴心时期各大文明都有了超越突破。那么，中国是不是特例？中国有超越突破吗？余英时进行了研究，他点出：是的，在孔子这里，"礼"就取得了超越性。更仔细地说，通过礼，通过人对礼的思考，人理解了礼之本，因此真心地遵循。比如，人了解了为什么儿子要孝顺父亲，因为在人小的时候，父亲必须付出很大的心力，才能把孩子抚养到独立的状态，在那之前，孩子基本上是依赖于自己的父亲的，所以人应该表现这种感谢之情。这是在互动之中，父亲有所付出，因而儿子表达感激。

由于孝的根本道理是如此，因此在实践孝时，希望一个人每天早上向父亲问安，因为他长大后，父亲也慢慢地老去，在此过程中最需要在意的是父亲的健康，所以每天早上起来问候：父亲今天一切都正常吗？一切都好吗？这后面的道理根源于人的感受、人的心。因此，在执行这件事时，不是去到父亲面前，心里想的却是今天上班要处理哪些棘手问题，或是还没有从梦境里彻底醒来，迷迷糊糊、随随便便地鞠个躬，向父亲问安。这些不叫礼。

如果能彻底地理解道理，因而彻底地从内心上执行礼，那么这个行为才有不同的意义。换句话说，人就在那个过程中，碰触到天所赋予的一种本性，而这种本性就是当别人对你好时，你会想到回报。对一个自己在意的人会有同理心，希望他活得安适、快乐，而如果他有任何痛苦、烦恼，你同样会感到难过。

在这个过程中，人就碰触到了自身的本源。还不只如此，人还能碰触到和其他所有人的共通之处。为什么同理心能在自己身上发挥作用？那是因为你面对的人和你一样，都拥有来自自然和天的一种天性，这种天性基本上是一致的。

这就形成了完整的超越途径，也就意味着人通过礼认识了自己的内在本性，通过这样的内在本性，连接到别人内在的、和自己一样的本性，而你、我、我们、他们所有的人的共同本性又来自天，在天的层次上，人所拥有的本性和大自然的四季变化、星辰运转、河流走向等大地孕育的一切性质，又是统统连接在一起的。

之所以说这是超越，是因为在这里人可以连接自己的内心，可以连接抽象的所有人，可以连接抽象的整个宇宙。用这种方法，人就不再是孤孤单单的个人，而是有了超越的途径，与所有这些超越的存在连接在一起。

同时，也是在这里奠定了中国文化真正的个性，产生了中国文化的轴心。从此之后，孔子奠定下来的是：人应该重视、遵守礼，应该珍惜在人际关系中执行礼。从这里出发，人开始碰触到所有超越的领域，这是中国文化自此之后长期贯穿的一个主要性格。

接下来，如果配合前文介绍过的张光直先生研究的结果，不就形成了中国的叫作二阶段突破过程的这种特殊历史看法吗？前面是周公，后面加上了孔子，用这种方式回应了韦伯的观察。

为什么中国的突破在韦伯的比较研究中明显得特别温和？那是因为孔子本来就不是要对周公革命的，相对的，在孔子手里所完成的这种文化的性格自然就不会强调激烈的变化。或许这也就部分地解释了中国文化在轴心突破之后，建立起的门轴一般的核心精神、性质可以如此绵延久远，1000年、2000年，这个门基本上时开时关，时而开得大一些，时而开得小一些，但是轴心却一直传下来。1000年过去，2000年过去，中国文化最大的特性就在坚韧的、绵延久远的性质上。

这是对孔子的角色和贡献的另一个认知和理解。在孔子身上完成的不是那种决然的突破。因为在诸如希伯来文化、希腊文化中存在决然的突破，因而在突破的精神中，其带有激烈的、断裂的个性，与前面的断裂开来。因为与前面的是断裂的，所以那种文化的内在有一种暴力性，该暴力性到后来会使得文化的内部矛盾无法持续下去，最终导致文化于某一个阶段在内外因素的作用下毁灭。中国相对的没有这种基本的暴力性格，因此中国文化的内部矛盾当然存在，但它可以在时间中进行各种不同的调节。这样温和的调节有助于文化长期绵延。

可以明确地说，如果没有韦伯，如果韦伯的理论在人文研究、社会研究上没有得到这种普遍的重视与深刻的思考，中国历史研究上的这些新突破、新讨论、新主张、新看法也都不可能存在。因此，再次提醒大家，韦伯真的非常重要。韦伯对世人如何看待当下乃至过去的人类社会之组成及变化方向，所产生的影响真的太大、太大了。

第三章

政治与社会：我们被什么支配

1. 韦伯社会学的研究对象及方法论

解释世界，作为一种宗教责任

韦伯出生在一个文明比较或历史比较研究成为可能的特殊时代。

我们先看看基督教的背景。因为基督教是一个普世的宗教，尤其是它有一个上帝创世的根本观念信仰，因而到 16 世纪，基督教已经有一个重要的变化，即信仰、崇奉上帝，在宗教的实践上有一种知识的责任，也就是更认真地认识上帝到底交给人一个什么样的世界，要对世界上所有这些奇特的现象、事物予以认知和了解，更进一步地整理出它的规则。

这就是科学和基督教非常重要的一个密切连接。相对的，也就使欧洲或西方能有科学这种同样具备高度普世精神的新知识系统。在这个情况下，经过了 19 世纪，这种想法乃至于背后的野心扩充成要整理和归纳全世界所有的文化、人的现象、人的活动、人的规律。这也意味着要认识人，就不能只认识身边的人，不能只认识自己所在国家的人，不能只认识自己所知道的欧洲，也就是不能只认识自己相对比较熟悉的世界里的人的现象，而是要把它扩充成一个庞大的野心：要把全人类的历史、文明都纳入研究归纳的范围中。

这是韦伯和 19 世纪的许多欧洲思想家共有的野心，这也涉及韦伯对"社会"这个名词和概念进行的认知与解释。

狭义的"社会"与广义的"社会"

当韦伯说到社会，其实有狭义和广义两种不一样的用法。

在狭义方面，当韦伯说社会时，在政治、经济、宗教等不同的人的现象、活动之外，有一个叫社会的领域。社会的领域最重要的是涉及人际互动和组织的方式，社会的领域也就是非政治、非经济、非宗教这些不同的人际互动与组织的方式，这里产生了政治关系、经济关系、宗教关系以外的社会关系。

在现在的环境中，社会关系越来越重要。比如在学校里，一个人和同学、老师、行政人员之间有社会关系；而一个人在公司里和同事、上司也产生了社会关系。因为同学关系、同事关系，乃至于在工作上延伸认识的这些人而整体形成的人际网络，正是位于社会领域之上的。因而，狭义的社会与政治、经济和宗教等是并列在一起的。

不过，还有广义的用法。它指的是内在于政治、经济、宗教，有一种社会性的基础。要了解政治、经济、宗教等，不可或缺地要有对社会性的观察、认知和理解。也就意味着，不管是政治、经济还是宗教，只要是人与人的互动，就必然有形成组织的因素和原理。

比如，在政治上有政党，那是政治领域中非常重要的组织。政党有它的架构、运作，这都是人与人之间组织性的，同时也就指向：要让政党能被组织起来，它必然有一种普遍的社会性。

经济买卖是人与人之间的关系，而不只是物和货币之间的关系。因此，要真正能了解经济，就非得要知道在买方和卖方乃至于涉及更复杂的制造、原料、配件、通路直至消费者他们彼此间的关系——

这些关系的核心都是在人与人之间的。人与人之间通过经济、商业发生了这种关系，而这种关系本身之所以能组织起来，是因为它毕竟还是社会性的。

再看看宗教。宗教有个人的信仰，但宗教不会只停留在个人信仰的层次，宗教有集体的仪式，有教会，乃至于有普遍的、共通的、戒律的行为。大家遵守同样的戒律，就会有一种团体感，会有对彼此的识别，乃至于形成了各式各样的宗教组织。有些人一起做礼拜，有些人一起打坐冥想，有些人一起诵经。当然，这些行为的基础也是社会性的。韦伯建立的这门学问叫"社会学"，在他的心里以及在他的思想理论架构之下，"社会学"是建立在广义的社会的定义上，也就是要研究所有人的组织行为之下的、背后的社会性。这才是他设定的社会学的对象。

今天在大学里流行的、作为学科之一的"社会学"，就已经相对地把"社会性"做了狭义的解释，那是相对于政治、经济、思想等各式各样的其他人文活动而切出的一块，特别说的是非政治、非经济、非宗教等经过了更狭窄、更严格的划分所切出的一个小领域。这并不是韦伯在建立社会学、在谈论他自己的社会学时所想的。

韦伯与马克思在比较研究上的不同

很重要的一点是，在韦伯的社会学中，用这种广义的方式看人的社会性、人的社会行为，就不只是要将这些社会行为分类。而韦伯之所以又发展出历史社会学，是因为他要去探究和整理：为什么人会有这样的行为？这些行为的来源是什么？

这种想法和取径就与前文通过《资本论》介绍的马克思的思想前提很不一样。马克思感兴趣的、研究的是人的现象以及整理人的历史，他关心的是相同的部分。这仍然可以说是西方哲学的一种认识,它来自西方哲学的一个非常长远的传统。

自柏拉图后,就建立了理型说这种哲学的根本价值。理型就是去除个体外表上的各种不同之处,找到能将这些个体都统合起来的相同本质。只要找到相同的本质,就可以丢弃所有外在于个体的差异。个体的差异对我们认知和理解世界来说是障碍,是我们必须要跳过去和克服的。

马克思虽然也有比较研究上的高度热情,可是他的比较研究仍然假定在不同的文明和历史的变化中有一个相同的根基。因此,他努力的方向是去除这些差异之后,留下文明和历史相同的部分。

马克思将之视为科学的真理,这是他宣称的科学性的来源,意思是所有纷纭的现象经过彻底的整理,他掌握并凸显了内在于所有的历史和文明的共通点,因而那就是科学的,是贯彻于所有文明和历史中的共同之处。

马克思找到的结论叫人类发展的模式。人类发展的模式表示,不同的文明都走相同的一条路。同样的,在文明的发展过程中,有不同的阶段,以相同的顺序排列下来。可以看到,所有强调、重视的都是"相同",因而马克思的比较研究有一份不能被人忽略的内在的吊诡。他当然对历史也很有兴趣,可他运用历史并不是为了历史本身,不是为了要弄清历史上到底发生了什么,而是为了找出未来。换句话说,找到未来之后,知道未来必然有什么样的走向,就可以把过去的这些历史丢掉。

马克思很有兴趣地做了许多比较研究,但他做比较研究的最终目的是在差异性中找到共同性、共通性。一旦人找到这份科学的真理,那么纷纭的现象就会被排除,只有知道哪些是根基的、共通的才是重要的,才是应该被保留下来的。在比较的过程中,其他相异的、有差别的纷纭现象都变成了干扰,而干扰就要被统统丢掉。等找到了答案,所有的过去的、比较性的手段,也就可以被统统扬弃了。

这是马克思进行文明历史比较研究的一种方式。相对的,韦伯非常不一样。相对而言,韦伯掌握了更多的知识资源,这一方面是受时代的影响,另一方面是二人看待知识的态度不同。马克思作为记者,他曾评论过一些与中国相关的新闻消息。面对中国或亚洲,作为文明或历史比较的对象,马克思最后得出了一个结论,叫作"亚细亚生产方式"。

虽然在马克思主义中有"亚细亚生产方式"这个专有名词,但其基本性质就是"例外",也就是不属于马克思自认为研究清楚了的欧洲的这部分。虽然其他乱七八糟的东西暂时还无法解释,但在那样的信念之下,它一定还是和这个科学真理有特定的位置(关系)。因此,暂时就把所有放不进其他整理好的更清楚、更漂亮的箱子里的东西,统统丢到这个叫"亚细亚生产方式"的特殊生产方式里。

坦白说,这当然是一种在理论上处置的态度。但对马克思来说,这一方面是受当时欧洲在知识发展上的基本限制,另一方面也涉及马克思的精力分配——他对这方面没有真正的追求动机。

当然,亚细亚生产方式后来被定义成科学真理中的一部分,产生了很大的困扰和混淆。于是,在不同的地方,大家耗费了许多精力试图去描述和定义到底什么是亚细亚生产方式。不过,这是后话,它在马克思的思想上并未真正占有这么重要的地位。

相比之下,韦伯不一样。韦伯认真消化了当时他能找到的、也稍有发展的汉学、印度研究。他还写了两本专书,一本是《中国的宗教》,另一本是《印度的宗教》。他为什么要研究中国和印度的宗教?在这个比较的态度上,他与马克思是相反的。虽然韦伯有一个出发点是宗教社会学(这门学问是一个大集合,也就是"同"的部分),但他不会为了以这种方式建立起宗教社会学,就抹杀各个不同宗教彼此间的"异"。

在关注宗教社会学时,韦伯有时甚至更明显地凸显了"异"。比如，关于中国的宗教，他其实主要研究的是中国的儒家或儒教，那是从当时汉学有限的引介中进行研究和归纳。韦伯归纳的重点是相较于基督新教和资本主义精神的一种研究。他要探索：中国没有现代的资本主义，那么印度有没有？西方有新教伦理，因此产生了资本主义，是否也必须用类似的因果探索去看儒家的信条会与商业、资本主义发生怎样的关系？

因此，当韦伯在研究中国的宗教时，他突出的是儒家的信条：它与基督新教那么不同，甚至在许多方面是彻底相反的。更进一步的，他因此推断，这部分地解释了为什么中国没有现代资本主义的发展。

在全世界各地、在历史的不同时期，都有传统的资本主义。然而，现代的西方工业资本主义却只在欧洲出现了这种突破，而且这种突破绝大部分出现在信奉基督新教的地区，这就引发了韦伯的好奇心。因此借由与中国宗教的比较研究，韦伯要再次确认这件事。在确认时，他非得凸显和强调的当然不是像马克思那样，认为资本主义是全世界所有不同的地区和文明最终一定要走的路。他看到的是，有些地方有现代资本主义的突破，而大部分地方都没有。这种提问的方法使一个人在做比较研究时，要对比出最后共同的部分。

韦伯要比较的另一个方面是，在历史的发展中不同的文明走了不同的路，而他要追溯这些不同的路是从哪里开始走得不一样的？当各个文明的社会性之路交错时，为什么有时某些路会重叠，走向同样的方向？为什么有时在短暂的交错后，某些路接下来又走向不同的方向？这些才是他关心的。

韦伯画出的比较图像是一个非常复杂的多层次网状架构。而马克思经过比较得出的是非常干净、单纯，甚至到后来可以形成一种理论。二者非常不同。我们无法把韦伯经过比较得到的结论变成一套公式，因为它是一个非常复杂的结构：不只是平面的，甚至是立体的，在平面上有许多交错的线，平面和平面之间又构成了时间变化上的立体结构。

因为韦伯抱持的是一种比较研究的态度，所以他更进一步地、小心翼翼地形成了比较研究的更核心也更普遍的一种方法、意识或方法论，也就是前文提过的理想型。

但是，理想型是如何从比较研究中被韦伯建构起来的？韦伯又如何将其运用在社会的历史比较研究中呢？下一节将继续仔细地解说。

2. 韦伯的理想型：描述人类社会，而非规范

文明的比较研究：找基本元素，还是找绝对法则

接下来继续来介绍韦伯的社会学方法论。

韦伯的社会学方法论非常醒目的第一个要素是历史与文明比较研究。在上一节也介绍过，韦伯的和马克思的比较研究并不一样。

马克思为了找到被比较对象共同拥有的特性，因而在比较的过程中不断地寻找共同之处。这种比较方法是相对容易的。

韦伯没有做这样的比较，他做的比较的目的是弄清楚，在看起来这么混乱的现象下，人类的行为多样性到底能整合出几个基本的元素并建立起这些元素彼此间的关系。所以，韦伯的方法是先认定人类文明、人类行为和人类历史的多样性，但不能只是看到这种表面的多样性，它们如此错乱，无法让人掌握什么叫人类行为，因而必须整理、化约那些看起来乱七八糟、有无限可能的现象，把它们减少到人们可以控制的数量之下。

因此，这当然还是有部分求同的冲动，但是在求同的过程中，又必须保存一些根本的差异。

理想型的复杂形成过程

因为有这种更复杂的研究目标，所以韦伯必须在方法上更讲究。之前提过，韦伯的方法中最醒目的、后来产生很大影响的是理想型，不过，它在韦伯的学术理论上是非常细腻的。

首先，韦伯必须站在非常细腻的研究前提工作上。比如研究一个教会、宗教组织，必须把这个现象拆成几个不同的元素，看到它有信仰的部分，有神学的部分，有神学研究机构的部分，有仪式的部分，有教堂的部分，还有教会组织的部分，而教会组织中有教宗和主教之间的权力结构，还有传道人和信众之间的群体关系。

这么多不同的元素，要先把表面上只用名词"宗教"或"教会"描述的现象仔细拆开，但不能仅仅止于这么拆开分类。这就像把汽车引擎拆开，不能以只把每个配件摆开结束。

上一节内容也提醒大家，这种研究有时间的立体性，也就意味着接下来要追索每一个"配件"的来源：仪式是怎么来的？教宗和主教的权力来源是什么？一路往历史上追溯，而后才重新建构。

首先，是因果关系。有这样的教宗和主教的权力关系，它与教堂的建筑有什么因果关联吗；其次，很关键的是时间先后顺序。教堂绝不可能一开始就长这个样子，是这种建筑风格。这种建筑风格的前身是什么？再往前，它的前身又是什么？教堂如何一步步地从原来罗马时期可能甚至根本没有专用建筑物，人们在地窖里举行礼拜，到后来发展出那么雄伟的哥特式建筑？这个哥特式建筑的出现，必然有很多能往前推出的起源的顺序。

弄清了起源和发展的顺序，接下来要探索为什么是从第一个阶段变化进入第二个阶段、第三个阶段、第四个阶段，因此，韦伯要先做详细的历史性、实证性的研究，才能打造出一个理想型。

再换另一个角度说，这就涉及韦伯的政治理论：他如何看待政治和社会之间的关系,或是政治组织的社会性。韦伯谈到了国家。我们都知道国家是什么,全世界有这么多国家,但它们个个都不一样,因而,必须抽离出国家这个现象的一个核心。

在理想型里,韦伯对国家的描述是:国家的根本是对内、对外具有合法性暴力使用的一个政治共同体。再进一步,就必须解释:是谁用什么方式,又为什么能取得这种独占暴力?所谓独占暴力,也就意味着是有一个独一的决策权力决定可以用集体的暴力对外,而对外时就变成了武力。

国家的武力可以抵抗敌人,甚至有时可以是自信的、合法的。所谓的合法的,是指在这个国家的权力运作架构之下,声称相信是合法地侵略、占夺其他群体。这种独占的合法暴力,在内部显现为惩罚不听话、不遵守特定规范的人。

从大量的比较资料中收集了这么多相关国家的历史、材料,重点不是呈现任何一个个案,不是要做纳米比亚研究、缅甸研究或冰岛研究。因此,这些个案必须被消化,而消化产生了众多的事实。韦伯要做的是在众多繁杂的事实中抽离出相似性,再从相似性中整理出一个可能的普遍组成结构和变换的模式。

理想型只是描述,而非规范

与马克思建立起的理论体系不一样,韦伯的理想型包括了三层在方法论上自觉的保留。

第一,用这种方式形成的模式,在运用时必须自觉地了解,它不符合任何个案的完全、完整的事实。我们建立起的理想型既不是纳米比亚,也不是缅甸或冰岛。纳米比亚、缅甸、冰岛这些国家和我们运用的国家的理想型之间一定有很多不同之处,有很多例外。

第二,在方法论上必须非常自觉地规定、谨守:这样的理想型是描述性的，而不是规范性的。这是什么意思？这是韦伯思想上的一个非常重要的提醒，因为人在日常生活里常常混淆了这两种性质。比如，"男人不穿裙子"这句话的性质到底是什么？它应该也是描述性的，是在描述人们看到的事实。在人的日常生活中，到不同的地方去，能一眼分辨出来的男人都不穿裙子。因此，"男人不穿裙子"是一个对事实的描述。

但是，男人不穿裙子这种描述，很容易在人的心里被混淆成规范：如果是男人，就会被规定绝不能穿裙子。本来，"男人不穿裙子"是描述性的，只不过意味着一些人没看到男人穿裙子。这是一个事实，但这个事实被说多了，描述（description）就变成了指示（prescription），也就意味着这时人就规范了穿裙子的就不是男人，此时，人理所当然地把描述当成指示。

从正面看，有人认为男人绝不能穿裙子。还不止如此，从反面看，那些人会认为穿裙子的就不是男人，把穿裙子的男人当成例外，用看怪物的眼光来看待他们。这非常典型地呈现了原本的描述如何变成规范。

因此，韦伯在他的方法论上非常小心，当他在描述国家作为这种具备独占暴力的政治共同体、作为他的理想型时，那并不是一个定义，也并不是意味着不符合这种定义的就不是国家，就不应该被放入国家研究中。如果产生了这种例外，相对要探究的是，为什么这个特定的国家会在这件事上与理想型有这么巨大的差距，进一步的，可能必须要调整原来的理想型建构，去找出一个更好的理想型。

第三，理想型需要想象。必须有第三层自觉，否则不管累积了多少事实的归纳，当这些归纳变成一个理想型，但因为这个理想型是从比较过程中抽离出来的，所以在它的时间顺序和因果建构中，一定有很多环节是扣不紧、扣不上的。换句话说，它是有漏洞的。那么，有了漏洞怎么办？为什么要用理想型？因为在理想型中，用相对抽象的方式、用想象补上了在事实、实证研究上产生的这些环节的漏洞。因此,理想型也就意味着需要想象。

自然研究和人文研究的根本不同

当然,这里就涉及一个巨大的疑问,科学可以在事实之外建立想象的因果关系吗?举一个很有趣的例子,曾经有一个说法:大黄蜂的翅膀和体型不成比例,也就意味着用其他鸟类或昆虫做对比研究时,大黄蜂显得太奇怪了,它的构造看起来不符合力学原理。要怎么解释或看待这件事情呢?

当时有一个非常浪漫且很流行的说法:大黄蜂不管自己的翅膀是否符合力学,它靠着自己的意志就飞起来了。这很浪漫、很励志,甚至会让人想起非常久远的口号:"人有多大胆,地有多大产。"这些都是强调意志力的重要性的说法。

科学可以用这种方式进行想象:因为有坚决的意志力,所以那么小的、不符合力学的翅膀也能让大黄蜂飞起来了。如此就进行了力学理论上的修正。这么做可以吗?

当然不可以,在科学上要做的不是想象大黄蜂的意志力发挥了什么作用,而是必须检讨、寻找有什么因素被忽略了,然后重新调整。比如后来的解释是,大黄蜂翅膀鼓动的速度产生了气流,这些气流和压力之间的关系修正了原来力学的模式。

因此,当人看到因果研究有漏洞时,怎么能只是想象呢?应该用另外的事实研究才能予以填补。

在这里,韦伯也提出了一个非常重要的方法论要点,即研究自然现象和研究社会人文现象的根本差距。比如,如何解释大黄蜂会飞行的事实?其实,提出了什么解释或是否提出了解释,完全不会影响大黄蜂的飞行事实。也就是说,人认定大黄蜂是靠意志力飞起来的，或认定大黄蜂是靠气流和压力的作用飞行，都不会改变人所研究的大黄蜂的飞行现象，这是自然。但是，研究人文社会不一样，它涉及人如何解释某个现象，它很有可能会改变这个现象。

比如，当我告诉大家在韦伯的研究中，资本主义的起源和新教伦理有这么密切的关系。光是这个知识点就会引发大家的好奇、疑问，也可能会联系你今天所处的资本主义环境，想到并未觉得身边的资本主义现象与宗教的信仰有任何关系。但等到更进一步地追究，你会突然发现，原来资本主义内部有一种信仰、精神作为其支撑，不管自己是否喜欢，都处于这套信仰的作用之下。突然之间，你就会发现自己每天辛勤工作其实不是那么有道理、那么理性的。

于是，这个想法接下来非常有可能影响了你未来如何消费、购买，如何工作，如何和老板、上司互动等所有行为。你看，如何解释你的行为会直接影响你将来知道了该解释之后的行为。因此，它不像研究自然科学、自然现象的关系这么简单，其中涉及思想、信仰、精神，涉及人对自身以及对这个世界的想象。

社会人文的行为、现象本来就涉及想象，因而如果要调查、研究，要弄清社会现象的因果关系时，一方面，我们不能不考虑想象的作用。另一方面，我们也只能通过自己的想象力补足这个部分，这是韦伯提出的重要洞见。这里涉及另一个他在方法论上的关键观念——德文里叫"verstehen"。这个观念如何影响了韦伯的社会学观念的成立，乃至于如何使得他的社会学理论的架构有了与别人不一样的面貌？在下一节会继续做进一步解说。

3. 如何像韦伯一样提问？

韦伯对历史决定论的反驳

本节会继续介绍韦伯在方法论上的一些特殊态度和立场。一件很重要的事是韦伯并没有企图建立任何历史社会学的规律，尤其是他明确地表达了自己反对"历史单因论"，他不相信推动历史的单一原因是经济生产。

在这方面，韦伯说：我抗议一种说法，即某一种因素，无论它是技术的还是经济的，能成为其他因素的最后的或真正的原因。如果观察历史上的因果线索，就会发现在某一个时期是从技术向经济和政治方面移动，但在另一个时期，又是从政治向宗教和经济方面移动。总之，这条线索上没有休止点（resting point）。也就是说，如果这么追溯的话，并不会往后追溯到一个根本的、单一的原因，而是复杂的彼此互动，甚至很多时候是彼此循环影响的。

举个例子，我们现在一定很熟悉韦伯对新教伦理和资本主义精神之间的关联解释，而他其实并不是要用这种方式主张，一定是由宗教和思想发动、决定了经济行为。

韦伯在看待、解释这段历史时，特别强调宗教改革之所以形成，其背后是欧洲从14世纪开始在经济基础、社会政治组织上产生的各种条件，再配合了宗教思想上带来的冲击（包括文艺复兴的各种新观念组合在一起的力量），这些全部加起来，才冲击、创造出宗教改革。因为有宗教改革并出现了新教伦理，所以新教伦理更进一步地影响了人的经济行为，因而产生了现代的资本主义。这些因素彼此的关系是循环的、综合的、多因的。

韦伯说人们常听到这样的观点：将经济在某种意义上作为因果序列中的最后定点。这对韦伯来说，是一个完全破产的科学命题。这也意味着当韦伯进行新教伦理与资本主义的精神的研究时，他只不过要点出宗教观念可以影响经济行为。他特别想要让人们了解思想本身有一定程度的独立自主性，不能被排除、被推翻、被否定，并不是被任何其他领域的活动决定的。思想并不必然依赖于经济，也不必然依赖于政治。

一方面，韦伯对马克思的历史分析很佩服，他认为马克思从经济和技术方面探讨历史事件的肇因，这的确是发前人所未发。但他也有高度的保留，即他不同意把这个新的观点提升为一种全面的世界观，更不承认物质因此可以成为解释一切历史事项的最后之因。

新教伦理与资本主义精神是对历史唯物论的有力反驳。不过韦伯提出这个论点是以具体的历史经验作为根据的，他也没有要把这个论点提升为一套整体的历史观。

理想型超越经验，却仍来自经验

韦伯的《新教伦理与资本主义精神》其实是刻意地处理非常小的一个题材。

首先，韦伯在谈基督教时，刻意地区别了基督新教和天主教，而且在谈基督新教的各派时，又挑出了加尔文派作为专题研究的对象。照道理说，这是一个非常狭窄的历史经验，得到的是非常有限的推断，也就意味着这是一个很专门的研究。可是，非常奇特也特别值得关注的是，这本书从1905年问世以来，就变成了史学家、社会学家，甚至更广泛的人文社会科学研究者一直关注、讨论的中心问题。

为什么能产生这么大的影响力？这是因为韦伯书写、探究的方式来自理想型。虽然具体研究的对象是加尔文教派，但他专注地通过具体的历史经验去建立一种理想型。

理想型不是韦伯一个人独创的，但是经过他有效的大规模运用，让大家感觉到特别有趣，同时也被人注意到了。所谓理想型，前文也提到了，就是通过想象力（这是非常重要的）把历史上的现象及现象间的关系连接成一个整体，并将它呈现出来。如此建立的理想型，它本身是一个在真实世界里找不到的乌托邦。

但从另一个角度看，理想型超越了经验却又包含了经验，它本身并不是历史的本相，却为历史的本相提供了一种清楚的表达方式。它本身也不是一种假设，但其目的在于导引出假设的建立。

必须要先建构理想型，与实际的历史经验做比较，而后才能看出在一组历史事项中，某些构成部分是特别有意义的。因此，理想型的建构一方面是以特殊的历史经验为对象，而另一方面又以具有普遍意义的问题作为核心。

用比较的态度，提韦伯式的问题

在新教伦理与资本主义精神的探索中，韦伯对宗教信仰和经济行为之间的关系提出了具有普遍性意义的问题。因此，在该方法论产生的影响可以看出，韦伯和马克思非常不一样。

马克思最大的影响在于他提出的答案，但韦伯的影响却是一种韦伯式的提问。

由于这种韦伯式的提问建立在比较的基础上,因此它也就可以比较地被运用到别的地方。以《中国近世宗教伦理与商人精神》作为例证,余英时研究的是中国历史,但他明确、自觉地运用的是韦伯式的提问。

韦伯式的提问意味着,韦伯看到两个历史上的共时性现象,一个是从唐代中叶以后的时期刚开始时,先是佛教尤其是禅宗有了一种入世倾向。本来,宗教信仰及仪式都是在寺院里、在一般的日常生活以外进行的。可是禅宗开始主张,人要修行,不见得一定要出家,不见得一定要把人封闭起来,使其与所有的世俗活动区隔开来;人可以在一般的正常生活里修行。

禅宗的这种入世倾向到了宋代以后,更进一步地刺激和引发儒家发展出理学,理学在相当程度上是因应了禅宗的挑战。因此,一方面人需要建立一个更完整的理论,必须要有心、性、理、气这些非常抽象的概念,把原来儒家"因事论理"(即在具体的事情上讨论到底如何处理、如何做最好)抽象化,建立成一个完整的抽象体系。但另一方面,儒家变成了理学,又特别强调反对唐代学理学时变成了经学,即不要变成都在章句之上、在知识之上,都是用背诵的(顶多进行理解),而是要落实到人的生活里。

这种落实的要求,就因应了禅宗的入世倾向。因此,理学变化和发展的背景是与禅宗的竞争,理学必须更像佛教,尤其是更像佛教中的禅宗,才能把大部分人从越来越相信佛教、越来越接近禅宗的宗教状况下给拉回来。那不只是儒家受到了禅宗的冲击,就连道家也受到了影响。等到元代以后,出现了全真教,这是一个具有高度代表性的发展,全真教同样也具备高度入世的修行,乃至于将之称为入世苦行的各种教训。

另一部分,尤其是在明代,城市商业发展的迹象和程度达到空前,这里有所谓的资本主义萌芽的现象。

从历史上,明确看到了两个现象:一个是思想宗教的入世倾向,另一个是高度发达的商业市场的各种活动。但韦伯式的提问是:这两个现象有彼此影响的因果关系吗?余英时因为心中有韦伯式的意识,所以能被刺激并完成《中国近世宗教伦理与商人精神》这样的研究。

韦伯对宗教信仰和经济行为之间关系的广泛讨论,非常具有启发性,但另一方面又是幻觉(illusion),这意味着他不是抓死了说这就是一个公式,就是这样的。因此,大家会觉得这很有启发性,有一定的道理,但又没法就这么简单地掌握其准确意义。这反而使韦伯的方法论具有更高的吸引力。

比如,要探究亚洲现代经济发展的原因时,并没有一个现成的韦伯公式可以利用,研究者就只能重新改造韦伯式的提问,然后建构一个与自己感兴趣的领域之材料相应的理想型。

换句话说,连韦伯建立的理想型都不能照搬——一旦照搬,那就已经算离开了韦伯的方法论。韦伯式的提问这种方法论,格外适用于当今人们进行的文化和社会科学的研究。

今天,人们要研究任何地区的文化思想、历史或社会,大概都很难完全避免比较的观点。因为这是一个地球村,大家都意识到了其他人、其他国家、其他文明和其他社会的存在。

这种比较的范围可大可小。研究美国宗教思想史的人,一定会拿出材料比较欧洲各国的背景。研究日本儒学史的人,又怎么可能不比较中国和韩国儒学的发展?这种比较是在同一个大的文化系统内的比较,但更多的情况是不同文化系统间的比较。韦伯的著作就提供了显著的实例。以19世纪末叶以来的中国文化和历史研究来说,更是抛不掉西方文化的影子。在有意和无意之间,研究者总不免根据自己所了解的西方背景来处理他们面对的中国经验。这几乎是完全不可避免的。

现代中国的人文学者和社会科学家普遍有这种中西比较的倾向,其中心理的背景是很复杂的,当然,其中有情绪的部分,也有理智的部分。从理智的角度来看,这种比较的观点在道理上是站得住的,甚至是必要的。不过也要小心,我们在实践上是否有一种非常理性、清楚的比较方法论?这就是为什么我希望大家知道,如果你对韦伯有更深的认识和了解,那么在进行这种比较时,你采用的过程及得出的结论可以比较坚实,而且可以对其他人更有启发性。

探寻文化之间的异同,韦伯式提问在今天

文化的比较,一定会涉及异和同。庄子说:"自其异者视之,肝胆楚越也,自其同者视之,万物皆一也。"

用今天的话来说,"异"就是特殊性,"同"就是普遍性。一切文化都是人创造的,当中不可能没有大体相同的部分,否则不同文化间的沟通也就不可能了。不用援引任何精微的哲学理论,简单的历史事实足以说明不同文化间仍然具有普遍性的这一面。不过,人文现象和自然现象不能被等量齐观,这一点提醒也很重要。这是人文和社会科学必须具备的一种基础认识。在比较中西历史和文化时,不能不特别注意到相异的地方。

文化异同的层次是无穷的,要特别提醒的是,不能简单地、平面地、静态地只分出异和同这两个类目。如果从动态观点细查中国和西方某一方面的演变,可以发现其中有一层层的异中有同、同中有异的辩证关系。有时部分之异不能掩盖整体之同,有时部分之同又不能掩盖整体之异。不但如此,有时表面上的相似正蕴含着实质上的差异,而表面上的差异正蕴含着实质上的相同。

文化异同的复杂现象阻止了任何化约论成立的可能性。主张、

宣称放之四海皆准的历史规律或发展公式，到目前为止是无法真的建立起来的。不过，这又不等于说世界文化之间完全没有普遍性的存在，文化上的普遍性是不可否认的。可是，那与自然现象可以转化成形式化的知识又不一样。

如果运用得当，比较观点可以加深研究者对其研究的特殊人文现象的理解，关键在于，他能否在异与同之间采取一个适当的分寸。在现代，研究中国思想史、中国文化的人常常自觉或不自觉地产生了比较性的态度和疑惑。为什么西方发展了现代科学，而中国没有？这是一个问题的两面：一面是为什么西方有了现代科学，另一面是为什么中国没有。

要回答这两面，都不简单。但无论最后的答案是什么，寻求答案的重要途径是研究"知识"在中西文化系统中的相似与差异，以及"知识"在中国与西方历史中的发展和变化。

没有任何一个高度发展的文化离得开知识，因此，在这件事情上，知识就是普遍基础，是一切文化的同。然而知识的性质、社会地位、发展方向，以及它在社会中的作用，不可避免地会因文化而异。关于这个问题可以看到，余英时先生提出了他的基本态度、基本解答的方向，即要注意到在中国文化中，尤其是儒家，在"道问学"和"尊德性"这两个不一样的重点上，其微妙的态度。

简单来说（但必须要小心，背后有非常复杂的因素），西方的知识是偏向"道问学"，是关于客体现象的观察描述，以及彼此间关系的探究。然而，中国在知识上比较强调的却是"尊德性"，这意味着强调和重视的是自我主观的内在，以及如何借由这种主观去体会与他人的人际关系。

二者共同的地方都是追求知识，要建立一种知识的基础，可是，对知识却有非常明显的不同性质上的强调。因此，比较就绝对要和一般的比附区分开来。因为不是要证明中国是否已经有科学意识，而是要更进一步地说明、解释中国人的知识观为什么和西方人有这么大的差异。

这是更进一步、更深入的——当然也许大家听起来会更复杂的——说明韦伯在其方法论上他的精神之根本,以及它能发挥的最好作用、被最好运用的各种方式。

4. 韦伯：现代资本主义成立的六项前提

韦伯：现代资本主义成立的六项前提

接下来会更进一步地说明，借由韦伯的提问看历史、进行历史研究时，这些方法论有可能带来什么重要的启发及提醒。

可以更明确地说，第一，韦伯不同意任何历史单因说，他也不能同情、不能赞成经济决定论。第二，必须要更进一步地了解，韦伯不采取社会进化论的主张，他并不相信历史上有什么必然的发展阶段，当然也不接受唯物史观的五阶段论。

从这个角度回头看韦伯对资本主义的认识和理解，当然，在此之前凸显的是他强调基督新教伦理的这种思想和信仰的力量如何影响了现代资本主义；可是，也还要小心，即在韦伯的方法论上，不能误解他就认为是新教伦理这单一的因素创造了现代资本主义。

韦伯在他的别的著作里明显列举了六项现代资本主义成立的前提，这里面甚至没有提到基督新教。这意味着什么？基督新教伦理是一个重要的历史基础，如果没有这个历史的基础，现代资本主义很难从原来那种混沌、混乱的状态下崛起，而变成其中的一个主流。然而，这种精神的元素无法决定现代资本主义，更别说现代资本主义要在其他任何地方出现都必须依赖于类似基督新教的宗教信仰或思想上的精神。

另外，还有一个韦伯在社会和历史研究中给出的提醒：一个群体、一个社会要能采取现代资本主义的经济模式、经济生产、整体的经济系统和社会系统，并没有那么容易。它需要一些必要条件，如果这些必要条件无法同时建立，那就算有了其他类似于基督新教经济生活中的联结，仍然不可能让现代资本主义生根。

韦伯提出的六项现代资本主义成立的前提是：第一，合理的会计制度；第二，市场自由；第三，理性的技术；第四，可靠的法律；第五，自由劳动力；第六，经济生活的商业化。

为什么中国近世没有出现资本主义

可以借由韦伯的这个说法进行两方面的探讨。

第一个方面的探讨仍然回到传统中国为什么没有出现资本主义。这非常有意思，因为前文也提过，韦伯自己曾经探索过，他尽可能地搜罗、整理了当时能找到的西方汉学的所有资料，并写成了他的《中国的宗教》一书。在这本书里，他提出了一个解答。

韦伯当然知道中国有主要的儒、释、道三教，不过受资料及当时汉学发展程度的影响，韦伯真正能体会、认知和进行分析的主要是儒家。而且，他最后得到的结论是儒家伦理几乎在每一个方面都是基督新教伦理的对立面。比如，基督新教伦理有超越性，那是由面对上帝的态度——人和上帝之间绝对无法克服的距离——使得基督徒心里产生了高度的紧张。儒家完全没有这种超越性。儒家没有上帝，它甚至不像道家有一个抽象的道作为笼罩一切的超越的本源；或是像道教，有代表各种道的神，让人崇拜和服从。因此，这是儒家的一项特性。

又比如，儒家规范人际关系，从原始的礼给了人际关系各种固定的答案，这也就是在告诉人们在人与人相处的不同方面，应该遵守什么行为规范。换句话说，在这种规范中，就没有理性可以作用的空间了。所有的都已安排好，所有的都是答案，人不需要提问，不需要思考。在这种状况之下，怎么可能发挥理性呢？

我在这里只是简单地提两个重点。整体来说，当时韦伯在中国宗教里得到的答案是，儒家的宗教伦理在相当程度上注定了现代资本主义兴起需要的内在精神的信仰力量是绝对不存在的。因此，从这个方面看，那时候的中国为什么没有现代资本主义得到了解释。

余英时：用韦伯式提问推翻韦伯对中国的判断

不过，如果更进一步地从现代研究的角度看，韦伯在解释、探索传统中国没有出现资本主义这件事上，他的提问、结论是对的，但找到的原因大错特错。我们不能推翻他的结论，因为中国的确没有也不可能在那时出现现代资本主义，但这绝对不是因为儒家伦理。

相反的，余英时的《中国近世宗教伦理与商人精神》会有那么大的成就，就是因为他回到了具体的历史研究，点出近世的儒家尤其是它在转变为理学之后，是有超越性的。

那种理的超越性对人的行为产生了新要求。几乎可以说余英时是确凿地证明了在近世宋明理学中他产生了一种叫入世苦行的倾向，人必须要在此时证明，内在所具备的"性"压过了外在所产生的各种欲望干扰的"气"，所以"性"和"气"之间的关系是一种长期的、随时的冲突。

因而一个人必须要主敬。主敬又有内、外两个方面。人要在内在一直不断检讨自己：上天给予自己的美好、良好的素质，是否予以发挥和保存？是否一天又一天地尽可能排除了来自外在的、来自坏的影响的肉欲的一面，欲望的一面，堕落的一面。那是一种恒常的、人自我内在的挣扎。

而外在的一面，用今天的概念说，"敬"就是强调敬业，即人有没有好好做应该做的事？不管是治家还是治天下，在人所做的每一件事中，是不是专心一致地找到了最好的方式，并坚持奉行这种方式？因此，光是"敬"这个字就充分地反映出在近世的理学内部，一方面有高度的紧张性，另一方面也要求作为一个士人，人在对待自己的生活时，必须要一直不断地检讨、思考，必须要运用理性。

换句话说，从宗教、思想的价值上，余英时看到和强调的是中国近世在这方面其实非但不是与新教伦理完全对反的，反而是有相当相似、雷同的地方，甚至到了明代因之产生了士商融合的特殊社会现象。士人的这种精神又影响、改造了商人，才使得中国明代的商业会以这种方式高度发展。很有趣的，余英时运用在中国研究中的韦伯式提问，相当程度上推翻了韦伯自己的看法。

余英时要说的是，中国在明代有那么发达的商业活动，其背后有一种商人的精神，而且这种商人的精神几乎就与韦伯点出的西方现代主义资本家的内在精神与新教伦理所强调的入世苦行的信仰，是非常类似的关系。中国也是因为有近世苦行的价值观，才影响、壮大了商人精神和商业活动。如果是这样，就使得韦伯对原来的问题的解释落空。因为韦伯本来是用儒家伦理作为中国没有出现现代资本主义的根本原因，当余英时回到具体历史做了论证之后，前者的说法就不成立了。

但余英时自己也必须面对这个问题。如果照他所说，中国有入世苦行的宗教伦理，接下来也联系、产生了非常坚实的商人精神，而这商人精神又外化为非常活跃的商业活动，那么，这不就意味着一路走下来，中国应该出现西方式现代资本主义吗？

当然，如果这么推论就违背了历史事实，因此，这时余英时的韦伯式提问就回到刚刚所说的另一个韦伯式的整体洞见,即新教伦理只是现代西方资本主义兴起的一个必要条件,而绝不是充分条件,尤其是现代资本主义的成立与现代资本主义的维系及壮大是两回事,我们必须从历史上将它们分开看待。

用韦伯的分析检讨:为什么中国近世没有出现资本主义

要探讨现代资本主义如何能成立、生根,并更进一步地壮大,就必须将各种不同因素的影响也考虑在内。如果从这个角度看,就能了解在中国发生的事是:也许有一种类似新教伦理的近世中国宗教伦理刺激了非常发达的商业行为,但中国并不具备其他因素。因此,在比较之下,中国商业的变化像是有一个先天的天花板,而它无法突破这个天花板,从而变成现代资本主义。

这个天花板是什么?在相当程度上,它是应该能在政治上进行的关于资本主义的其他配合因素,而这些在中国都并不具备。

可以把前文提到的六项前提快速检讨一下。比如,经济生活商业化在近世的中国历史上相对有较好的基础,明代因为有白银流入,使得货币经济一直扩充到农村里,使得农村的生产在相当程度上有了商业化基础。

不过,因为白银货币(尤其是银铜并用的货币)在明代末年产生了大混乱,所以这种基础到了清代就变成在政治上开始收束货币的运用。而这种收束相当程度上限制了经济生活的商业化。另外,在相当程度上,自由劳动力需要有足够的人口从原来的农业土地上被解放出来,而在传统的中国历史上,这种情况从来都没有大规模发生过。

当然,最关键的几件事,市场自由、可靠的法律以及合理的会计制度,这些其实也可以被统纳为如何让商业和资本更进一步发展的理性技术。

相关的理性技术，尤其是可靠的法律和市场自由，都涉及政治统治的根本观念及根本目标。在这方面，中国的王朝是不可能采用这种方式的。中国的王朝以皇帝为最高的权力者，而皇帝是一个个人，个人有主观意志。于是，在皇帝的个人主观意志凌驾一切的情况之下，中国不可能出现一种纯粹客观的法律。

在最高的层级没有纯粹客观的法律，到后来与西方交接时，中国便不能派出任何全权大使，这也就意味着即使是与西方国家谈判，其所奠定的合约条件乃至于要签订的合约，都必须随时保留可以让皇帝推翻的空间。皇帝的个人意志高于任何法律、合约，在这种状况之下，怎么可能有商业行为可以完全依赖和信任的可靠法律呢？

又比如市场自由，从负面的方向描述，那必须拥有一个可以抗拒政治干预的空间。然而同样的，不只是皇帝的主观意志必须凌驾于法律，不能有任何皇帝的统治意志进不去的空间，从这里建立的官僚体制也不是来帮助人民生活的，而是来管制人民生活的。因此，这种高度管制性也就必然使得在传统的中国中，市场自由是不可能形成的。

现代中国的变化

从这里，又可以换另一个角度体会韦伯的方法论的重大贡献。现在，换着看看自己所属的现代状态。我们可以看看，改革开放 45 年以来，当代中国在这六个项目上是否发生了重大变化，以及变化的轨迹和程度乃至于促进变化的力量、制约变化的条件。用这种方式稍微进行整理，就会对当下我们到底处于一个怎样的体制，活在一种怎样的社会中有更清醒的认识和理解。

比如，刚刚说到的可靠的法律，在过去的 45 年中，中国的法律其实已经产生了翻天覆地的变化。而这些变化基本集中在两个方面：第一个是在对市场的松绑和重新订定规范、规约上，第二个是在确认保障合约的有效性上。如果没有这种可靠的法律，今天的中国在经济的成长和发展上不可能有这么大的成就。另外，我们也看到了一个非常明显的现象，即自由劳动力的形成。到今天，不管是土地家庭还是各种不同的组织，它们对人进入劳动市场，人要选择什么工作，人要如何在这个工作中发挥，其实都有了充分的开放度。

现在，绝大部分人没有被绑锁在土地上，也没有被特定的身份管辖、制约职业发展的可能性。不过，换另一个角度看，人取得了这种自由，也就被转换为自由劳动力，而自由劳动力也就意味着一切都必须由自己决定，由自己努力争取。如此人变成了劳动者。当然，我们可以阅读到马克思的《资本论》是如何描述、分析现代劳动者遇到的种种焦虑和困难的。

因此，这种韦伯式的提问可以更明确、更坚实地引导我们看待和解释历史，同时也一定会影响我们如何认识当下自己的处境。只不过在认识和分析之后，有时还是必须再去到马克思那里，这不只是要看到认识与分析，而且是要看到马克思提出的价值上的提醒和批判。马克思与韦伯两位大思想家有一种非常纠结的，但把二者放在一起看能给人带来丰富收获的关系。

5. 政治共同体：人为什么会为了集体奉献生命？

政治组织，作为社会组织的一种

接下来介绍的是韦伯对政治的理解方式。

首先要提醒，韦伯所做的并不是现实的政治分析。虽然因为父亲的缘故，韦伯很早就对政治有了高度兴趣，而且他也一直密切注意着当时德国进行的各种政治上的改革变化。加上经历了第一次世界大战，这中间有军事革命、政治体制翻天覆地的大变化。在战争结束之后，韦伯还曾积极地投入到魏玛共和的不同政治活动中。

但是，所有这些现实的政治必然都经过了高度抽离、抽象的过程，才形成了韦伯对政治的理解。另外，韦伯要做的也不是政治学式的探索。政治学是把政治当作一个非常明确的范围，研究政治中的不同制度、做制度间的比较，以及在不同的制度下，它的运作规则是如何建立起来的，又是如何变动的。这是政治学的方法。

韦伯做的是什么？韦伯采用的是社会学的立场，这来自他广义的社会的定义。韦伯关切的是政治共同体的社会行动，仍是以广义的社会——也就是以人与人普遍的集体互动关系作为基础、起点——来尽可能地描述政治行为在这方面的特殊性。换句话说，这中间有时间和因果的先后顺序，人是先有了社会并有了社会性而组成了社会，同时有了社会性的组织。社会组织有各种不同的面貌和性质，因此才从中间发展出特定、特殊的政治组织和政治活动。

如果用这种方式溯源，从历史社会学的角度来描述政治，那又要提醒大家，韦伯非常在意这是描述而不是规定：是人把各种不同的政治共同体归纳起来，经过各种细致的考察和观察，才发现它们的共通点在哪里。

政治共同体的五大要素

韦伯归纳出了形成这种政治共同体的关键因素。

第一个因素，出现了固定的领土。领土非常重要，换句话说，它不只存在于人和人的互动中，而是有一个空间的意义——有边界、疆界。人要拥有某块领土，这在过去一定会涉及农业生产，而在农业发展之后，要考虑拥有和耕种什么样的土地。这块土地既然是自己耕种的，那么就必须找到一种方式以确定自己能保有耕种过程中得来的收获。因此，领土的这种空间性刺激出了新需求，在原来更松散的社会关系上开始有了政治共同体。

第二个因素，政治共同体和其他社会组织不一样，因为它具备了暴力支配。这种暴力支配是对外和对内的，因为有一块必须要保护的领土，所以如果有人侵入该领土，那么当他要来抢夺这片领土上的收获时，必须要有足够的且可有效动用的暴力，将外来侵犯者挡在外面。

但是，这种暴力不可能只在对外排除侵略和威胁时运用，它几乎不可避免地也会转换成对内的惩罚。如果内部成员犯了什么错误，那么这种暴力也会落在他身上。也因为有这种暴力的支配，所以能维系政治共同体内部更明确、更严格的行为规范。

第三个因素，人们此时组成了政治群体、政治组织，这不是为了单纯的经济目的。虽然刚刚提到有领土在相当程度上会涉及农业和农业生产，可要让它升级成为政治共同体，就必然不单纯出于经济动机，它很大一部分会来自比如安全感的需求或生活固定，并有一种相对较为长远的对未来的期待和计划。

这又回到历史上农业和渔猎采集生活方式最大的不同。渔猎采集是人对今天到哪里采集、会采集到什么没有把握，只是走到哪里就看到哪里，捡到什么或遇到什么猎物就是今天的收获。但农业一定会改变人在这上面的需求，人们必须先做好计划：什么时候要播种；播种之后需要等至少两三个月，谷子才有可能成熟和被收割。因此，人必须要能想象，同时最好能确保在未来的两三个月甚至更长的时间中，知道会发生什么事，或是能控制、掌握这段时间里要发生的事情。

这是在经济动机以外最常出现的新动机，它刺激人们组合在一起、拥有这样的政治共同体。生活在这种政治共同体中，也就能满足自己的需求。

第四个因素，是具备强制性。这也就是说，人进入该共同体之后会成为什么样的成员其实没有那么自由、自主。一旦进入这个共同体，因为它具有前文提到的对内的暴力支配，所以人也就不能轻易地出去。而且，一旦进入，这个团体会给人一个非常清楚的位置，而人在这个位置上就要符合这个位置对人的要求，因此，这不是自主性的，也不是自己可随时改变的。

而且，这种政治性的强制会有不一样的等级，最高的等级、最高的强制性甚至会要求成员为群体而死。这是在其他社会组织里比较不容易被看到的，然而在政治性组织里，几乎都会在形成过程中层层升高其强制性，一直升到最高，也就是这个群体对一个人是否能继续活下去，拥有强制的决定性。这里不只是说假如一个人犯了错,那么当暴力支配对内运用时,它在惩罚上可以判人死刑。它还有另一个层次,即这种强制性要求人在有需要的时候,自愿地依随该政治共同体的规范要求,奉献自己的生命。

这里就联系到这种政治共同体的第五个因素,即它不可能是纯粹外在行为的,而必然有情感的因素。这里涉及认同。因此,如果没有一种高度的认同感涉及其中,这种政治共同体是无法形成的,更是无法维系的。

情感塑造想象的共同体

如果大家有兴趣,可以进一步参考本尼迪克特·安德森(Benedict Richard O'Gorman Anderson,1936—2015)的一本非常重要的经典作品《想象的共同体》(*Imagined Communities: Reflections on the Origin and Spread of Nationalism*)。

在这本书中,本尼迪克特·安德森分析了一个社群的形成,必然会涉及想象的成分,会有很多想象的机制、内容牵涉其中,用这种方法才能认定什么叫自己人,同时培养出自己人之间有关系的想象连接。

比如,最重要的一种政治组织是国家。今天,在国家的组织之下,深圳福田区图书馆里的一位图书馆员,或是四川三星堆考古工作队的某一个成员,你都会觉得自己与他们有关系。你甚至还会觉得2000年前在长安卖酒的卓文君都和你有关系,因为大家都是中国人。作为中国人的认同使得这么庞大的政治群体能维系下来。这个认同涉及用同样的语言,有同样的历史。

你可能一辈子都不会见到深圳福田区的图书馆员,也一辈子不会和他有任何联系,但是随时通过想象的组织、想象的机构、想象的共同性,当你说到这些人时,说的是"我们中国人"。而用"我们"

来称呼这几个人，就是情感的作用。

《想象的共同体》一书特别提醒了，这种情感的作用不是从天上掉下来的，也不是从人类诞生时就已有这种形式，它有它的过程，而且它是会变动的。

共同体是如何形成的

如果从韦伯的角度和解释看，这种想象的共同体，这样由情感形成的高度密集的"我们""我群"这种政治群体，是怎么来的？

溯源来看，最早一部分是源自亲属家庭以及家庭的扩大。在共居的制度下，人们互相协助，彼此保护。等亲属的团体扩大之后，原来共居面对面时每一个人都互相认识，可是在更大的群体之间慢慢地变成越来越抽象的辨认。

换句话说，你和自己的兄弟姐妹每天共同生活，可是你和自己的堂兄弟们可能是十天半个月见一次面，而见了面你当然能叫得出他们的名字。在你和关系更远的堂兄弟姻亲（也就是扩大的亲属）之间，其实只存在由这种称呼仪式所保障的你和他们之间的关系。

再扩大一些，就变成同村之人或同乡，又或是同姓之人。既然是同姓之人，很有可能往上算到第五代、第六代，甚至是第十三代，这些人会有共同的祖先。但这种关联就是一种抽象的辨认，而这种辨认最重要的是辨识的符号。靠着地址、籍贯、姓氏、国籍，人们知道彼此间有关系。

这就是一层层地从原来的亲属不断扩大，用各种不同的符号，并且搭配这些符号有了很多想象的故事、想象的连接而形成的一种人与人彼此认同的网络。这是一种可能的来源。

韦伯分析的另一种可能的来源是宗教。因为相信同样的神，参与了同样的仪式，这个仪式是人针对神或是现实的个体的，但这个仪式针对的是一个共同的超越之物。因为是超越的，它必然是想象的，而因为是想象的，它必然没有实质上和任何一个特定之人的约束、制约，所以人很容易从这种宗教仪式、宗教信仰中感受到自己与这个神有关系，和参与的其他人之间也必然有关系。

因此，从宗教扩张出一个越来越大的组织。刚开始，大家处于同样的空间、时间的仪式中，但也一样会慢慢抽象化：都是信同一个神，进行同样的礼拜，因而彼此间有一种遥远的，先投射到这个神身上再回来联系彼此的组织联系。

韦伯特别强调的是这两种因素，不过如果大家有兴趣，还是应该回到安德森的书，因为他做了更多的研究、分析，详细地谈了集体心理在这方面是如何运作的。

比如，要形成这样一个想象的共同体，而且其中的成员能紧密连接在一起，需要有不同的手段。比如听觉上，有共同的歌曲，唱共同的歌曲，从国歌、爱国歌曲到一般人们表达共同情感的流行音乐，这都是让人们感到彼此间有关系的手段。还有视觉上的符号，以及指导人应该如何感受的各种标语、口号，乃至于大家易于从外表上辨识的生活习惯、动作等。它们都产生了复杂的交互作用。这些作用连接在一起，就使得刚刚提到的情感因素能起作用。

这就是韦伯从社会学的角度整理出的政治共同体的特性。快速地总结一下，一个政治共同体包括了：第一，固定的领土；第二，具备暴力支配；第三，不只要满足单纯的经济动机；第四，具备强制性——最高度的强制性甚至会要求成员自愿为群体而死；第五，一定要有强烈的情感认同因素。这几个要素构成了政治共同体，它们可以让我们辨识什么是政治共同体，也可以让我们从这里更深入地探索政治共同体和每一个人之间的关系。

6. 正当性的来源：我们依赖什么解决纷争？

政治权力的根本：解决成员之间的纠纷

接下来继续介绍韦伯对政治的理解方式。前一节介绍了韦伯分析政治共同体具备的种种特性。对韦伯来说，那是一种特殊的组织社会生活，而且它会持久并公开地存在，成员彼此都被绑入这个组织中。

但是，个别的成员不可能彻底地融入集体中，他还是有个人的欲望、个人的行动，个人的欲望和个人的行动彼此间不可能完全没有纷争。所以，观察、分析政治共同体时，要另外看到的是它有解决纷争的正当性体系——这叫作政治权力。

对韦伯来说，政治权力的根本是处理这个组织中成员之间的纠纷，这是系统性的，但会形成什么样的系统涉及它的正当性来源。韦伯的政治分析的另一个很重要的点是把能排解纠纷、各种不同权力应用上的正当性分类。这是什么意思呢？接下来我会举例说明。

发生车祸纠纷的六种解决方式

假想在现代生活里，有人开车时不小心发生了擦撞车祸。车祸不是很严重，但有一个很麻烦的地方，就是两个司机都觉得是对方的错，无法从事件的发生情况，简单又清楚地厘清谁的责任更大或到底是谁酿成这个车祸。如果遇到这种状况，应该如何处理呢？

第一个选项是双方司机打一架，谁打赢了就决定另一方应该屈服，以及应该接受哪一方解决这个事情的办法。

第二个选项是一方看另一方长得更高大，不想吵架、打架，于是就打电话把自己的哥们儿、亲戚等所有能找的人都找来，逼迫对方同意赔偿。但是，一定不能忽略这个选项有另一面，一方会打电话，那另一方也有可能这么做。最后大家都在势均力敌的情况下，商量怎么处理这件事。

第三个选项，车祸发生的地方是一所小学的门口，两人在争执过程中突然发现原来同是这个小学的毕业生，而且又发现两人共同的老校长还健在，因此，这时的第三个选项是请学校的老校长出面调停，老校长怎么说，双方就怎么接受。

第四个选项，有一方说他在车子的手套箱里，找到一份1953年他祖父发生车祸时的协商解决记录，于是提议他们按照其中记录的方式来解决两人之间的争议。

第五个选项是报警，找警察来解决。

还有第六个选项，即联络双方的保险公司。当两人都了解到对方买了保险后，决定走保险的流程。这就太简单了，两人将情况告知了各自的保险公司，让保险公司的人来处理。

有多少种解决纠纷的正当性？

我试图用这个案例稍微夸张地举出涵盖各种正当性的可能情境。正当性最根本的基本上是暴力及权力，就看谁的拳头大，谁的武力强。不过要特别提醒，在政治组织上的运用中，它通常不会是个别的暴力，而且几乎是所有个别的暴力都要被管制。因此，在政治组织中比较不容易靠个别的暴力取得正当性，不过，个别的暴力和集体的暴力不一样。上文说的第二个选项就形成了集体的暴力。

关于个别的暴力和集体的暴力，因为它们与在上一节提及的韦伯认定政治共同体的第二项特性有着非常密切的关系，我会在后面的内容中进一步说明。

现在继续来看刚刚的第三个和第四个选项，那就是听起来觉得是最荒唐的：找老校长；按1953年的历史记录来。这些做法能有什么用？一些人绝不可能接受这样的做法，这也就表示这些人活在一个现代社会里，而现代社会与传统社会的一个最大差异在于政治组织内解决纷争的方法有了非常清楚的挪移。

在传统社会里，这是非常清楚、非常普遍的两种来源：一种是长老，另一种是历史记录。而在韦伯的概念之下，长老和历史记录被归为同一类——来自习惯的正当性。过去的人们如何做事就继续这么做；以前的人怎么想，现在就继续怎么想。

因此，这是一种从惯性上留下的正当性，不要小看它，因为它最大的好处是它是现成的，于是立刻就取消了两种需要，即思考与判断的需要：这个事情到底是谁对谁错？这个问题再延伸会变成决定谁对谁错的标准是什么？如果不止有一个标准，标准和标准之间又要如何评断？如果要用这种方式思考、判断，会引发无穷的纠纷。

而有了现成的答案，人就不需要思考，答案以两种形式存在。一种形式是长老的记忆、经验。已经70岁的长老告诉你，在他小时候他父亲就是这么做的。这句话的意思是，他父亲小的时候他祖父也是这么做的，而他祖父小的时候他祖父的父亲也是这样做，所以大家一直以来都是这么做的，你们就跟着做吧。

另一种形式的来源有时比70岁老人的记忆更有用，即由文字发挥的作用。白纸黑字写下来之后，可以很久都不变动。这是70年前的记录，也是 120 年前有经验和智慧的长老写下来的，你还有什么好怀疑的？可以把它当作固定答案。如此，就形成了明确的约束。

这种传统的正当性，还有第二项特性——它有一种超越个人的，乃至于超越所有相关之人的主观意识，它被客体化、客观化了，这就是传统。传统上就是这么做的，因此不管传统涉及任何一个或几个特定的个人，不管是当下和我们活在同一时空中的人，还是在历史时空中的人，都参与了传统，都服从传统。

传统：一种恒久的正当性来源

传统有时会有代表性人物，但关键也不在于这个人，而是这个人所代表的传统的普遍性。比如，在中国非常重要的传统的代表性人物是孔子。当人们在引用孔子的话时，最重要的是教你乖乖听孔子说的话，而不是提问：为什么孔子说"学而时习之，不亦乐乎"？我为什么要接受、相信孔子说的这句话？我一直都觉得学习非常痛苦、困难，因此要和孔子好好地讨论、理论一番。

我们绝不是用这种方式看待孔子说的话。孔子说的话代表传统，而传统就是客体化，离开了所有的个体，因而不能找个体去追究个体的动机、说的话是不是有道理——它就是道理。这是传统的抽象性或传统的客观性，用这种方法可以离开我们个别的人的情绪、经验、道理，而诉诸传统。

权威：现代社会的常见正当性

在过去解决纷争的领域上，传统的正当性曾经发挥了非常大的作用，但为什么现在人们听到找老校长或拿出 1953 年的记录会觉得很荒唐？那是因为人们这时习惯的是另一种权威的正当性，即法律。

警察是谁？为什么会听从警察的调解呢？因为警察代表法律。换句话说，今天来了一位35岁的陈姓警察，或是来了一位27岁的李姓警察，坦白说，人们不会在意警察今年多少岁、姓什么，因为他不是以个人的身份来帮忙调解的。警察的背后是法律，因此人们假定，不管他姓什么，不管他有多少岁，都会用同样的方式处理纷争。这就是传统和法律在正当性上的共同点，人们都相信或认定它们具备离开了个体主观的抽象性和客观性。

警察知道所有相关的法律，按章行事。可法律是如何制定的呢？法律是经过另一套体制定的，它保障了法律的正当性，而法律保障了警察的正当性，警察又保障了人们都接受让警察调停、决定是非的正当性。这是一层又一层的正当性的建构。

如果没有这样一层又一层的正当性的建构，现代国家、现代政治权力是无法发挥任何作用的。因此，法律是如此重要，它形成了现代政治最核心的一种正当性。

但是，暴力有个体性的，也有集体性的，个体的暴力和集体的暴力之间会因为数量而产生性质上的根本差距。因此，法律相对的有公共的，也有私人的，可以说相对的有一种国家集体性的法律，还有一种个体私人性的法律——这就是刚刚说的第六个选项。

第六个选项让人联络保险公司。联络保险公司和找警察来，其中的差异在哪里？那就是保险公司代表的是合约、契约，这是一种个体彼此事先已经说好的状态，它也构成了一种正当性。它和法律的正当性非常接近，但又不完全一样。

非正常的正当性：超凡魅力

说到这里，再来多延伸一些。想象在那个车祸的现场，出现了非常特殊的状况：在发生车祸的当下，旁边有一个很聪明、口才好的路人，看当事人双方相持不下，他就介入了。纯粹靠着这位路人的聪明、口才，结果就让当事人双方既不需要面红耳赤地争执，也不需要打架，而是经过他的调停达成了协议，并且两个人各自满意地准备开车离开了。

这时的两位当事人对这位介入的路人既感到服气，又感谢不已，所以赶快与他交换了联系方式，回家还和自己的妻子商量，找了一群朋友一起来请他吃饭。请这位路人吃饭时，席间的男男女女说起各自在生活上遇到的种种困扰，而非常奇特的是，这位路人一一给出了像当时帮忙解决车祸纷争一样的既聪明又雄辩的答案，让大家都很服气，也都很感激他。

这是什么情况？这是韦伯要特别提醒的，绝不能被排除的另一种正当性的来源，即超凡魅力。我也不得不提醒，"超凡"很容易让人想到超越界的非人世间的概念，但如果落在韦伯的概念下，所谓"超凡"指的是非正常，即不是人们在一般日常的生活中会遇到的一种特殊魅力。因为它是一种不在日常常规（routine）、日复一日反复行为活动中的魅力，所以它取得了一种暧昧的、吊诡的，被称为非正常的正当性。由于暧昧、吊诡，因此它有一些纠结的内容需要在后面的章节中更仔细地展开解说。

这韦伯从一个广泛的社会学角度分类、分析，让人们看到原来权力背后的正当性如此重要，通过正当性，权力是用这样的方式运作的。

7. 正当性支配：为什么人们对支配的服从率有高有低？

人类行为的光谱：分类是必要的，但需要警惕

有两个核心概念贯穿于韦伯的社会学分析中。第一个概念，用他自己的话说，是任何历史上的社会现象都不是一目了然的。这是对历史的记录，以及对人们一般习惯、熟悉的历史知识的一个非常重要的提醒。

人们所接触的历史通常是经过高度简化的，几个字或几句话就能说完一个历史现象或历史事件。但应该养成这样的习惯，即对任何这样的说法都必须要知道，也必须要假定：它背后有非常复杂的不同的纠结。因此，如果真的对人类的集体社会现象有兴趣，想要认知和理解它们，就必须把历史的细节打开来看。

韦伯的第二个概念与历史现象不是一目了然的观点彼此间是相关的，在韦伯看来，人类的行为不只有多样性，而且人类行为多样性的分布像光谱一样。

什么是光谱？光谱是由不同的光波长度连续性形成的。比如天空中的彩虹就是一个光谱，从光波最长的一直排到光波最短的，这是一种折射现象。这意味着，彩虹的不同部位有不一样的颜色。彩

虹绝不只有七种颜色，但今天当人们想到彩虹，甚至亲眼看到彩虹时，看到的总是红橙黄绿蓝靛紫。甚至在画彩虹时，人们从小到大就是用七种颜色画彩虹。

为什么会这样呢？因为人受到了后天分类概念的影响，因此就忽略或经常遗忘这中间的颜色其实是几千种、几万种，是无法算出来的——因为它是连续性的光谱式多样性。

彩虹是一个很好的例证，也可以用它比拟人类的行为，后者其实也是这样，有千千万万种可能性。但当人要进行分析时，没办法，因为有无限多种颜色，人无法体会，而且更重要的是人也无从运用。光是要感受彩虹，就必须先分类，把彩虹无限多的颜色分成七种。

因此，在人类的知识建构上，分类是绝对必要的，但也必须随时对诸如人为地将彩虹光谱分成七个颜色，而这不等于光谱的事实抱持警戒。对人类社会行为、集体行为进行各种分类，这是一种必要的手段，但不能因此让人误以为这种分类就是事实，人类就只有这几种行为的可能性。这是很不一样的。

政治的根本是支配，但服从概率有高有低

对韦伯来说，政治的根本是支配。支配是什么呢？是一种集体性的社会现象，也就必然符合刚刚说的两种概念。通过对这两种概念的考量，韦伯得到了一个关于支配的分析性定义，即具体命令得到群体人员服从的概率。这个定义很重要，表示它必须要保留刚刚提到的那种光谱式多样性的可能。

支配不是一个一目了然的单一现象，其中有很多差异：群体有大有小，有不一样的组成方式，概率有高有低。这个定义容许了刚刚提到的将光谱的多样性放在里面，并提醒我们，对这样的现象，我们的任务是进行分类的描述。举个例子，如果现在北京规定今天

只有双号车能上路,那么这是一个具体的命令,针对的是一个具体、明确的群体,即在北京有车开的人。最后,假设这个命令一天执行下来得到的服从结果可能是88%,而这就是一个支配的现象。

但是,只有双号车能上路的具体命令得到了88%服从的支配概率或支配结果,而后人们必须去分析它,因为它并不是一目了然的。应该是大部分人听到了这个命令,纯粹出于一种习惯,认为政府说什么就乖乖服从。

随着不同的支配命令出现,这种习惯性服从也会有不同的反应。比如在20年前,上海市曾一度命令所有人家的屋顶必须要平改斜,这中间就涉及一笔不小的费用,于是服从的比例很显然不会有88%那么高。其中,有更多的人不会一听到命令,就立刻习惯性地服从,马上拿出2万块钱修屋顶。

此时会刺激涉及理性利益的算计。如果要服从,就要付出2万块钱。如果不服从呢?不服从与服从、什么时候服从,其中有太多的可能性。你做出的服从或不服从的决定也是光谱性的。

对支配的服从程度的光谱

支配的服从程度,最极端的情况是针对奴隶或奴隶式的服从。奴隶式的服从概率是100%,即使命令会让这个奴隶送命,他也只能服从。这就是纯粹从制度、习惯上,可以取得100%的彻底支配。但是另一端却不会是0,因为如果是0,那就不是一个支配的现象。另一端会出现的现象是"言者谆谆,听者藐藐",也就是可听可不听,有时服从但有时不服从,纯粹是一种表面的敷衍。

如此,支配的概率降低到50%以下。坦白说,那也就是这个群体的秩序濒临瓦解的一种状态了。而绝大部分政治就是在这种100%的支配和可能只剩下45%的支配的光谱变化中。现实就在其中。

韦伯的另一个重要提醒是要将支配和一般在生活上经常产生的影响分开看待，因为其中涉及群体性、强制性，还有内外差别。

比如，你崇拜的人对你有强大的影响力，他说了什么、做了什么，可能就会改变你的行为。比如，你崇拜的偶像换了发型，也许你也会立刻跟着换发型，更别说他身上换了新的衣服、鞋子。

或者，你爱慕的对象也会对你有强大的影响力。比如前一天他说好想去日本观光旅行，你隔天就赶快跟着他说的订了机票，安排了行程和旅馆，这是你因为受到影响而产生的行为改变。还有另一种人也可能影响你，即能言善道的人。这个人很会说，一直说，直到说服你做了本来不想做、不会做的事，这时你因为这个人改变了。

不过，最主要的是这种影响没有刚刚所说的群体的存在，它是个别性的，而且是个案性的，并没有由于说了什么而形成具体命令的性质。

比如，你会跟着崇拜的偶像换发型，可是如果他结婚了，你不会因此也结婚。他的影响并没有一个明确的界限，也没有形成具体命令。另外，更具体也更直接的例证是，你们在看我的书，我当然就自认为我也可能对你们有所影响。借由我和你们说的韦伯如何看政治，并告诉你们马克思在《资本论》里提出了怎样的主张，这些是我的说服力，也许我就影响了你们。

但是，这样的影响力太明显了——它时而有效，时而失效；它对某些人有效，却对另外的很多人一点效果都没有。作为这本书的读者，你愿意被影响，但你绝不是加入某个群体里而被支配，这中间的性质差异也要区别开来。

正当性的信仰：政治领域的支配

不过，换另一个角度看，韦伯又提醒了，支配不会完全没有影响的成分。前文提到了100%支配、100%服从的奴隶制度，这是特例。这种特例也反映出对比绝大部分的支配，都一定具备自愿的成分。这更进一步地引发了我们对韦伯很重要的政治概念的理解，即正当性的信仰——意味着一个特定的人，他对无论是公安单位还是党发出的命令，认为那就是应该要服从。服从是不需要理由的。

反过来，如果一个人听到了一个命令，认为自己不要服从，这时才需要为自己找到解释。这就是正当性的定义或是正当性的具体作用，也就是说，当这个人听到一个命令时，他的基本反应决定了一个命令或支配是否具有正当性。这个人的第一反应是：得想想自己为什么不服从，或是得想想为什么服从。如果是后者，那就表示这个命令没有正当性，所以必须要先说服自己才会服从。

但是，绝大多数时候支配能产生作用，就是因为有前者那种条件的存在。听到这个命令，不先想想为什么要服从，而是当这个命令越过某个理性算计的界限，刺激引发了自己设定的一个警报，才会想一下：这是什么命令，为什么一定要遵守？当自己遵守时，会因此付出怎样的代价？直到最后认定，自己不认同这样的命令。

但是，接下来要先对自己交代，为什么不认同这样的命令？更进一步的，可能要试图找人问为什么会叫人做这种事情，也就是试图要得到别人的认同，和别人讨论。

换句话说，不服从会增加人们在生活上的压力，因为必须要找到不服从的理由。如果是服从，就很简单，只要跟着做就好。如果是这种状况，就表示这个命令具备正当性。反过来看，绝大部分能发挥作用的、有支配作用的命令都具备这种正当性。不需要让人思考究竟要不要服从，借着这个支配性就已经能让人服从了。

而有正当性的支配所产生的效果不会单纯是在命令和被遵守而已，它也引发了连带的非常重要的人类社会现象。

支配者与被支配者的利益冲突

韦伯举的第一个例子是，这中间会存在一个支配团体或者（更普遍的概念上的）行政执行单位。但是这个支配团体、行政执行单位的利益和被支配者往往是不一致的，所以会被区分开来。怎样区分呢？举同样的例子，如果是交警，我猜不是个别的，而是作为一个团体，他们应该恨不得天天都限号，最好每天都只有1/2或是1/3的车辆能上路。因为这样他们会轻松，不会每天花费这么大的工夫维持交通秩序。但是相对的，所有有车的想上路之人，当然不希望限号上路。这两者之间就产生了利益倾向的相反状况。

又比如，一条道路上空荡荡的，没有车，而现在距离抵达目的地只剩下 8 分钟时间，你会干什么呢？你可能会希望开快一点。但是这么做会因超速被交警拦下，而此时自己恨不得道路上不要有竖线。

明明没有车，为什么不能开快一点？因为从行政执行单位的利益角度看，他们必须考量到，如果没有竖线，会提高车祸的概率，这时就影响到他们支配的有效性，也就影响到他们的工作性质及工作量。

再举一个常见的例子，当你在一条看起来没什么车的路上停车，并进入银行快速办了一点事，结果出来发现车子被拖走了。你也很恨，认为自己没影响交通，也没做什么坏事，只是稍微停个车，为什么不能通融，而一定要这么严格地执行规定？此时睁一只眼、闭一只眼，假装没看到我停了车到底会怎么样？这是作为被支配者的利益考量。

可是，换作交警团体的利益考量，就必须注意到如果这时不拖你的车，不作惩罚，可能就会有人认为交警徇私或是你拥有特权。这会明显地影响交通规则的公平性。

他们都有不一样的考量和利益。而这种考量和利益，往往从行政执行单位的角度看来是一个方向，从被支配者看来又是另一个方向。因此，在广义的政治关系、支配关系上，这两者之间必然会产生紧张。这种现象就发生在具体的生活里，因此通过韦伯，通过原来我们没有想到的如何完整地理解政治与支配，真的可以对自己的生活有更深入的体会和理解。

8. 韦伯如何预言了希特勒的崛起？

韦伯的政治概念是从社会学的角度将政治视为人类重要的社会活动，这更进一步地引发了他对政治核心"支配"的解说。

"支配"是政治最基本的作用，而韦伯对支配有一种分析性的定义。他认为所谓的"支配"，就是具体命令得到群体人员服从的概率。而后，他对支配又有扩张的解释，也就是一旦支配建立，它不会单纯只产生具体命令被服从的效果，还会有一些连带效果。连带效果在不同的领域改变了社会，乃至于改变了文明的现象。

为什么你会想纠正别人的错误读音？

一个重要的现象是要支配必须建立固定的流程，更进一步，通常会有固定的公文要求。因而在支配过程中就产生了统一的语言、文字，以及运用语言和文字的统一的格式。

从这个角度看中国的历史、社会的发展，会联系到以前的这种说法："天不怕，地不怕，就怕老广说官话。"这是个什么现象呢？依照韦伯的观念，可以更进一步地解释：这是来自支配群体的统一性。换句话说，就是因为有这样的政府、官僚，有官僚需要的统一的流程、公文、格式，就更进一步地把语言和文字也统一了，甚至是每个文字的读音也统一了，如此就强化了支配群体接受命令的概率。

这可以达到怎样的程度呢？此时，由于在人的脑海和意识里，已经深深地接受了这种统一性，因此每个字都一定要有统一的发音，不能违背。而后，许多人的心里都被刺激出这种自然的冲动，当他们听到其他人读出某些错误的发音时，就会忍不住想纠正。

这样的反应有好几层。第一层是直觉的反应，即作为一个人，他听不得这种错误的声音。但其实这背后必然涉及团体中的市民责任、公民责任或官僚责任。它产生了人互相监督彼此有没有按统一的、应该的格式使用语言与文字的义务和冲动。

更往上一点，这也是作为一个支配团体成员的具体表征。在这个支配团体中，语言与文字是组成、发布命令的主要工具。因为命令是期待人服从的，而后更进一步地扩展，直至扩展到组成、发布命令的这些元素以及语言文字的统一性也都内化在人的心里，让人服从。

如果一个人连这样的语言文字（也就是命令的工具）都内化为必然遵守的指令，那么由这样的元素、工具组成的命令，在依照正当性所形成的自愿基础上，被人理所当然地服从的概率当然也就大幅提高。

互相监督：对支配效率的助力

这时，支配的服从正当性还建立在群体成员彼此监督的效率上，也就意味着掌管服从的概率究竟是高是低，涉及每一个人在理性算计时，多了一份算计。

刚开始，这种多一份算计可能是自觉性的，也就是如果一个人违背、不遵守，那么他的邻居甚至其兄弟姐妹都会反对他，监督他，纠正他。在这样的考量下，一个人付不起这样的代价，于是乖乖服从。后来,这种自觉性更进一步地内化为自动性:不必考虑邻居会不会反对,也不必考虑兄弟姐妹会不会纠正,只要听到命令就知道别无选择,或把自己当成别无选择,而乖乖服从了。

于是,服从性在具备彼此监督的机制的助力下,它的概率大幅提高。对韦伯来说,支配涉及某个群体面对直接命令的服从概率到底有多高。

政治的本质,会因是否民主而改变吗?

韦伯还有一个重要提醒,即面对支配的现象,要看具体的现象。为什么要特别强调看具体的现象?这意味着不要轻易地被表面的说法混淆了对具体现象的认知。什么是表面的说法呢?比如民主说人民是主人,既然如此,其中产生了主仆关系,而官员就是公仆。但在具体的现实层面,即使是人民投票选出的首长,等他上任,就会形成一种支配关系,其行政命令发布之后,人民必须要服从。因此,并不是反过来的,由人民发布具体的命令,让官员公仆服从。其中支配的方向再清楚不过,不应该被民主的说法弄混淆了。

只不过,在民主的这个架构下,被人民选出的首长对命令的具体考量会不一样。如果他的考量不够周到,那么人民服从概率的变化幅度也会比较宽,服从的概率会因而改变。但是从内在看,支配的根本性质是不变的。进行分析时,不能把这个政治的现象和非民选首长行使权力的方式彻底分开,认为它们是不同的。

韦伯经历的两种政治支配模式

韦伯从正当性的角度划分了三种典型的支配。第一种是理性型的或是以法律为基础的,第二种是传统式的,第三种是超凡魅力式的。

不过要特别提醒，介绍这三种不一样的正当性支配时，要随时记得韦伯的理想型方法论，它在这里又发挥了另一层作用。基本上，在看待这三种正当性支配时，韦伯有轻有重，有中央、有边缘。第一种正当性支配建立在理性或法律基础上，韦伯把它当作是根本的。相对应的，传统式的和超凡魅力式的是例外。这不能不说是反映了韦伯的另一种更深刻的政治价值判断。

毕竟，回顾韦伯的生平，不能忘记他生命中的一个很重要的事件：作为德国人，他经历了第一次世界大战。在这场战争中，德国在前线的战败其实是由后方的革命决定的。德国战败之后，其工业基础在相当程度上并不是被彻底瓦解了。这与第二次世界大战的形势不一样，所带来的影响也很不一样。

第二次世界大战最可怕的一件事是对后方的空袭。这场战争到了尾声时，英美空军联合不断地反复轰炸德国的主要城市。德勒斯登和汉诺威都被夷为平地。几个具备工业的城市（刚开始是重要的军火工业中心，接下来波及任何有工业的地方），都在这样的反复轰炸下被彻底瓦解了。

以至于1945年德国战败时，德国的整体经济状况非常悲惨。到了20世纪60年代后期，德国竟然能在经济上复苏，因此，人们会特别记得，也特别感谢马歇尔计划对欧洲复兴产生的作用。另外，人们也对德国人的勤奋，对他们在经济生产上付出的努力刮目相看。但是，第二次世界大战的状况如此，不意味着第一次世界大战也是如此。虽然在第一次世界大战中，人类刚刚发明的飞行器也被运用于战场上，但那时的飞机没那么大的本事。

那时的飞机顶多用于侦察战场、壕沟区域的环境，以及少数对战场的攻击，仅此而已，飞机无法飞到敌人的后方。因此，到战争后期，德国自然面临物资匮乏的问题，这就是为什么1917年美国参战后，美国庞大的物资投入对德国产生了巨大的压力。可是另一方面，其实直到战争结束，德国的工业基础并没有遭到多大的破坏。

第一次世界大战的主要战场是法国，德国的领土并没有在战斗中受到多大损失。这个背景特别说明了德国战败有非常强烈的政治因素，即德国人民的不满。1918年，原来的德皇被推翻。这个革命最后让德国选择向英国、美国和法国投降。因此，第一次世界大战结束后，战后德国在这样的情况下建立起新的政府（这是非常重要的历史现象），即魏玛共和。

韦伯不只和其他德国人一样亲身经历了这个过程，同时还积极地支持乃至于参与了魏玛共和。这是完全可以理解的，对他来说，魏玛共和离开了德皇的传统式正当性，建立了新的共和理性，并有一个非常坚实的法律作为其基础，现代正当性的政治才是正确的政治支配形态。

回到韦伯的生命经验、思想历程，可以说这是时间先后的排列。他在生命早期看到自己父亲的政治活动，那还是在传统式的正当性支配之下，主要效忠对象是德皇个人，因而引发了所有这些政治组织形式。

可就在韦伯这一代，从他父亲到他，由传统式的支配变成理性支配，变成共和法律基础式的支配。因而他有切身的经验，可以通过观察、实际的参与，看到且理解了传统式的支配在德国如何变化为共和式的理性支配。这两者及其间的变化，对韦伯来说都是拥有一手的经验和意义的。因此，他可以将这两种形态都描述得非常清楚，而且也就不意外的，他必然有自己的选择。

韦伯之所以如此积极地投入魏玛共和而不是父亲参与的传统式政治，是因为他认为这是一个更好的政治形式，或认为有机会替德国建立另一个更稳固、更有效的政治统治。

从学术研究，到政治预言：希特勒与第三种支配模式

不过，必须要佩服韦伯的洞见，他不只是一个德国人，研究的

也不只是德国的政治,他对全世界的所有政治支配现象进行了社会学式的探究,认知其中光谱性的多样性,再对这千变万化的多样性进行归纳、分类。

除了韦伯亲历的这两种形式,他还提出了第三种形式,即超凡魅力式的正当性(charismatic legitimacy)。在历史上,在时间的传衍变化上,韦伯来不及明确地看到在魏玛共和失败之后发生了什么,但我们知道。或者说,是什么力量、因素使韦伯曾经如此支持的魏玛共和失败了?那不正是希特勒领导的纳粹崛起吗?

希特勒凭什么得到权力?他不是靠革命、政变,而是靠民主选举在德国人民中取得了一种高度的正当性。这种正当性与魏玛共和的理性基础不同,也不是要回到传统式的德皇统治。虽然希特勒把自己统治的德国称为第三帝国,但这个第三帝国与之前的第一帝国、第二帝国的性质差别太大了。

非常明显的,希特勒的政治是建立在他个人的超凡魅力之上的。这是不可能用第一种或第二种正当性予以解释的。说到这里,真的会让人一方面佩服韦伯,另一方面不得不起一些鸡皮疙瘩。韦伯借由这种分类分析,准确预言了德国政治的发展——竟然真的就是从传统式的到共和式的,接下来变成超凡魅力式的。

佩服之处在于,韦伯并不是借助看水晶球或扶乩而得到这种预见未来的能力,他根本没打算预见未来,他真正要做的只是分析人类社会行为的多样性。由于他有这种多样性的视野,因此能真正洞见人类行为的不同变化因素。

从这个角度看,要学习的不只是韦伯给予的经过其分类、分析后得出的结论,更重要的恐怕是他面对人类行为的这种基本态度:小心翼翼地不放过任何一种多样性。

9. 理想的政治：如何评价一项政策的好坏？

现代理性政治权威：政治理想型中的理想型

上一节提到韦伯把权威的正当性分成三种，不过因为他自己的经历，这三种权威在他的价值判断里是不等值的。

他特别凸显了现代理性政治权威作为理想型中的理想型，也就是把人类经验中的政治分成三种不同正当性的权威，这是理想型的分类。可是在这个分类中，他又另外运用了理想型的分析，三种权威中，是现代理性政治权威格外重要。因为是理想型中的理想型，所以这种分析描述看起来非常纯粹：是一幅消化了庞大的来自观察及文献阅读的资料，并进行了高度抽象的整理所刻画出的样貌。

这一幅由韦伯描述的样貌对我们来说意义非凡。

虽然经过将近 100 年的时间，韦伯是在和我们完全不一样的环境下思考与写作的，但他刻画出的这种纯粹的政治的理想型，不只可以让我们理解当下的政治到底是如何运作的，在运作过程中究竟有哪些部分以及它们彼此间是如何发生关系的，更进一步的，我们还可以用这个纯粹理想型的模式衡量现实中的一个具体政治体的健全程度。

现代正当权力的基本条件：一套和谐的抽象规则

为什么韦伯的描述能发挥这样的作用？是因为他经历了刚刚提到的高度抽象的整理过程。韦伯把其中诸如政治权威如何执行、执行如何落实、在落实过程中可能产生什么问题等涉及政治权威的各种因素，思考得再清楚不过。韦伯对以下内容都有着极度清楚且明确的分析：每一个因素如何进入政治结构中，如何看结构里的其他因素发生了什么关系，它们应该在什么状态下才能正常、充分地发挥作用。

在极其不易的过程中，韦伯靠着优秀的心智能力才得出这种模式。

韦伯提醒，形成现代正当政治权力的基本条件，首先是要形成一套和谐的抽象规则。它必须是和谐的，也就意味着：人为什么需要政治？为什么人在这种正当性的影响下，愿意服从别人对自己的支配？在前文中也曾提及：政治权力最主要的作用是协调冲突。

比如，在前文举的例子中，如果路上有两个人发生了车祸，那就是一个冲突场合。在这个冲突的场合中，人们必须要寻求解决方法。政治正当性最主要的来源之一就是人与人的互动会产生冲突。

如果回到一种最简单的情况下，人是一个个孤岛，每个人都不需要与其他人互动，那么这里就不会需要政治。或是第二种稍复杂些的情况，即使必须互动，可参与互动的人能自己解决冲突，完全不需要第三者介入——两人开车发生车祸后，只需各自下车交换眼神、说两句话，而后各自散开没事了。说实话，如果人们活在这样的环境中，每天生活里遇到的都是这样的互动，那么也不会感觉到有需要政治的地方。

这不就是想象中的古老情况吗？"日出而作，日落而息……帝力于我何有哉？"这时一个人不需要皇帝，不需要领导人，也不需要一个领导体制，因为在他身边没有任何人会与其产生冲突，即使遇到了冲突,他也可以统统解决。如此,为什么会需要有统治官府和官员的皇帝与朝廷呢?

在那种朴素理想的情况下,如果人与人之间都能靠自己解决冲突,那就没有政治存在的空间了。

这样的条件和人的真实生活的差距实在太大了。日出而作,日落而息,只耕种自己的田地,从田地里收获以满足自己。但其实还是会遇到冲突。比如,位于上游的邻居把你本来用于灌溉的水抢走了——这时就涉及如何分配这些珍贵资源,并且这是与你的根本生活条件有关的紧张冲突。你无法和邻居解决这样的冲突,于是必须诉诸外界的权威。这时就不能像"帝力于我何有哉"一样潇洒地解决问题了。

"和谐"指向政治的根本目标:解决冲突,维持和谐。如果权力的应用不是指向和谐,而是动乱,那么这就从根本上违背了政治的原则,这样的政治权威无法得到正当性,它必须依赖其他扭曲的手段才能继续进行支配。其中一种扭曲的手段往往是诉诸对外的敌人,以集体的敌对合理化自己进行支配时,无法满足内部成员在解决冲突、维持和谐上的需要。因此,和谐在政治的正当性上极度重要。

抽象的意义:建立"对事不对人"的秩序

一套和谐的抽象规则的关键在于抽象,这也就意味着如果一个人只是一一处理具体的案例,那么这样的方式和权力就无法取得有效的正当性。因为大家不会那么信任他:这个人昨天处理了邻居的事,今天他是否能同样有效地处理我的问题?

俗话说:"千口万口抬不动一个'理'字。"为什么把"理"看得那么重要?"理"字指规则,而规则是既有的、固定的原则,并且是大家都知道的原则。这套原则有一种政治权力在支配上予以保障，也因此才能因应于不同的具体现象，如此才能"息争"。

所谓"息争"，是指如果有这套抽象规则，那么这套规则的存在本身就能减少冲突，让人们在冲突未发生之前，就已经知道应该按什么规则行事，从而避开冲突。它产生作用的阶段也就不再是事后处理，而是事先预防，因而使得这种政治支配能带来的和谐效果提升到另一个层次上。

这就接着产生了政治的另一个重要性质：政治指向的是一种非人格的秩序，并不是因人而异的。

非人格指的是并不因人而异。一方面，如俗话所说："对事不对人。"不会因为涉及冲突的人不同，解决方法也不同。不管是谁和谁起了冲突，都能按这种抽象的理、规则处理。另一方面，非人格秩序也会涉及权力的拥有者。拥有权力之人行使权力的方式也是依照这套规则、理，不会因为他具体是什么样的人而改变用抽象的规则和秩序解决冲突并获得和谐的方法。事实上，掌握权力的人在这个系统里被视为这种抽象秩序的代表，他大部分时是在被动地维护这样的秩序。

比如，绝大多数时候警察是等到不幸发生了意外，才会收到求助信息。警察出面时，其实并不是靠个别的警察帮助解决了问题，而是靠他所代表的背后的抽象秩序，让人们从冲突的状态重回和谐。因而，人们会觉得警察和这种力量的存在是有必然性和必要性的。这不是因为特定的警察起作用，而是警察的系统以及警察能用人们都知道、同意的规则解决问题、维护秩序的这项功能起了作用。

如何评价一项政策的好坏

不过，除了这种状态，掌握权力的人有时还要主动地促成秩序形成，以此作为他行使权力的目标。为了保持人和人之间的和谐，到底要怎么解决冲突？说老实话，方法有千万种。因而，这个维持和建立秩序的、握有权力的人有另外的责任：他必须提出自己希望努力追求及达成怎样的和谐状态。

因此，和谐仍是目标，但在普遍的和谐中，希望和谐具备什么特性，就必须要动用什么手段进行支配，而动用的不同支配手段就是政治上的政策。

比如，以平等或自由竞争作为目标，那么制定、运用的政策就会很不一样。介入、取走不平等的财富是一种方法；修改妨碍自由的规则，就是另一种方法。

不一样的政策背后应该有一种和谐的动机。因此，面对所有的政策，我们可以而且应该追问：制定这样的政策，用这种方式支配我们，究竟是想要给我们什么？这不是利益上的所得，而是一种普遍的秩序上的目标：要提供怎样的秩序，就订定怎样的政策。既然政策是手段，那么政策是否好、是否正当，就不能用抽象的方式衡量，而是要考量其目的是什么，目的与手段必须彼此配合。

比如，如果目的是让人有更大的自由，但在手段上却不断地取消自由，让人无法好好地发挥自己的长处。那么，这样的手段一定不能达到自由和谐的目的。对这样的政策，我们可以而且应该这么判断：这就是错误的、坏的政策。

一旦确立将政策作为手段，知道目的到底是什么，就要追问：这个和谐秩序的本质是什么？两相对照，我们对一个政策的价值高下、是非好坏，也就能了然于心。

权威和权力的界限：范围、时间、程序

如此，就更进一步地在政治中产生了"合法规范"，也就是终极的权威不会在任何一个特定之人的身上——真正的权威是管辖和谐

秩序的法律。而且，可以明确地用英文表达，法律是"rule of law"，而不是简单的"rule by law"。

"Rule by law"指的是所有人都要守法。但"rule of law"的层级更高，意味着即使是制定要求别人遵守的法律本身，也必须是守法的，也必须要符合合法、规范、管辖和谐秩序的终极目标。在这个终极目标的统一之下，就可以判断法律本身是否合法，是否具备合法的正当性。所有人都必须守法，法高于任何个人，这也就意味着法也高于制定法律和执行法律之人。

在政治体系里，一定有部分个人拥有权威（authority），也有一部分个人拥有权力（power），可以制裁和支配别人。但个人拥有的权威和权力必然都有固定的界限，该界限分成三个面向。

第一个面向是运用范围的界限。一个人的权力、权威只能在某个范围里运用，它支配的是一个有限的特定群体。

第二个面向是时间上的界限。一个人的权威与其权力都有"赏味期限"，到了一定的时间后，他的权威、权力也就消失了。在这段时间中，他可以代表终极的秩序行使权威和权力，可是，没有人可以、也没有人应该在法的正常性上超越法本身的关于时间限度的约束。

但还有另一个更重要的面向，那就是程序的界限。一个人运用自己的权威、权力时，不是爱怎么用就怎么用，因为他是和谐秩序的代表，所以想要最有效地达成和谐秩序，也就要依靠一种固定的程序。什么叫"rule of law"？即运用权威和权力的个人只能依照一定的程序运用其权力和权威，这一切都是由法律规范的，因而人们在这个群体里真正服从的是更高的法之权威。

如果要追究正当性，这就是从根本的角度，同时也是依照现代理性正当性所建构起来的政治体制。

韦伯用这种方式刻画了政治最底层的道理和基础。

10. 如何理解现代的官僚体系？

官僚系统：抽象规则的执行者

上一节提到韦伯认为政治的根本是一套由和谐的抽象规则构成的合法规范。"抽象"二字很重要，因为如果没有这种抽象，就无法离开具体条件的不同限制，而使这套规则在不管发生何种具体冲突的情况下，都能发挥作用，解决冲突，并恢复到和谐的秩序。

然而，抽象的规则必须要被执行，执行不可能发生在抽象的层面，当然也不可能是由抽象的主体执行，这里必然要成立一个执行的团体或机关组织。从这种理想型的角度，韦伯又整理出了这个执行团体具备什么条件、拥有什么特性。

官僚系统特性之一：上下层级

首先，这个执行团体会设置上下层级，因为这是最合理的控制和监督的方式。一个机关不管由什么人组成，他们在这里行使支配的权力，就必须按规则行事。

执行者并不是因为个人的原因，才拥有这样的支配权力。比如，人们愿意接受警察的支配，并不是因为具体执行者是谁，而是其背后代表的这套规则让人愿意服从。借由服从这套规则，换来了这个社会上每天有这么多人彼此相处却可以不起冲突，相安无事的和谐，这是人们的理性选择。

也因为这样，任何一个警察都代表着那个抽象的规则，因此人们必然会提防出现在自己面前的到底是真警察还是假警察。

但是，所谓真假警察也仍然不是凭借"他究竟是谁"来判断的，而是凭借他所做的事有没有按规则做。如果没有，那么即使他的证件是真的，从做法看也是一个假警察。

如何保障所有的警察都是真的呢？如何保障他们一定会按这套和谐秩序所需的理性原则行事呢？最简单也几乎是必然的方式是不能放任他们自己行动，必须要设置一个监督、管辖的机关，来不断地应对他们做的事是否符合这个道理、规则。没办法，因为人如此性。

虽然人们很愿意相信人性可以内化一定的职责，按规则行事。但现实告诉我们，如果没有外在的监督，如果不是能随时感到一种外在的压力，逼着人必须照章行事，那么只要出现了可以运作的空间，就很难保障所有的警察都是真警察。

那么，管辖的机关要按照规则进行管辖，又怎么确定他们会按规则而不是诉诸私利，为了自己的利益和地位而违背规则呢？同样的，最有道理的方法是再设一个机关来管辖这个管辖警察的机关。

在这样的运作过程中，必然会一层层地堆上去，这就是最自然的发展。因而这种执行的行政机关必然取得了两项性质。

Bureaucracy 和 hierarchy：上下堆叠的有关单位们

可以用两个关键词来解释行政机关取得的两项性质。第一个关键词是"bureaucracy"，它一般译为"官僚体制"，将这个英文单词分开，前半部分是"bureau"（局，处，科），而这个 bureau 是复数的，也就是其中有一个个有关单位，每个单位里都有明确的职务对象和范围。首先，"bureaucracy"指涉的绝不是一个单一、混杂的机关，它必须清楚地分类，分出一个又一个不同的"bureau"，然后这些不同的"bureau"彼此间产生的关系才构成了"bureaucracy"。

其次，要探究的是"bureaucracy"后半部分的"cracy"（统治，政体），也就是如何管理、管辖所有这些"bureau"及它们彼此间的关系。一个最大的特色是，这些单位之间并不是平铺式的、平行并列的关系。当然，在管理学里经常说扁平化，但为什么常常强调它？因为扁平化的机构组织非常难以维持。

如果不同的单位不相隶属，那么就无法监督，同时也无法统合彼此间的合作关系、合作运作。而且，不一样的单位就像不一样的人，各有本位，一旦它们的本位彼此间产生了冲突，就需要仲裁者。没有仲裁者，仅靠单位自己解决问题和冲突，往往会旷日耗时。

因此，上下层级有其必要性、合理性。上面的层级的首要作用是监督，下面的层级则是按照正常、正确的程序行事。另外，上层机关替下层机关制定它们彼此合作、互动所需要的规则，并且在下层机关发生紧张冲突的状况下，替它们仲裁，找到解决方案。

由此，引出了第二个关键词"hierarchy"（科层制），这是官僚体制必然带有的另一种特性。上下层分成了很多不一样的有特定职务对象与范围的单位，而这些单位彼此之间是由上下层级一层层堆起来的，这是行政体制、行政机关最基本的组织方式。

官僚系统里的分类与专业

上文说到"bureau"是复数的，它不是一个混杂、单一的组织体，因此就连带产生了专业性：有财政机关，有公安机关，有经济事务的机关，还有管辖土地或户籍的不同机关。用这种方式分类，每个机关就带有其专业性。

由于有专业性，人们会很自然地认定在这里工作的人要承担专业的责任，应具备相应的专业技能。为了确保是专业的人进入分类中的专业职位上，往往连带着衍生出一个人必须要证明自己是适当的人，拥有这样的专业能力（至少是有专业的倾向）。

这里涉及官僚体系的另一个重要特性，即要有一套确保专业资格的程序。可能是要求有文凭，可能是要求参加特定的考试，或是要有相关资历，又或是被了解你的人推荐。

用这种方法，可以了解现代的官僚体制到底是基于什么道理被组构起来的。人们都活在被这种官僚体制支配的环境下，但是我们在生活中往往是遇到了问题才去应付，很少完完整整地了解：官僚体制中为什么有这么多层级？官僚体系为什么一定要有资格考试？如果要当公务员，为什么它的要求与在其他公司任职时的要求那么不同，要有那么严格的考试过程？

借由韦伯的解释，一个关于官僚体系的比较完整的图像就浮现在眼前了。

官僚体系特性之二：公私分明

官僚体系中的另一个重要特性或严格要求是：在官僚体系里任职的人必须区分自己的生活。如果用比较夸张、极端的说法，那就是一旦进入官僚体系，一个人要过两种不一样的生活，居家和办公的地方一定是被严格区分开的。换句话说，这是必须把私人的财产和公家的财产清清楚楚地分开。如此，一个人的生活就分成了公领域中的生活及私领域中的生活，必须要尽可能地公私分明。

贯彻公私分明的很重要的观念和做法是一个人拥有的职务角色

一定是暂时的。虽然一个人现在是局长，但他不得用任何形式把局长这个职务占为私用：不能自己高兴时要，不高兴时就不要，更不能长期把持或私相授受局长的职务。一个人怎么当上局长？他在什么情况下不能继续担任局长？又由谁来接替局长的职务？这中间都必须有公共规则，严格管理任职与免职，确保局长的职务与具体的个人是严格区分开的。

责任制与公文程序

还有一个条件也是在所有官僚体制中几乎是无可避免地发展：组织内部必须要寻求 accountability（责任）。谁用什么方式做了什么事，必须要符合规则。而每件事情都要符合规则，意味着每个人做的每件事情都要 accountable（即对自己的决定、行为负有责任，有说明义务），都要能被检查、被监督。于是，能被检查、被监督这个条件就变得极度重要。

在以前的环境中，人和人之间的谈话结束了就没了。因而，说话沟通不会是官僚体系为了追求可检查性、可监督性而使用的适当工具。在官僚体系中，很自然地倾向于使用书面沟通。书面文字永远比语言更重要，如此才能留下记录，供人检验。

接下来，形成了固定的、越来越严格的公文程序。每一件事经过了谁，他如何执行或做了什么决定，都必须在书面上表达得清清楚楚。而既然已经清楚地在书面上表达，也就会形成一个书面的程序流程。这就是在官僚体系里再熟悉不过的公文流程。

公文由谁开始写第一稿，接下来送给谁，谁应该在上面签字和写意见，谁应该在上面盖章定案……借由固定的书面形式，接下来产生了固定的流程。

用今天的语言来说，官僚体系是由 SOP 标准作业流程管辖的，任何一个人都是在重重叠叠的 SOP 标准作业流程中的一环,这样才能在官僚体系里运作。这是官僚体系的另一个重要个性。

今天的人们说官僚时,常常带有负面批评和厌恶情绪:一件事明明可以很快地解决,为什么要有三个不同的程序?而且,为什么走完这三个程序一共要花 15 天的时间,于是让本来我认为很快可以做完的事一直这样拖下去?这太官僚了!为什么只重视程序而不重视成效?

从这里看出,人们在说官僚时,看到和体会到了许多受不了的缺点。

但是,韦伯在他的图像里描绘了官僚为什么会形成这样的形式。当然,这并不表示韦伯支持应用这种方法行事,相对应的,他清楚地呈现了官僚体制内部有这种不可避免的必然性。因为人们受不了的所有官僚习气或官僚做事的方法,不是个别存在的,而是环环相扣的。

人为什么需要政治、支配?包括如何落实这种政治支配的抽象秩序、规则?在落实的过程中如何监督?思考这些,能让人更清楚、更明白、更透彻地理解官僚体制的形成与运作,尤其是形成与运作这两者间的紧密关系。

通过这样的眼光,我们对现代社会,对人与政治、官僚体系之间的互动,会有更清楚的认识,也就可能可以比较清醒、冷静地对政治和官僚采取一种理解和分析的态度,而不需要那么情绪性地(不管是正面拥护政治还是负面地厌恶官僚)面对。

11. 成为一个公务员意味着什么？

接下来，继续介绍韦伯对政治尤其是政治中的官僚体系的归纳及描述。

韦伯整理、归纳了官僚行政班子的几项特性。在前文中解释过，他把现代的理性制度当作一种理想型，因而推断出这一系列的特性。其中最大、最核心的特性是理性，不管是工具理性还是价值理性，都贯穿在整个官僚行政班子的条件和运作中。因为是一个理想型，所以它真的具有一种超越时空的普遍有效性。

如果读者朋友中有些人是公务员或正在考虑未来要不要当公务员，都可以参考接下来介绍的特性。因为这样可以更清楚地了解作为一个公务员，它会给自己的生命带来什么改变，它对自己具有什么意义。

官僚系统的特性：自由意志和专业资格

第一项特性是在现代的官僚制、行政班子中，可以以自由意志参与和退出。这对照的是传统的官僚，那是奴仆制，在君王之下有包括宦官等人在内的奴仆。进入这个系统里的人是没有自由的，不是自己选择要加入这个支配系统中的,不管这些人得到了多少权力,只要进入就不是自由的。当然,更重要的是他们也没有可以退出的自由。

但是,现代理性的官僚制度是自由意志。因此,这从一开始就是一个理性考量的结果——自己要想清楚要不要进来。如果先进入其中并待到某种程度,也可以在自己想清楚后运用理性的选择,退出这个系统。

第二项特性是参与到这个官僚体系里,人不会只有一个普遍的资格。必须要先证明自己具有这样的资格,无论是通过学历、考试或是不同的人推荐的运作得到资格。而公务员或官僚最后一定要有一个明确的位置,在这个位置上的人有两项非常清楚的特性。第一,有明确的职务,比如处在某个机关中,会有一个相对应的头衔。第二,这个位置、头衔和职责有明确的界限,而且该界限涉及支配,也就是人在某个位置上拥有决定权,可以支配一些事。

但是,不管你在这个官僚体系里处于多么高的位置,除非是官僚体系中的最高权威拥有者,否则在你之上也一定会有另一个人——这个人的重要特性是其职责、位置是负责支配你的。

这样的支配关系不是自然人之间的关系,而是职位之间的关系。位于你之上的人可能会变,你也可能移动到别的位置上。但是不管到哪个位置,都必须按那个位置给予的职责与权限行事。同样的,位于你之上的人换了,那么新来的人会依照同样的职位与权责支配你。因此,在考量是否参与这个官僚体系时,理性算计必须建立在几项条件之下。

第一,这是一个专职,官僚体系里基本上不太会有兼职,其中一个理由是在上一节介绍过的:必须公私分明。如果你公私不分,在外面做了涉及公家权力的事,就会造成权力与利益层面的混淆,这就变成了官僚体系中的大忌讳。

还有另一件事，官僚体系是由 hierarchy（科层制，等级制度）组成的，有上有下，而且上下分级非常清楚。如果一个人不是专职人员，那么他在这个上下分明的结构里的职位安排就会变得不稳定，会出现其他变数。

在这种情况下，不可能得到在这个结构里清楚的被服从或必须服从的关系。没有这样的关系，别人也就不知道该如何看待这个人，进而会排斥他、看不起他或对他视而不见。因而，这种非专职人员也会在官僚体系里被逐渐地排除在外。

这是第一个要考虑的，如果要进入这个体系，你的专业就是你的主要职业。另外，还有一个专业资格的限定。要进入官僚体系，就必须有心理准备，要愿意而且可以证明自己拥有某种专业资格，必须服从取得及展示这些专业资格的程序，而不是在对方要求自己提供相关资质材料时质疑和反问。

薪资与层级的绑定

为了确保是专职，在官僚体系中，基本上每个人都是从主要职业上得到固定的薪资，而且在这个系统里会领到多少薪资，也是等级制的（hierarchical）。这两者紧密地关联，地位越高，薪资也就越高。

数字有绝对的理性，比如 35000 大于 34000，34000 大于 28000，这绝没有商量的余地。而这种没有商量余地的数字、上下关系、多寡关系，同时也与官僚体制里层级的精神配合在一起，更进一步强化了官僚体系中非常严格的层级制度。

一个人领的薪资越高，自然会认定在这个序列中，自己的地位排得较高。而遇到薪资比自己高的人，会理所当然地预期他有比自己高的层级。假如他的层级比自己的低，就会心生不平，因为这打破了自己对官僚体系中严整理性的预期。

明确的事业路径

另外,因为有这种层级制,所以官僚体系管理班子里的人,都不是为一时之快加入官僚体系的。虽然前文说到人有自由意识,可以进来也可以出去,但当自己决定要进来时,其实就已经在考虑自己不会像蘸酱油一样蘸了一下就离开,否则不如不进。

这个系统的一个最大特色是安排了人的职业生涯(career),这意味着它可以非常清楚、明白地展现出一个在这个职务上的人,他下一步可能走到哪里。

就像一个中国古代非常复杂的今天应该没人能玩的游戏——升官图。升官图画出了一张如蜗牛的回旋纹路般的大图,它有两个特性。

第一,在中国近世的历史里,尤其到了明清时代,官僚体系十分复杂。但不管这个官僚体系再怎么复杂,它之所以能化身为升官图这样的游戏,正是因为它毕竟还是可以画出一条一层层不断盘旋向上的路数,而这条路数是固定地由低依次不断往上升。

因此,不管一个人进入的是官僚体系里的哪一个位置,都必然有继续往上延续官僚事业的路径。用这种方法,它不只帮人决定了现在,更重要的是它让人有一个明确的可预期和追求的未来。

在这种情况下,一个人在任何位置上所取得的支配的权力以及能运用的行政手段,都只是一时交到他手中,与他没有作为人的财产所有权关系。

离开了某个职务,就不能再动用所有相关的行政手段,甚至包括它带来的名声、地位。比如,有一些跟随官职而来的头衔(诸如某某委员会的主席、某某基金的董事等),虽然它们从表面上看来好像不是与官职直接挂钩的,但一旦它们和一个人的行政职位有关,那么当他离开了这个行政职位,就必须把它们统统交给下一个接掌该行政职务的人。

因此，这种行政支配手段和人之间的非所有权关系也是另一个重要特性，并且这一切都是由非常明确的纪律约束和控制的。这就形成了整个官僚制、行政班子的主要特性。

越复杂的社会组织，越不可取代的官僚系统

为什么这种现代理性的官僚体系会在韦伯心中变成理想型呢？因为他看到了在越来越复杂的社会互动中，当人的社会活动涉及越来越多的人，官僚系统有其不可取代的精确性、稳定性和可靠性，优于任何其他掌握、运用权力的方法。

更进一步的，韦伯提醒人们：首先，社会的规模与官僚体系的依赖程度是成正比的。要在同一个系统里管辖这么多人，如果没有像前文描述的严格的官僚系统进行管理，那么真的非常难处理实际情况。也就是它内在会隐含、产生或激化非常强烈的分裂性，这种不稳定性随时可能被其他因素引发出来，结果使得这个社会组织无法维系下去，从而分裂。

因此，只有靠官僚体系才能维系这么大的社会组织，使其正常地运行。

反过来说，有了这样的官僚系统，也就能使社会组织的规模不断扩大，而它越扩大就越依赖官僚体系。这两者是互相作用的。

在这方面，韦伯的看法又能帮助我们理解中国历史。比如，历史上中国在公元前3世纪就形成了庞大的帝国，这么庞大的帝国究竟是如何形成，又如何维系的呢？

借由韦伯的提醒就会知道，要看待诸如从秦朝到后来汉朝继承秦朝的历史现象，就必然要考究其中的行政系统是如何组成的。这个行政系统尤其是从分封制到郡县制（"郡县"是关键词），如何让由中央派下的管理者进入每一个不同的地方单位里还能发挥作用，

这就是官僚体系在起作用。

而这个官僚体系就涉及当时法家知识上的大幅进展，以及秦始皇高度的个人意志，这些不同条件集合在一起，使中国在非常早的时期就出现了明确的官僚系统。

当然，这个官僚系统还有相当大的成分与前文描述的现代理性官僚系统不太一样。但是，在官僚系统的基本精神和态度上，它就已经提供了刚刚说到的一个大型社会组织能继续运作所需要的精确性、稳定性和可靠性。

所以，社会规模和官僚体系的依赖度这两者间的因果关系是在历史上得到了证明的。

技术为什么重要？

另外，非常重要的是在官僚体系里，技术的重要性会一直不断地提升。

官僚体系为什么能处理、统纳庞大的社会组织？部分原因在于它一直不断地运用理性进行分类。在进行分类时，如果这个社会的互动越复杂，官僚体系中的职务划分也就会越来越精细。而越切越细之后，也就产生了两项性质。

其中一项性质是：一个人主掌的职务要求的专业技术的重要性提升了，他就不能只是笼统地懂得官僚的公文。一旦这个人被划分到某个单位里只负责处理社会活动中非常小、小而专的事务，那么，他需要的技术就变得和其他单位的人不一样了，技术的重要性也提升了。

但除此之外，还有另一个更普遍的效果，即官僚体系的分类变成了一个框架。这个框架本来是为了应付、管理社会关系和社会活动而出现的一个分类架构，可当官僚体系里有了这个分类架构，它又会回过头来影响社会的活动,甚至改变日常生活。

官僚体系里的分类如何改变日常生活呢?我在下一节会依照韦伯的推论更进一步地解说。

12. 官僚系统如何"切割"人们的日常生活？

本节将继续解释韦伯如何看待官僚体系，以及官僚体系在现代理性政治上的重要性。

官僚系统的特性回顾

官僚有一个非常重要的特性，即参与这个系统的每一个人构成了这个行政班子的每一位成员：他是以自由意志参加或退出；他有明确界定的官职和权限；他具有专业的资格；他领固定的酬金，薪资具有序列与层级，而这个序列与层级又和他的权责紧密地挂钩；所有参与这个系统的人基本上都是专职，而且将他们的未来都放入这个系统中，追求不断地往上提升自己的职责、地位；他们在这个系统里必须接受严格的纪律约束和控制。

上文说到的所有特性其实都是理性考量的，也就是必须要经过非常详密的思考，在漫长的过程中不断地修正，让它更符合内在的各个部门因果关系中的合理性。官僚体制也因而成为现代社会最主要的理性的骨干，也促进了社会的理性化的提升。

官僚系统的非理性结果：切割人的日常生活

官僚体制不只是在管理社会，也并不只是因为社会现象如何变动、社会现象需要怎样的管理，官僚体制就被动地因应社会活动。另外，因为官僚体制成了社会中最主要的理性骨干，它会以其理性化分类而干预甚至是主宰改变了日常生活。

在官僚的运作中，不得不定义不同的职责，并划定分类。比如，区分会计和比会计更大一些的财务，区分总务和从总务中分出的庶务。于是，这些活动应被如何定义、划分，也会在我们的日常生活里开始沿着同样的方式来予以划分。

我最近遇到了一件事，刚好可以作为一个有趣的例证。在台湾的官僚系统里，由于最近重视体育事务，因而将体育事务从原来的教育事务中特别地划分出来。但在划分过程中，舞蹈被划分到体育中。我有个朋友想在台湾开儿童才艺班，他在考虑向谁申请的问题。这就涉及才艺班要设置什么课程，比如，可能会有语言课、音乐课、舞蹈课和绘画课。

但当他申请立案时，出现了一个严重的问题，教育单位看到其中设置了舞蹈课，就表示舞蹈不归他们管，而是归体育局管，因此要去找体育局。可当他到了体育局，那里的人说舞蹈归他们管，可语言课归教育局管，而且还有音乐课、绘画课，这些说不定要去问问文化局。我的朋友因此又去问了文化局和教育局，但最后所有的单位都告诉他：我们管不了你的事，虽然你把这些课程统称为才艺课，可是在我们的官僚系统划分中，它们分别属于文化、教育、体育三个不一样的单位。

我的朋友表示，那到底要怎么办？不可能到三个单位登记立案，也没有三个单位联合登记立案的可能性。不得已，体育局的工作人员就和他说，不然就不开舞蹈课。文化局的工作人员教他：不然把这个班叫音乐补习班？但在音乐补习班之下，附设开绘画课或舞蹈课，我们假装没看到，也不管你。

这不是一件很奇怪的事吗？长期以来，在社会的日常生活概念下，一个小孩的才艺包括这些内容是理所当然的；可一旦它落入官僚系统的管理中，就不是这样了。官僚系统一定要非常明确地划分：你的权责到底到哪里？这是官僚理性精神的一部分。

这也是韦伯要提醒的，这种工具理性最发达时会产生一些矛盾的效果——发达到一定程度，就以官僚权责的划分逼着人把生活切割开。于是，每个人本来统一的日常生活，这时都必须因应官僚管理上的需求而被切割开。切割到后来，本来不应切割的都被逼着切割了。于是其中就产生了一种源自工具理性而产生的非理性。此时，比如音乐、绘画、戏剧、舞蹈等，这一切都必须有明确的指向。

官僚体系对日常生活的高度介入与改造

在西方传统中，一度非常流行带有芭蕾舞剧的轻歌剧，其中有舞蹈，有歌唱，有戏剧，是一种混合性艺术。然而这种混合性艺术在当下官僚高度理性的分化中，它就没有地方可去了。

更进一步的，因为官僚体系这个强大的管制性，说不定就会使得过去如此流行的这种形式在官僚介入后，从人们的日常生活中消失。这种由官僚强大理性造成的对日常生活的高度介入乃至于高度改造就是第二项特性，它其实比我们想象的更加常见。

如果大家有兴趣的话，可以想想你现在所处的生活，有多少是为了因应官僚划分专业权责的需要而被改变的。也可以想一想并整理如今在日常生活中，你的个别行为（比如乘地铁、开车等）是归哪个单位管辖的。如果都罗列下来，你可能会非常惊讶：原来今天你以为是自己在过自己的日子，但相当程度上它已经彻底被当今官僚系统的分类运作主宰、控制了。

分管单位如何影响社会面貌？

不同的分类也就产生了不同事物如何运作的方式，接下来它会产生不一样的结果，让这个社会活动带有不同的性格。

仍然以台湾举例，最近这几年中，台湾在公家事务区分上有另一个非常明显的调整。过去，观光事务在台湾被视为和交通有非常密切的关系，因为带人观光往往涉及飞机、火车、高铁、游览车、汽车等。

把观光和交通放在一起，因而前者绝大部分的工作重点是管理如何运输，如何开辟更多的马路，让人在观光旅行时更方便。

可是，这几年产生了一个巨大的反省的声音。台湾有很多高山，过去由交通部门管理，为了观光而在山里开辟了许多道路并进行了维护。维护包括一定要铺上柏油、做不同的驳坎，于是忽略了自然环境生态保育。

一条路开过去，有多少野生生物因此失去了它们的栖地？有多少动物变成了濒危的物种？这是对台湾自然生态的一种非常严重的破坏行为。这时该怎么办呢？应该把诸如生态保育和观光的区域区隔开。

如果还是将观光放在交通部门的管辖下，它的本位主义思考就一定是把所有能去的地方都当作观光资源，并不断开辟道路。于是这时环保单位必须介入，同时处理与观光相关的事务，即划归国家公园。而国家公园就离开了交通单位的管辖，进入环保单位的处理系统。这时，他们对旅客的想象，对旅客行为的规范、管控，就会与原来由交通部门管辖时完全不一样。

另一个想法是把观光与地方的新闻宣传连接在一起。现在，台北市有叫观光传播局的单位，也就意味着观光资源及观光行业是对外宣传台北市政府形象的一个很重要的面向。从这个角度看到的观光又是另一回事了。

还有另一种不一样的思考方式，它试图把观光划归至由文化单位管辖。提倡文创观念，希望在创意产业中加入文化因素，也让地方的文化变成产业——这就应该是地方观光的一个重点。因此，观光也应该和文化事业、文化职掌有密切关系。如此做出的观光显然又很不一样。

仅仅是一个地区的观光事业就有这么多种情况，在现代的日常生活中，不一样的国家，不一样的社会，采用不一样的官僚系统、不一样的观念来予以分类，也就必然会产生个性完全不同的观光现象了。

被官僚系统改变的社会关系与权力结构

韦伯更进一步地表示，官僚体系绝不是被动地因应社会，而经常是反过来主动地改变社会。

官僚体系改变社会有几个基本面向。第一个面向是由于官僚体系用知识支配对社会的作用，因而会特别强调知识和技术的重要性，进一步就产生了一种对社会阶层的平等化或扯平（leveling）的效果。

比如，在这种环境下会逐渐失去过去曾经拥有的身份、地位等长期拥有的特权。因为有身份、地位的这些人，不管其身份、地位怎么来的（来自贵族血统或是家世累积的财富），在这个社会里，他们没有技术、知识，就无法取得这样的资格。他们既无法考到某个执照，也不具备进入官僚系统工作所需的专业技能。在这样的状况下，他们就被排除在官僚系统运用支配权力的范围之外。这些人无法进入官僚系统，无法运用支配权力，也就慢慢地失去了自己的地位，在社会上的重要性不断下降。

这又另外指向历史上一个必然的重要现象，即贵族和官僚之间几乎必然会产生冲突。

在中国政治史上有一个最普遍的现象，那就是会不断地划分内朝和外朝。为什么会有这样的现象？外朝其实是官僚体制。要进入官僚体制必须要有一定的程序，而进入之后人就有一定的职掌。因此，它是一个非常严格的、有层级制度的官僚系统。

但除此之外，有皇帝，也有皇帝的皇亲国戚，外朝的官僚体制一定会对皇亲国戚产生排斥，不让这些人用特权越过获得资格所需的证明进入外朝，运用政治权力。

但是，皇亲国戚环绕着皇帝，绝不可能被取消，因此往往就由皇帝发起，而后主要是由皇帝身边的皇亲国戚加上宦官构成另一种权力的中心，于是形成了内朝，而内朝与外朝必然产生紧张。

但是，在这场政治的角力中，如果皇帝的地位越高，其权力越接近绝对，内朝很明显会压过外朝。可是，外朝又因为有其长期的权力运用之合理性，所以它往往可以借由在社会上提供的稳定性、明确性、可信度，使它不可能彻底被内朝压倒，并继续发挥作用。因而，产生了内朝和外朝的持续激荡。这是中国历史上一个非常明显的现象。

这个现象一方面说明中国的政治在朝代史中如何一代又一代地改变，同时也告诉人们为什么它能延续这么长的时间。2000年来，在不同的朝代里一而再、再而三地看到内朝和外朝的划分，还有内朝和外朝之间几乎永远无法间断的各种冲突、拉锯。回到韦伯说的官僚体系对政治系统、社会的这种拉平作用的延伸推论，就可以解释这个现象到底是怎么来的。

13. 无所不在的官僚习气，让人的眼中不再有"人"

官僚系统的影响之一：拉平地位，重视专业

前文提到韦伯分析现代官僚的倾向，其中一项重要的倾向是现代官僚系统使社会上原本靠血缘、血统产生的身份地位差异趋于平等。在现代官僚的影响下，专业的技术会越来越受重视，更进一步的，在这种必须要强调、证明能力的竞争状况下，其他的社会身份地位被拉平了，于是，此时官僚本身变成了一种地位。人们在选择职业时，会将官僚的身份作为重要的选项，因而必须进入这种专业技术的证明竞争中。

在这样的情形下，取得进入官僚体系的资格变得越来越难。

"内卷"的来源：对"资格"的重视

这个分析当然不是特别针对中国历史，却对认知和了解中国历史有非常重要的启发。在近世史上（也就是宋朝以后的中国历史），进入官僚体系主要靠通过科举考试取得资格，越来越多的人想考科举，于是科举也变得越来越难考取。在这样的情形下，准备科考的过程越拖越长，到了明代、清代，出现了很多老童生、老秀才。

童生是取得竞选资格之人，但即使取得了竞选资格，光是再往上成为秀才都要花很长的时间，而且绝大部分人在这上面耗了三年、五年、十年，甚至二十年。好不容易考到秀才也不意味着能放松了，成为举人才能真正进入官僚任用系统，而要从秀才到取得第一阶的资格，往往会耗费很多时间。

因此，老童生满街跑，老秀才也多见如此情形之下，社会人才运用会受到限制，而产生了官僚体系的培养时间越拉越长的情况。

这种情况在今天的社会里又何尝不常见呢？比如，更早的时候，从高中毕业已经在社会上被视为取得了某种资格，但现在很少有谁会认为从高中毕业就能获得在社会上工作的资格，更别说进入公务员体系工作的资格了。高中生什么都不是，不过是经历了求学过程的半途而已，至少要取得大学毕业的资格才行。现在，甚至连从大学毕业也不够格了，一定要读研究生。而等拿到硕士学位后，最好还是想办法看看能否取得博士学位。这不就是今天被称为"内卷"的社会现象的来源吗？

人们对学历的要求越来越高，但事实上，拥有这么高学历的人要去做的事与以前高中生或大学毕业生所做的并没有太大不同。这就是在现代官僚体系之下，不仅是官僚体系，而且是整个社会都在聚焦、强调专业的重要性。

官僚系统的影响之二：资格认证大于实质能力

高度发达的工具理性讲究程序、资格，只看人有没有通过固定的程序。因此，为了让自己的资格看起来比别人更有竞争力，必须在程序上消耗更多时间以完成它。

工具理性为什么有"工具"二字？因为它对价值理性的判断是暂时将其搁置一旁，管控这样的资格，实际上管控的是形式、程序，而不是真的测验这个人在实质的工作中有多少能力，他的专业性能应对、解决什么问题。

因此，工具理性弥漫在官僚体系的资格养成程序中，以至于实质的理性，即对比一个人的能力和他在工作上必须处理、解决的问题之间的匹配度，在工具理性过度发达的环境里没有发挥的余地。这是韦伯所说的官僚体系发达会在社会上产生的第二项巨大影响。

官僚系统的影响之三：只看事，不看人

官僚系统的第三项巨大影响是人在官僚体系里失去了人味。这是前文介绍过的官僚很重要的态度：对事不对人。既然对事不对人，他们的眼中也就慢慢地没有了人。

这是一种从官僚体系内部形成的精神。今天说一个人很官僚，或是说一件事被官僚态度阻碍了，这些关于官僚的负面印象都来自人在其中不受重视。这里只认公文，而且对官僚的程序来说，无论谁在这个程序里都是没有意义、没有差别的。

我年轻时最害怕去机关办事，因为到了那里，好像所有人都会摆出扑克脸，气氛非常凝重，更重要的是那些机关人员好像对所有人都有非常大的距离感，陌生、冷淡，乃至于带有敌意。我小时候还发明过一个动词，叫作被"晚娘"。

以前我认为晚娘是最凶的，也是脸色最难看的，因此我觉得每次到任何官僚机构里办事，在柜台后的都是"晚娘"。于是，光是想到必须去某个机关办事，我那一天的心情都非常坏，脑子里一直在自我暗示，让自己不要担心：不要怕，就去吧！被"晚娘"了又怎么样呢？

但即使做了思想准备，实际的整个过程还是极度不愉快。为什么所有的公务员平常也有人味的那一面，但等他坐上了柜台，就会变成那副脸孔呢？

这相当程度上就是官僚体系带来的一种集体作用，它要求其中

的成员对所有人一视同仁。既然如此,那么在成员眼中,这些人都没有、也不应该有任何差别。

而要无差别对待所有人,最简单的就是把自己变成机器,只是和对面的人在职务范围内发生非常有限的关系,只回答固定问题,也只问固定问题。另外,只接受通常经过了表格、公文、固定程序和文件所产生的某些信息与资料。这是最有限但也最有效的一种方法。

在那种情形下,一方面照顾了自己的职务专业性,每个人只处理一小部分工作,一旦超过也只有一个答案:这不归我管。甚至别人问"这归谁管?我应该找谁?"时,也只回答"我只知道这不归我管"。官僚体系的专业到后来会产生这种最极端的表现方式,而这另一方面又符合了官僚体系中认事不认人,只在意事情,而把所有人的因素排除在外的要求。

这不只是官僚体系内部会产生的一种风格,在现代官僚发达尤其是需要更多行政流程管理的社会里也存在。政府管得很多,并设立了很多机构,而这些机构更进一步地影响了社会上人们认定应怎么做事的程序。因此,即使是在民间的服务业中,这种官僚体系中对事不对人的习惯也会蔓延出去,以至于即使服务业里要求从业者笑脸迎人,不能摆一张扑克脸,那种笑脸也是对所有顾客一视同仁,其中没有人的差异性。

美国 vs 德国:官僚化程度与人味浓度成反比?

这里又涉及韦伯当时在德国和美国之间意识到的其中的差异。

关键的差异是一个官僚体系、一个政府到底要扩张到什么程度——这不是量的扩张,而是质的扩张。所谓质的扩张,也就是在日常生活中,究竟有多少活动、行为是与政府管辖有关的。如果要形成一个组织,并让它运作,那么政府必须介入很多,这也就意味着官僚体系的触角会深入人的生活的许多面向。

在这种情况下，随着官僚体系的高度发达，以及人不断地与官僚体系打交道，整个社会都会变得官僚化。但是相对应的，如果是在一个小政府的概念下，这个小政府没有管那么多，那么民间必须自主地发展出许多其他的互动及管理的机制。

以美国为例，虽然这样的社会也有经济上更强大的理性作用，但这种工具理性的作用，会反映在关于利益的算计上。就像之前提过的，芝加哥的电车公司纯粹从利益上计算，因为改进系统所需花费比每年因系统出问题而必须进行的赔偿花费要贵得多，所以他们宁可不改进系统。

不过，这是从经济利益的角度发展的工具理性到达最高层级的表现，在生活上，因为政府官僚没有那么庞大，所以保留了人与人之间互动的人味或是人的实质性。在民间的互动中没有那么严格的程序，很多时候是靠当下谁和谁在说话、用什么态度说，来决定某件事会朝哪个方向（好的或坏的，成功的或失败的）发展。

在这样的情形下，官僚产生的非人化使人去除多样自主性的效果就会没那么高。因此，德国是一个相对完整的非人化的官僚社会，在那个社会中，讲求人情味，也就是希望别人把你当作特定的人来对待是相对困难的。但在美国，虽然经济的利益主导了工具理性，可是工具理性涵盖得没有那么全面。也就是刚刚所说的，它的官僚化程度在质的层面并没有那么深，因而就产生了不一样的社会。

官僚系统的影响之四：反业余

接下来，韦伯还提到了官僚系统发达会产生的第四项社会效应，即反业余。

反业余的意思是一切都必须讲究专业，越专业越好。可是又不能忘了在官僚体系里，承认专业性的方式并不是让人示范实际要怎么操作,而是出示相关的证明文件。

因此,这一切又回到了认资格,而最能保障资格的就是单位,因此,人最好要有一个单位。直到今天,一个高度官僚化的社会就是会用这种方法,即认单位而不认人,或者说认人之前先认单位。即使是我,也常常被问:你是在哪个大学里教书的呢?有什么学位?是哪个专业的?属于哪个系?这也就是要我交出证明文件,并展示由单位授权的证明文件背后的权威。

在没有单位之前,人们不会考虑要听听你说的到底有没有道理。所以单位给予的权威,即一种专业性的保障,比真正的知识和学问更重要。我在《讲给大家的中国历史》的总序曾提过钱穆先生的故事。当年他没有学历,在小学里当教员,但他写了《先秦诸子系年考辨》这本了不起的历史大著作,并被顾颉刚看到了。

虽然顾颉刚明明知道《先秦诸子系年考辨》对他的《古史辨》抱持着非常严厉的批判态度,然而他就是佩服钱穆。于是,他后来推荐钱穆去广州的中山大学教书,但钱穆没去。顾颉刚接着又推荐他到燕京大学的期刊写稿,钱穆又写下《刘向歆父子年谱》,这是更进一步地挑战顾颉刚背后的今文经学的"疑古辨伪"——认为许多古文经是由刘歆伪造的一种说法。

顾颉刚甚至引荐钱穆到北大教书。而不管是燕京还是北大,他们都接受并承认钱穆的学术地位。钱穆没有单位、没有证明文件,他靠的是什么?当然是他的知识学问。而更重要的是,他靠的是中国的大学在理性官僚化之前的环境,由于还未被彻底地理性官僚化,所以一个没有单位、证明文件的人,能仅靠他的知识和学问就被认可和承认。

这样的历史例证可以让人更清楚,韦伯所说的在高度官僚化情况下,因为政府体制不断变得庞大,连带着让官僚的习气渗透到整个社会风气里,会造成多大的影响。

14. 传统型的正当性：像家长一样安排一切

前文介绍了在韦伯的理型论里，其理想型是现代官僚。接下来会对照所谓的传统型的正当性、权威以及超凡魅力造成的正当性和它的权威又是怎么回事。

传统正当性特征之一：老人统治

在现代理性官僚中，凸显的是技术的重要性，相对应的，在传统性的权威里凸显的是年龄的重要性。

韦伯说，在传统的正当性与权威中，最普遍的一种现象是老人统治。这是因为老人熟悉神圣的规矩和神圣的仪式，并且，年纪越大的人越能记得更久远的事。而在看重传统、希望保留和遵循传统的情况下，老人当然占有优势。

一方面，老人对神圣的规矩、仪式有记忆并进行了保存；另一方面，借由这些记忆和保存，老人有了诠释、掌控的权力，能压倒后来的世代。在始源学上，也可以说传统式的权威基本上源自原始的家长制，即在原来的家庭中，男性中年纪最大的家长掌控了一切，他替家庭里的成员进行资源分配并保障他们的安全，而这更进一步地形成了一种权威的正当性。

在这种原始家长制中,人们必然养成了尊奉惯例,同时视高度的保守为至高无上的准则:过去怎么做,现在也跟着做。如果一定要有什么修正,它顶多遵循的原则可以用英文的说法来表示,那就是"don't fix it, if it is not broken",即除非已经可以证明它坏掉了,没法运作了,不然不要随便修改。

什么叫传统式?就是如果要改变过去流传下来的习惯,必须有强烈的理由。如果没有这样的理由,人们会理所当然地按过去流传下来的既有方式做。而至于过去流传下来的方式,不需要经过检验。

甚至如果有人要检验传统的做法是怎么来的,质疑它是否有道理、是不是最好的做法,那么在这种传统权威的正当性之下,这样的人会被压抑,会被视为异端。也因为如此,在老人统治之下不容易发展出理性技术官僚的行政班子。

传统正当性特征之二:固定的利益分配

刚刚说到,这种传统的正当性绝大部分脱化自原始家长制,因此握有统治权力的往往是原来的亲族或侍从系统的延伸。他们为什么要接受这种传统政治模式呢?因为有一种固定的经济利益分配架构,他们在这个架构里找到了一个可以分享经济利益的位置,能固定地得到经济利益。因此,在传统的政治中,经济利益的分配极为重要。

如果从正面看,那就是经济利益的分配是完全固定的,因而不会有那么多钩心斗角。要想在其中分到更多利益,唯一能运作的是让自己在这个架构里得到应有的位置。而一旦人处于这个位置上,按传统的方式,必然会很有把握、很有安全感地得到这么多经济利益。另外,因为传统和固定,人也无法对这个位置以外的其他利益有非分之想。

换做没有那么正面的、批判性的角度看，这种传统的经济利益分配是一个没有经过理性分析与检验的架构。因而，在这个架构中必然存在着许多无效率的安排。那么，对经济的发展尤其是对理性的资本主义的发展来说，这种传统的经济利益架构是最大的阻碍。

传统正当性特征之三：对土地的垄断

要让经济利益可以如此固定地分配，也就可以想见总收入从最根本的源头上必须是固定的。因此，传统式的政治权力的背后相应的经济系统是垄断土地权，也就是垄断土地的生产。

在一定的技术和气候条件下，依托土地生产的农业每年的产出大致不会有激烈的变动。通过这种方法，把固定源头的收入预先分配给不同的位置、不同的人。相应的，在由传统正当性保障的政治统治之下，必定非常重视土地，而且必定要建立一种可以彻底垄断土地权的政治，这变成了权力运作的先决条件。

传统正当性特征之四：司法权的占用

有了这样的先决条件，统治者宣称"普天之下，莫非王土"，即所有的土地都是统治者的。统治者把所有土地上的经济利益依照每一年的经验预先安排好，分配给愿意配合他统治的亲族或侍从，这些人会帮助统治者保全所有规矩、规范，而接下来必须有司法权的占用。

所谓司法权的占用，也就意味着在"普天之下，莫非王土"的前提下，其他人尤其是和土地相关的人有任何争执都必须诉诸实质上的超级大地主，他以传统形式的君王或帝王身份出现，帮人解决所有问题。

这种司法权相对应地被视为与土地权乃至于今天的财产权是一

致的，也就意味着在现代官僚体系中最讲究的公私之分在这里是没有意义的。到底什么是群体的权力、什么是握有统治权的个人的权力？其中没有非常明确的分界点。

更进一步的，一个传统的家长，一个传统的君主，当他握有司法权时，他看待司法权和他看待自己的私有财产基本没什么不同。他可以把自己握有的司法权出售、抵押、继承、划分，用这种方法培养自己的私人班子，并更进一步地处理正当性和权力的继承问题。考虑继承者是谁，基本上是与他考虑把一个杯子或一块土地交给谁是一样的。

传统正当性特征之五：稳定至上，自给自足

正因如此，传统型的正当性这一政治风格在经济方面必然建立起一种根深蒂固的意识形态。这种意识形态追求确保源头上的土地生产总收入固定不变，因此这个意识形态的价值倾向是稳定至上。如果有变动，要想尽办法降低变动的幅度，只能容许变动越小越好。

为了保障这种稳定性，又使得他们格外讲究自给自足。

为什么传统型的统治一定与农业有这么密切的关系？因为农业封闭，追求自给自足，尽量避免外来因素（人或其他资源等）影响原有的从生产到固定分配架构的过程。在这样的意识形态下，也就可以想见这些人是不会重视经济事务的。

而且，可以更进一步地分辨，如果这样的一位家长、君主，进行的是直接的统治——意味着所有的行政班子都来自他的宗族、侍从，并且都在他制定的依照传统习惯的资源分配架构之下——那么就没有任何可以产生经济自由度的空间，也不可能实现追求经济上更大利益的动机。

甚至，在这个系统下不重视计算：很多东西不需要计算，也无

法计算。在传统上就是如此，拿到了任何事物都按传统方式进行分配。比如，有谷类，有猪，有鸡，有羊，但不需要考虑谷类、猪、鸡和羊彼此的换算关系。猪来了，某人应该分到半头；鸡来了，某人应该分到两只；如果有羊，某人应该得到四只羊蹄。这些是固定的，并且所有都按固定下来的传统方式进行。于是，这里需要的是最粗浅、最简单的算术，甚至不需要在算术内部的换算合理性。

那么，这个政治体所得到的总资源是多少？说实话，这是无法计算的，或者借用黄仁宇对中国历史的一项重要特性的描述，那就是数字上无法管理。

人们永远弄不清今年和去年土地的总收获相比，是变多了还是变少了，因为在这种传统型的运作中，并没有一个理性的价值互换公式。因此，与100担谷子、2头猪、3只羊、80只鸡相比，80担谷子、10头猪、3只羊、112只鸡是更大还是更小呢？在一个传统的架构之下，不需要算，也无法算，因此也无法出现技术官僚。

技术，首先必须要有理性可以着力的地方，而这里完全没有这种地方，一切的利益都是建立在私人关系上进行分配的。在这里，经济领域、经济事务必然缺乏独立性。所以，只要是这种传统型的政治运作，基本上就不可能出现资本主义。这相当程度上解释了为什么虽然中国的城市商业一度高度地发展，但在近世的历史上，它最后还是没有出现西方理性的资本主义系统。

权力与理性的根本矛盾

韦伯的比较研究让我们对中国历史有所洞见：君主的权力越大，君主的直接行政在传统中扮演的角色越重要，就越不容易产生资本主义。因为君主的主观不断地打破有可能被培养起来的理性的根苗，理性的计算。这也解释了为什么无法建立数学，因为它一再地被君主的权力压抑。

在这种状况下,没有理性,没有基本的计算,也没有数字上的可管理性,资本主义的繁荣自然顶多只能达到一定的程度。

而即使资本主义的繁荣达到了一定的程度,也需要其他的社会条件。最重要的社会条件是要有城市及城市中的另一种贵族居民——在身份上有特殊自我认知的一群人。这群人构成了很不一样的阶级,他们意识到自己与原来君主所率领的传统系统有一定的距离和隔阂。他们无法介入,也不属于原来获得传统土地经济利益分配的一分子。因此,他们必须用别的方法:一方面,开创自己的经济资源、经济利益;另一方面,无论他们站在嫉妒、羡慕或是为了能理性扩张自己的经济资源的态度和立场上,都必然尽可能地对传统经济固定的既有分配架构予以冲击。

一边是缺乏技术官僚的传统政治体系,另一边是该政治体系下的城市及城市贵族的不同价值观。在人类历史的绝大部分时间中,其实就是在这两股力量不断进行的各种妥协与调整中,决定了最后会有什么样的社会、前途和未来。

这是韦伯对传统型的正当性、传统型的政治体系提出的观察及分析。

15. 超凡魅力型权威：如何聚拢一批狂热的追随者？

超凡魅力权威：英雄的领袖，狂热的信徒

接下来了解一下韦伯所说的第三种权力正当性的形式，即超凡魅力权威（charismatic authority）。

这是一种怎样特别的权威呢？要了解它，很关键的是必须理解和想象领袖与信徒之间有着特别的关系：狂热的追随者与一位领袖结成了一种非常紧密的崇拜关系。

那么，在历史上，在人类的经验里，什么样的人依靠什么样的性质，又为什么能获得用近乎狂热的方式、用近乎放弃自己独立自主的行为乃至于放弃自己人格的方式去追随领袖的追随者？二者间如何建立了一种特别的关系，并且如何用这种关系形成了特别的团体呢？

这是一种领袖与信徒之间的关系，而既然提到了信徒，它有一个非常清楚的来源是宗教，这是因为宗教宣称它自己带有神圣性，所以产生了这种超凡魅力。

比如，有人宣称自己是上帝的儿子，这使人联想到耶稣基督。他如此宣称，并说服了他的信徒，而信徒把他视为上帝之子，于是全心全意地跟随他，这个人也就取得了一种非常特殊的超凡魅力，

也由此取得了全面的权威。

英雄的来历

这里介绍一本参考书，来自19世纪英国的大演说家、大文豪托马斯·卡莱尔（Thomas Carlyle，1795—1881），名为《论英雄、英雄崇拜和历史上的英雄业绩》(On Heroes, Hero-Worship, and the Heroic in History)。这本书收录了卡莱尔的六场演讲，他在其中对英雄做了分类。什么是英雄？人们的眼中为什么会产生英雄？人们对英雄的崇拜以及历史中的英雄特性究竟是怎么来的呢？

这本书的第一章第一讲说的是从神而来或是以神人的身份产生的一种英雄。卡莱尔用的例证是耶稣基督，这是基督教的起源。如果没有这种英雄与因之激发的英雄崇拜，以及从这里诞生了韦伯所说的超凡魅力权威，根本无法想象在历史上会有传承了这么久、这么强大的基督宗教。

在第一章讨论了作为神或是神人之间特殊存在的英雄之后，卡莱尔接下来表示，有作为先知的英雄，有作为诗人的英雄，有作为教士的英雄——也就是马丁·路德。马丁·路德重新改写了宗教，依照他对宗教提出的特别解释，形成了大家眼中的英雄，他也用这个英雄的形象获得了自己的信徒。另外，还有作为文人的英雄，而最后一个类别是作为国王的英雄。

这是卡莱尔整理出的人们眼中的英雄，这非常清楚地呼应了后来由韦伯整理并描述的超凡魅力的形式。

超凡魅力的形象之一：无畏的狂人

超凡魅力最重要的一种形式是狂人。这种狂人的内在有一般人无法想象、也不可能具备的狂暴的热情。不管狂人以这种狂暴的热情追求什么，他一方面近乎疯狂，另一方面又有能力使自己的追求达成某种成就。因此，狂人的这种疯狂被视为是有效的。

一种有效的疯狂，从高度的狂暴激情中刺激出了一种巨大能量，使狂人得到了日常生活中少见的甚至一般人不会预期的成就。他的那种激情与疯狂让人感到敬畏，因此人们会跟随他。在此过程中，跟随者似乎不敢抬头与他平视，只是低头并跟随他的脚印和影子，他往哪里走，这些人就跟着去哪里。

因为他已经有令人敬畏的形象，所以他发出的命令会得到这些人的充分服从。这种伴随着狂暴激情而得到世俗特别成就之人，最常见的特质是好战、敢战。这是战士。

战士要敢于在敌人面前冲锋，无悼于生死，于是激发了同伴乃至于敌人对他的敬畏。同时，在与人武斗的过程中，如果失败了或被打死了，一切就结束了，因此他还要在武勇征战的过程中全身而退。经过一次又一次的战斗，他存活下来，也因此能迎来崇拜与服从。这是最常见的一种由狂人的狂暴激情产生的超凡魅力。

超凡魅力的形象之二：萨满教士

还有一种是萨满（shamanistic）或萨满教士的超凡魅力。一个人宣称并能示范他不只活在这个世俗世界中，还能进入另外一个或几个世界。那样的世界只有他知道，并且他可以从中带来很不一样的力量，那不只能保护他自己，还能影响甚至是伤害他人。

如果他可以突然入定或灵魂出窍神游，而后便发出不一样的、我们听不懂的声音，又或是他在灵魂出窍的状态下发出的声音、写下的字、做的动作与我们认识的这个人完全不一样，那么一般人会感到非比寻常。而因为这种非比寻常的表现，大家会害怕他——害怕他到了另一个世界会取得什么力量，甚至害怕他在另一个世界会得到什么讯息。

人们不了解他，同时会担心这个人对自己了如指掌，因而他就有了对一个群体的特殊掌控，这是另一种权威的来源。

超凡魅力的形象之三：先知

第三种来源是之前解释宗教作为一种社会活动时提过的先知。什么叫先知？这类人不断地说：我知道你们不知道的，知道未来长什么样，知道现在暗藏于一般事物表面之下的秘密，我看得到别人看不到的，也能掌握别人无法掌握的。

当然，先知的关键之处不只是他不断地进行预言式发言，更重要的是他的发言内容要刚好能打动一群人的某根特别敏感的神经，使他们产生了强烈的困惑，直到困惑至极，于是和前面萨满式权威的来源一样，让人害怕：如果不了解先知的语言，如果没有跟随、服从先知，那么先知预言的不可确定的、巨大的灾祸会在自己没有防备的情况下降临。

当然更有效的，就是先知有一套语言，让他的预言能获得令人信服的力量。在这种情况下，人们就愿意跟随他，因为人们觉得必须要知道、记录、解读，并能彻底了解先知所说的话。这是形成超凡魅力的第三种原因。

超凡魅力的共通性：对现实秩序的挑战

可以将韦伯所说的三种超凡魅力的来源，与刚刚所说的卡莱尔对英雄的分类进行比对。两相对照，就会对在漫长的人类历史中，什么叫英雄，什么是超凡魅力以及它曾发挥什么作用有更深切的体会与认识。

另外，超凡魅力的发挥必然结成了特殊的团体，而这个团体才是韦伯的社会学要特别观察、特别分析的对象。韦伯关注的是，因超凡魅力权威而形成的团体格外严密，它往往严密到去除了个别的财产乃至于家户财产的关系，从而进入一种共产的关系。

这种关系是为了保障所有人，只要一个命令、一个动作——不管是狂人、战士、先知还是萨满所说的话或所做的举动——都可以立刻引起整个团体的一致反应、行动。因此，这么形成的团体是一个革命组织。而且，往往是在发动对现实秩序的挑战甚至是对现实体制的改革、改造时，这样的团体可以发挥最大的作用。

这样的团体自身有非常严密、清楚的团体界限。作为这个团体的成员，只要进入就必须与其他人平等相待，必须与其他人一样放弃所有的身份、权利甚至是所有的财产、所有物，必须将所有的财富都交给这个团体。

但是，这个界限严密的团体又必然具有非常高度的向外扩张、征伐的动力。而韦伯指出，拥有超凡魅力权威的领袖最常运用的语言句式是："尽管一般认为……但我要告诉你们……"

这意味着他的权威在相当程度上是建立在他质疑甚至是否定既有秩序之上的。他凭借的是一种不需要被解释的，并使他的信徒自然而然地、直觉式地相信的超越的来源。它不来自世俗，不来自理性，也不来自一般的算计，而是来自一种人们弄不清楚却从他身上感到一定存在的来源，人们在那样的来源中得到了不一样的真理。而这个真理的最大性质是它与当时在人群中流行和遵循的秩序不一样。

超凡魅力型领袖：因尽义务而得到权力

拥有超凡魅力权威的领袖的常用句式表达的意思是：尽管在我

的观念之外、在我的团体之外的人都这么想，但我有不一样的真理，而且只对相信我的信徒说，因此，我们有不一样的信念，要依循不一样的秩序。

同时，这个领袖往往会宣称，他是被选择来传递这种真理的人，他承担这样的真理，同时愿意尽这样的义务。因此，从超越来源的真理保证了他可以得到一种权力，以命令和要求信众。

这样的领袖最重要的语式是挑战和否定既有的秩序。因而，这样的领袖和团体带有一种侵略性，也就很容易甚至必然地与当下现实已存在的秩序发生冲突。

这样的领袖宣称自己得到的是更高的真理，而且，因为这样的真理使他有承担、愿意尽义务并由此得到了权力。因此，他要继续保有其权力，就必须要面对他否定的另一个假的真理，他必须用自己相信的真理，带领自己的信徒不只是挑战，而且是必须要压制、征服另一种更普遍、更流行的真理。

这是一种激烈斗争的模式，毕竟只能有一套真理——到底是当前流行的，还是这位领袖提出的才是真理呢？这必须要在冲突中予以解决。因此，这种超凡魅力的权威与现代理性的官僚体制是刚好相反的。以至于从历史上看，尤其是官僚体系在社会运作、管治上取得了非常高的地位与影响力时，这种超凡魅力的领袖和他的信息往往具备了特别的吸引力。

从工具人到"天选之人"

这时，在由官僚体制的工具理性笼罩的社会活动中，人感觉自己不再像人。在那里，人失去了作为具体的人的性质，得不到尊重，也得不到发挥的空间。因而，人很自然地会有一种希望被认知的渴望。而被认知得最清晰甚至最极端的一种形式，可以引用孟子所说的话说明："天将降大任于是人也，必先苦其心志，劳其筋骨。"

关键在于"天将降大任于是人也"，也就是前文介绍的，有一个来自超越的权威，给予了一个人使命，让他拥有一种义务。当他感到天特别地选了他，或是神圣的领袖看中了他，认为他应该来帮忙，那么这就是一种明确的认知。这与人在官僚体系中的状态——没有名字、性别和身份，就只是官僚体系必须处理的一个程序——形成了强烈对比。

因而，在这种情况下，在认同的过程中甚至产生了一种终极的认同力量，人们愿意付出代价，愿意牺牲。以这种方式聚拢的团体，其内在必然凝聚着强大的破坏力量。对当前的秩序，尤其是这种不把人当人看的官僚体系，他们将其视为带有强烈敌意的敌人，并被刺激出强烈的推翻这种秩序的动能。同时也能想象，在把这个秩序推翻后，社会、环境可以再建，得到重生。因此，具有超凡魅力的领袖，也就必然会提供人们重生与再建新秩序的希望。

高度敌视现状，由此会吸引许多对现状不满的人加入这个团体，成为这位领袖的信徒和追随者。这些信徒、追随者在彻底服从领袖的情况下，具备了巨大的力量，足以挑战既有的秩序，乃至于在其他条件的配合下，能推翻既有的秩序。

这是超凡魅力权威的特殊来源及特殊形式。

16. 超凡魅力的权威为何难以持久？

接下来继续介绍韦伯在政治和社会的关系中提出的第三种政治正当性——超凡魅力权威的正当性。上一节已经用抽象的方式描述了什么是超凡魅力的权威。不过，韦伯告诉我们，超凡魅力的权威基本上是狂风暴雨。而既然是狂风暴雨，就一般来得急、去得快，很难一直维持现状而完全不向传统或现代理性官僚转型。

三种超凡魅力的合体

历史对韦伯的这种观念有非常好的说明和例证：英勇的战士、先知、狂人这三种超凡魅力形态集合在一起会发生什么。

一方面，一个人是英勇的战士，有非常杰出的策略思考能力。在策略的运作中，他面对非常强大的敌人（这个敌人同时也是现实秩序和现实权力的掌控者），能带领自己的组织，一次次地在艰难战斗中取得或大或小的胜利。当然，从长远来看，最重要的一个胜利是他存活下来——即使敌人多次用各种方式要置他于死地，他都能存活。

另一方面，在这个人身上还有第二种形态：他是一个先知。他掌握了当时认定的人类社会的科学真理，这种科学真理已经预言了人类的未来。

还有第三种形态也聚集在他身上：他是一个狂人，是一个非正常人。他表达、思考的方式，他对待所有人际关系（包括他和敌人斗争）的方式，他在每一个面向上都和别人不一样。他摆脱了原来日常生活中的种种拘束、种种礼貌、种种人际的不同顾虑与考量。这种狂人的形象让人无法琢磨，同时也令人敬畏。

当内在的人格与外在的行为结合，就产生了韦伯所描述与形容的非常典型、明确的超凡魅力的形象（charismatic figure）和作用。

他的这种超凡魅力引领着其追随者去冲撞旧势力、旧体制，与保守势力展开了长期斗争。这样的斗争是不可能停下的，必须一直不断去打破既有规则。

在这个过程中，这个超凡魅力型领袖必然与官僚体系为敌，他要打破旧官僚。更进一步的，在他自己的心态、观念乃至于他灌输于同僚的观念中，官僚被当作绝对的敌人。这种超凡魅力的权力指向的是打倒既有秩序、既有官僚体制，这种革命的权力必须高于一切固定的规则。等这位领袖的权力高达一定程度，他就可以制定要求别人遵守的规则。

然而，他根深蒂固的超凡魅力的立场与以官僚体制为敌的立场此时就翻身过来，表示即使是他自己制定的规则，也不能规范他。在这个过程中，他真正的、最大的敌人不会是哪一个政敌，而是一种由抽象的制度化、官僚化所形成的现象与过程。

对这位领袖来说，任何一个固定的头衔，任何一种权力的位置，都是一种会让他感觉不耐烦并刺激他产生敌意的制度化。

正当性角力下，三波历史浪潮

因而，出现了三波历史浪潮。

在第一波浪潮里，这位领袖带领追随者去推翻、打倒了旧体制。在第二波浪潮中，形成了初期的政府体制，而随着该政府的体制逐渐固定下来，它也逐渐地官僚化。到了第三波浪潮，开始有了越来越明确的制度，而这位领袖看到并认为官僚形成的势力统统是旧的传统势力，应该除之而后快。

这不是很奇怪吗？我们理所当然地想象的当家模式是：当家之人希望一切都安定下来，每个人在自己的岗位上努力做应做之事，他可以随时掌握每个人的动态，并且可以预期未来的确切时间段内会发生什么事。

但这种当家模式其实不是超凡魅力权威运作的方式，而是呼应了韦伯所说的传统型或现代理性的权威正当性的运作方式。不管是传统式的还是现代理性官僚式的权威，它们在运作上都以规则作为导向，但超凡魅力权威刚好相反。

如果一个人当家了，也就意味着权力的形式不是朝向传统的就是朝向现代理性官僚的方式转型。当一个人当家，他定下的这些规则就慢慢地变成传统，后来的人都会依照并遵守这些传统。又或者是制定好的制度会有其考核方式，希望这些制度、运作的程序变成一种手段，而后考量、评判它是否能有效地达成什么目的，因而在目的和手段中就进行了种种工具理性的思考并予以调整。这样的调整就是理性极度发达的，并转变成现代官僚的权威模式。

这时，原来的超凡魅力的权威就被固定下来，不再存在了。在这个情形下，历史上出现了一个近乎绝对坚持的超凡魅力权威，一股绝不让这份权威朝向传统式或是理性型的权威转型、转化的强大冲动。

从超凡魅力到僵化官僚

这正如韦伯在其理论上已经预言的。虽然韦伯当时还看不到苏联要如何走上社会主义道路，但他预言，如果要实现社会主义，尤其是社会主义必须要处理非常严格的关于平等、分配等种种事务，那么这个国家的体制就必然要建立比资本主义、资产社会更强大的一批官僚来执行严格的计划。

因此，为了实现社会主义，官僚非但不可能在社会主义国家中消失，反而还会变得更庞大、更严密。换句话说，其中有不可能解决的内在矛盾。超凡魅力必然要让位于非常庞大的而且是越来越庞大、越来越严密的官僚建制与官僚执行。

这种建制化的社会纪律深入苏联后期的人民心中，所有人都被这种官僚化、制度化绑死了，因此深感痛苦。

这是两个极端，一个极端是打破所有的既有秩序的超凡魅力权威。但革命成功之后，却发展出彻底相反的方向：变成一个最僵化的官僚主义国家。而这是真实的 20 世纪的历史。

这时，韦伯已来不及看到确切的历史。而这也凸显了韦伯了不起的地方，因为在他分析社会与政治之间的关系时，就已经提出了这三种不同的正当性，以及三种不同的权威与彼此之间从社会逻辑上看会产生的必然因果连接关系。

第四章

经济与社会:我们如何合作、相处

1. 经济与社会：你的阶级由什么来决定？

接下来，要来介绍韦伯的理论中经济与社会之间的关系。由于韦伯在他的社会学里如此关注经济，尤其是关注经济史，因此他才会在资本主义的研究上得到突破。

韦伯的研究生涯：从法律到经济，从经济到社会

先对韦伯的生平做一些基本的梳理。韦伯在大学与研究所就读的是法律专业，不过，他的母亲很了解他，说法律这类专业完全不适合韦伯的个性。很早之前，法律的历史发展就已经比法律的应用更能引起韦伯的兴趣。

韦伯在1889年的博士论文中处理的主题是"中世纪贸易公司史"，这既是历史，同时是与商业贸易有关的，也就涉及经济的领域了。到1891年，他的大学讲师资格审查论文的主题是"罗马帝政时代的农业史"。韦伯把时代又往前推了，从欧洲的中世纪推到罗马帝国帝政时代，而他关注的仍然与经济有非常密切的关系。

在中世纪的研究上，韦伯关注商业贸易；在更早的罗马时期的研究，他关注的是农业。这些都与经济史有关。而后，韦伯才旁及

研究规范商业贸易和农业的相关法律。他凭借这些论文,顺利取得了教授罗马法、德意志法以及很关键的商法的资格。

这与韦伯所处的时代背景有关,因为那时德国的法学训练特别重视历史的传统。反过来说,从法规律令来探讨早期社会的经济与政治,也是当时史学研究的一条重要路线。

经济史的研究任务

韦伯特别重视经济史,他明确地规范了经济史的研究任务:要研究某个时期的经济功效如何分配、如何专门化以及如何结合。这里很重要的是提到了经济功效。经济活动最特别的是其目标在于产生效果,而在产生效果时会有各种手段上的考虑。

当韦伯在说经济时,他特别强调两个特性。第一个特性是它是一种和平的手段,暴力的、战争的或掠夺的方式不在经济活动的范围之内,也不在从社会学角度探讨经济模式的研究范围之内。

不过,我们要知道这种和平并不表示它没有强制的规范,只不过在经济领域中,这种强制的规范并不是用直接的暴力形式来威胁、执行的,它有另外的种种强制。

事实上,在研究什么是经济行为、把经济行为当作一种社会活动时,最关键的是看清在一个社会里如何强制地规范人应怎样进行经济活动,又为什么会有这样的需求。这是韦伯强调和看重的第二个特性——稀少性。

人是从什么时候开始进行经济活动的?那就是意识到并且事实上正面临物质的有限性时,这涉及至少两个方面的分配问题。一种是团体内的分配:谁分得多一点,谁分得少一点?用什么规则进行分配?只要是在团体中,这样的分配就一定会出现,必须要面对和处理。

不止如此，还有另一种分配，可以称之为时间和逻辑上的分配。先用什么？先把资源分配、运用在哪些项目上？它既是关于时间先后的，也是关于逻辑的。这种分配最典型也最简单的例子是，一个人在秋天收获稻谷，而后他要思考：哪些是现在用来饱腹的？哪些是要储藏起来作为下一次收获之前赖以生存和生活的条件的？

因此，不能一时兴起就把这些谷子统统吃掉，必须按不同的时间分配哪些谷子应依什么顺序来使用、消费。还有另一个逻辑上的考量，即必须考虑先留下哪些谷子作为隔年播种的种子。假如没有种子，隔年到了时节就无法进行下一次农业生产。

这产生了刚才说的，时间与逻辑上分配的先后顺序及分配的方法。

很关键的一件事是由于它是用和平的方式，同时要处理资源的稀有性，因此使得在经济领域与理性有最密切的关系。

刚刚说的都是要如何考量、如何计算，在计算过程中人才能做决定。因为稀有，所以产生了这样的压力，乃至于更进一步地产生了一种长期的刺激：人们在面对其他生活领域时，可以有很多的任性，但是这种随意、任性一旦遇到实质的经济资源稀有性时，它就行不通了。因为那样必然会带来很多负面的、破坏性的乃至于悲惨的结果，所以人会从中得到教训，而后就必须改变行为。要如何改变行为？这里就涉及理性的思考。

因此，研究经济史就是看在不一样的时期、不一样的社会中，如何分配、如何专门化也就是如何形成在时间或逻辑上，多层次的资源运用与资源消耗的基本模式。

经济与社会：经济秩序，作为一种强制性规则

要确保这个模式，个人和团体的应对当然不一样，尤其在团体中，必须建构一套经济秩序。这个经济秩序是强制性的，它之所以

会变成社会学研究的题目，是因为在社会学而不是经济学上，人们要研究这种秩序、规范是如何形成的，它又如何在人与人的互动中，在人以团体作为活动单位时，形成了强制团体内成员依这样的模式调整、服从的秩序和行为。

最关键的就涉及社会构成的问题。换句话说，社会与经济是分不开的。因为社会如何构成，相当程度上取决于人在这个社会结构中的分配位置。在这个架构之下，一个人可以得到的较多还是较少？还不止如此，在决定分配的行动过程中，人有多少参与度，有多少决定权？

还有另一项，在分配过程中，一个人是处于比较前面的位置，还是被排在后面？所有的一切都与经济资源的分配有关。

韦伯与马克思的阶级观

这同时也形成了社会结构的秩序，我们甚至也可以用这种方式将韦伯的概念和马克思的概念结合在一起，把它称为广义的阶级。

阶级是什么？马克思认为所有阶级的划分都源自经济的行为，都来自生产。一个人在生产上占有怎样的位置，就决定了他是什么阶级。

可以援引、加入韦伯的看法，这就显现了所有社会的分化都是阶级性的，因为它一定都会与经济资源的分配产生关系。

一个人活在社会环境中，这个社会必然会制约他，让他在运用公共资源时，不管知情与否，都有一个被分配的位阶，而这个位阶涉及这个人有多大的参与分配决定的权力。接下来，在分配的量和分配的比例上，这个人占得比较多还是占得比较少？不只如此，一定还要另外考虑顺序与时间，在分配的过程中，这个人是优先被纳入分配的考量，还是被排在很后面的位置？

不管是简单还是复杂，每个社会都一定要形成这种与有限的、不足的经济资源如何分配有关的不同社会阶层的安排。而每个人活在社会里，都必然属于这个社会给予的某个阶级位置。

如此说来，在阶级这一点上，韦伯的理论与马克思的是一样的。阶级源自经济性，如果摆脱了有限的经济资源，人们就无从了解，为什么社会要分出阶级来？为什么不可以、也从未在稍大一点的社会里看到这样的现象：所有人都是平等的、不分阶级的，得到是同样的资源？因为这在经济的分配上是不可能的。一个社会能控制和拥有的经济资源绝不可能满足所有的欲望，因而必然要产生限制，在限制的过程中就会涉及分配。

韦伯看到的社会，不是简单地被分为如劳动阶级、资产阶级、小资产阶级或官僚资产阶级等不同阶级。他看到社会阶级是社会在分配经济资源的过程中，一层层地、非常复杂地、犬牙交错般地产生的一种秩序。这种秩序不是平面的，而是立体的，只不过每个人在社会行为、社会行动中，都离不开在社会取得的或被放置的一个位置。

经济资源的分配权，定义了我们的社会位置

如果大家希望能对韦伯的这个概念，对社会与经济间的关系有更具体、更明确的认识和理解，或许可以试着做一个练习。大家可以将我接下来提示的几个问题放到自己身上思考，然后试着在当下现实的社会环境里定位自己到底在哪里。

第一个问题的假设前提是，在社会总公共资源的分配决定上如此分类：具有最大权力的、可以主宰最大份的经济资源该如何分配的人，是第一名；而反之，对公共经济资源的分配，连一点决定权、参与权都没有的人，是最后一名。如果按这么分类，你会在这一条

线上排在哪里？此外，决定你自己有多少公共资源的分配权力之标准是什么？其现象又是什么？

第二个问题稍微简单一些，它较容易量化。如果以一个社会整体拥有的、所有可堪分配的经济资源来看，你分到的是多是少？可以快速算一下，自己的工资和拥有的财富相加，会产生一个数字。但关键之处不只在于这个绝对的数字，而是再想一想，在这个社会上有这么多人，自己大概能分配到的资源会排在哪个位置？于是，你的社会位置和阶级位置，此时又得到了另一个定位。

把前面的定位与这个定位加在一起，还有另一个更复杂但同等重要且关键的问题，即问问自己的分配的顺序处于哪个位置。

可以反过来想，所谓的分配的顺序意味着，如果现在这个集体的经济资源是 100，当该经济资源变成 90 时，那么谁会无法获得本应被分到的资源？或者他分配到的资源，在从 100% 降到 90% 的过程中会受到什么影响？

这时你也要思考自己的位置。当有限的经济资源一直减少、降低，你会受到什么影响？如此可以了解，有些人握有权力，而这种权力是在总体有限的稀少资源更进一步减少时，他们是最后才会受到影响的人——这是一个重大的权力。

这个权力与前文说的两种权力又不必然一样。比如，有些人在正常的现实情况下，能分到很大一部分经济资源，可是当经济资源变动时，比如遇到了疫情，经济转成负增长，这些在一般正常状况下能分到大部分经济收益的人，其中有人的所得可能就快速地被拿走了。如此就表示在第三个问题上，这个人排在比较后面的位置。

如此交错思考，就可以大概从韦伯的角度，从社会与经济的互动中，对当前自己所处的社会产生一种新的图像。当然，更重要的是你会在这个图像中发现自己在哪里。这才是从韦伯的角度，而不是从马克思的角度来思考。

马克思的角度让你关注的是自己的生产劳动地位，而生产劳动地位决定了你是打工人，是老板，是资本家，还是小资产阶级等不同的阶级身份。

而韦伯要你看得更细一些，那甚至就不是看这一个个可以套用在身上的阶级分类名词，而是去看在这个社会里，你在面对经济资源分配所形成的强制性上，自己到底处于哪个位置？那个位置叫作阶级，而知道了自己的阶级是什么，你才能真正充分地掌握你与这个社会的关系。

这就是韦伯教授的：在社会与经济如此复杂交错的关系中，回到自身所能得到的知识和智慧。

2. 你的生活中，理性和非理性各占比多少？

经济研究的三项任务

接下来继续介绍韦伯对经济与社会关系的一些重要想法和洞见。韦伯认为，研究经济、经济史有三项任务。

第一项任务是研究在某个特定时期产生的社会里，经济功效是如何分配、如何专门化以及如何结合的，这要考虑社会的秩序如何分配经济资源。因此，虽然看的是经济行为、经济史，但会在其中发现一般的社会构成。关于这部分，我已在上一节做了比较仔细的介绍。

第二项任务是被占用的功效和机会的分类。分类很关键，它同样涉及一个社会的构成，而被占用的功效与机会是用作一般家计的利用还是盈利的利用，其实这也是传统社会与资本主义社会很关键的分野。

在一般传统社会中，人们分配到的经济资源是用于其自身或家庭的消费的，至少它们在现实生活里是有用的。但在资本主义环境中，人们从社会秩序中拿到的经济资源，不会统统用于其自身或家庭的消费中。人们要做的，是今天广义上的投资——要让这个经济资源能盈利、增长。

在这样的社会秩序之下，如上节内容所说的，当社会结构涉及分配经济利益时，每个人都有一个特定的位置。但是，差别就在这里——如果是一个传统社会，一个人的位置基本上就在某处了。可是，换作当下的环境，如果大家依照我提的问题去思考现在自己在这个社会上的位置，那么你们通常会出现两种反应。一种是悲观的反应，这也是为什么在19世纪的西方，经济学被称为"the science of dismal"，即一个忧郁的学科。由于经济学的前提是探索有限的资源与无限的欲望之间永远无法解决的矛盾，因此看待经济事物时，人们总是会看到缺乏、不足。

如此，一个人会看到原来自己在这个社会上，位于一个这么低、这么糟糕的位置上，原来涉及社会的经济资源分配时，自己能得到的是之前可能有80%的人用剩的、选剩的。于是人很容易会产生一种悲惨的、不满足的感觉。

不过，他也有可能转念一想，产生了另一个乐观的动机：现在我在这里，但一定要想办法，让自己在现有社会秩序中有能参与资源分配的权力，我要得到资源、利益，我要往前走，改变自己的位置和现状。

那么，要怎么做呢？他这时会想：我应该用现在分配到的既有经济资源去投资，将它最大化。这就是资本主义社会有差别的地方。人们得到的经济资源不会单纯用于其自身和家庭之上，而是将它作为盈利的资本利用，这个过程的目标是要让经济利益得以增长。但也不得不提醒，该过程中的经济利益不见得必然增长，也可能因此而萎缩、减少。但无论如何，总体产生的结果在传统社会和现代社会是共通的，都必然有一套强制性的经济资源的秩序。

然而，二者的不同之处在于，在传统社会之下，这套秩序一旦建立，人在其中的位置就是不变的。但在现代资本主义社会里，这套秩序的规则是不变的,而因为人依照该规则会把拿到的经济资源做盈利之用,所以人在这套秩序中的位置非但不会不变,还会有非常大的变动可能性。在变动过程中,甚至会产生非常激烈的上升或下降。这是看待、分析经济和经济史的第二项任务,也是第二种角度。

第三项关键的任务是研究在经济生活里,合理性和非理性的关系。在这里,韦伯曾有一个简短的结论:整部经济史无非是经济理性主义的历史。这是他的基本纲领,也就意味着,经济领域、经济行为一定涉及理性。之前提到因为涉及资源不足,必须要分配、解决,所以分配的过程中一定要有原则、有逻辑、有道理,只能依照理性进行分配。但扩大来看,从韦伯的社会史的角度出发,韦伯在意、研究的是经济的这种理性算计、理性安排,不会只停留在处理经济资源如何分配、如何应对稀有性的面向上。

一旦经济行为形成,尤其在一个社会中,其经济理性越发达,就越会产生巨大的感染力,对经济以外的其他社会领域产生影响。

人的理性和非理性行为是怎么来的?

一个角度是分析在这个系统里处理资源的分配、利用时,到底哪部分是理性的,哪部分是非理性的。

理性也就表示这是有道理的。比如,一旦秋天收割了谷子,就立刻储藏一部分作为隔年的种子,这是理性的安排,是有道理的。反过来,收割了大量谷子后,一个人拿所有谷子换回一套红木家具,以至于这套红木家具还没享受满一周,自己就没饭吃了,也没有粮食可以解决自己的生存问题,这就是不合理的安排。

在一个经济领域中,尤其是在集体层面,社会必然有一部分经济资源的分配与运用的方式是理性的,但也有一部分是非理性的,而非理性有各种不同的来源。比如,有部分是传统遗留的仪式性消费或仪式性的扭曲分配。其实，这种分配的方式可能是基于几百年前的环境的考量而产生，可它被僵化地固定下来，并不适配当下的环境，以至于变成了一种资源上的扭曲。

还有一部分非理性来自人的情感或情绪的其他需求。比如，最常见的经济上的非理性安排来自人炫耀、爱面子，这主要是为了获得别人一时的羡慕目光，当然，这么做也有可能是为了维持或提升自己的社会地位。但在这种情况下，人所做的行为在经济上是不理性的。

有很多不同的来源，由此构成人的经济行为中理性与非理性的部分。而经济行为的理性与非理性之间的互动和它们的比例又非常关键，因为从个人尤其是到了团体的层面，一个人对经济的思考、安排越理性，那么当他在对待其他领域时，从经济领域而来的理性就会产生更大的影响力。

反过来，如果连经济资源的分配与运用都带有高度的非理性性质，那么不可能假定这个个人或这个团体在经济以外的领域可能是理性的。

同样的，这些都是用抽象理论的方式解释的，因为韦伯有很多抽象理论。如果要有更具体的体会并掌握它们，可以试着用这种方式进行自我分析。

你的生活中，理性和非理性占比如何？

要分析三个层次。一个层次是个人的层次，就是你自己；另一个层次稍微大一些，大概可以用一个家庭作为扩张的小型团体；还有一个你自己选择的较大的团体，比如以一个企业组织或你所在的城市作为一个单位。我们可以用这三个不同层次思考、分析刚刚提到的合理性与非理性的关系的问题。

比如，过去一年里在经济资源的分配和运用上，你在哪些地方是理性的，哪些地方是非理性的？非理性与理性之间形成了什么关系？

其实，大家最好先回忆自己过去这一年来非理性的经济资源分配、安排，而且是最夸张、最无法对自己和他人交代的。这是因为回想自己的理性安排较难，通常是非理性的安排、运用会给你留下比较深刻的印象。

在你罗列这些行为时，它们会按照从非理性到理性的顺序陈列，而后，你要看看自己所做行为的合理性与非理性之间的比例关系是怎样的。

一旦涉及群体，理性与否的评断就变得困难

接下来，也可以用这种方式去分析自己的家庭。当我们开始分析家庭后，也就会知道为什么韦伯会那么关注什么叫社会行动。

对一个人的理性与非理性通常有比较清楚的标准，因而可以在分析时做出判断。而一旦涉及团体、不同的家人、家人之间的各种互动，在做同样的分析时，会发现难度越来越高——基于不同的人的观点，经济资源的运用是否合理，会产生不同的评判和答案。

这里就又回到刚刚说的，韦伯告诉人们什么叫经济行为，为什么会产生经济分配上的权力问题。因为一个人认为这么用是合理的，而另一个人认为这是不合理的。那么，不一样的人有不一样的标准怎么办？这涉及谁来做决定，谁可以做决定，谁的意见可以变成决策，其中也就涉及权力问题。

仅仅是在家庭中，理性与非理性的关系就已经变得那么复杂了，假如变成更大的群体，要考量的自然就更多了。因此，依循韦伯的建议，我们可以体会到为什么在韦伯的社会学研究中，理性那么重要。

社会行动与社会团体的定义

当韦伯在研究这些问题时,他是以一些特定现象作为起点进行观察的,其中也涉及他分析社会的基本概念。对他来说,观察社会现象有两个基本点,一个是社会行动,另一个是社会团体。

所谓社会行动,就是对他人产生影响的行动。换句话说,就是必须有能动性(dynamic)的行动。一旦两个或更多的个人之间产生了交互作用,那么社会关系就成立了,而社会关系的产生意味着团体出现。

举个例子,如果今天有一位先知,他把自己关在山洞里或是隐居在山林小屋里,在那里冥思、祈祷,这些都不是社会行动。但如果这位先知外出传道,就构成了社会行动。紧接着,如果他传道时吸引了愿意追随、信仰他的信徒,那么此时他作为一位教主或先知,就与信徒之间产生了社会关系。而只要稍微再多几个信徒,就会变成教团(即社会团体)。

四种性质的社会行动

社会行动、社会关系与团体是韦伯最看重的,而且他在这里做了很多仔细的区分,其中一个很重要的区分是将社会行动分成四种性质。

第一种社会行动的性质是传统制约或维系传统的。比如,绝大部分家庭及学校,尤其是学校涉及教规矩、教小孩社会化的社会行动,这就是传统制约的,也就是要传承、保留既有的传统。

第二种是感情性的社会行动。比如,在一些自发的同学会中,或是与酒友一起喝酒时,人们会得到非常强烈的感情性满足,这也是社会行动。而且,这种社会行动是不可能用个人的方式在个人层面予以取代的。

第三种是工具理性取向的社会行动，最典型的是之前分析的官僚系统。官僚系统中的某个单位，甚至是今天人们供职的绝大部分企业组织，都是工具理性取向的。它是在整个更大的社会生产链上承担一个特定的功能，为了满足这个功能，它把这些人集合在一起。这些人按照该功能的需求产生了社会关系，并有了社会互动。

对应于工具理性取向的社会行动，第四种是以目的理性为取向的社会行动。这种社会行动包括了所有能内在地成为目的、让人有成就感的社会行动。比如，大家合作创作一个作品，或是一起参加运动竞赛。即使在竞赛过程中，人与人之间是彼此竞争的，但整体上在这种社会行动里，人不是为了参与运动达成其他什么目的，也不是要在其中承担什么特别的功能——这种社会行动本身就是目的。

将社会活动划分成不同的性质，最后仍要扣回与理性之间的关系。韦伯要带领我们观察和思考的是不同性质的社会行动，其理性化的可能性与程度会不同。此外，在不同性质的社会活动中，这些社会行为受到非理性的冲击，乃至于非理性取代理性的可能性也会不一样。

关于如何更深入地了解什么是社会行动，以及社会行动与理性、经济利益之间的关系，我会在下一节继续解说。

3. 社会行动：你的日常生活，需要依赖对他人的预判？

马克思：价格改造了价值，让我们活在集体的"价值系统"里

韦伯是从社会行动的角度看经济行为的，在这个关系以及方法的层面上，就与经济学尤其是现在人们熟悉的经济学很不一样。

不过有时候，这种不一样没那么容易说清。举一个货币的例子，货币涉及价格，而今天的经济学基本上都是从市场经济学的角度看，这是经济必要的条件。如果没有货币后的价格，一切的经济行为都会变得无法理解、无法分析，更无法形成各式各样的具有预测能力的理论。

因此，在市场经济学里，价格是一个前提，而货币是实现价格、决定价格、保存价格的工具。通过这种方式，价格和货币之间的关系形成了。如果没有价格，就不可能进行交易。如果没有可以制定价格、实现价格乃至于储存价格的货币，那么交易间形成的市场也就不存在了。没有市场，就无从分析什么叫经济，并且经济学也不能成立。

这样的逻辑在今天的经济学里被视为是理所当然的，但它真的是那么理所当然的吗？马克思在他的理论中就质疑了市场货币价格

的这一连串理所当然。他溯源并探问：价格是怎么来的？价格是如何被决定的？对马克思来说，价格的背后有更根本的本质性价值——它其实来自人类的基本心理。

人对不同的事物有不同的价值认定，这是主观的。价值认定主要取决于它对人本身，对人的生活、人生有什么作用，因此在需要和别人交换自己缺乏的物件时，才产生了价值与价值之间的比对。

为了使价值与价值之间的比对能让两个或更多的交易方顺利地完成交易，才将主观的价值转换为当下交易所需的可计算的客观价值。

对马克思来说，市场经济学最大的问题是把价格当作前提，而遗忘了价格必须要与价值联动。价格来自价值，更进一步地说，很多时候价格是对价值的扭曲、改造。

有时，明明人对不同的东西有自己的价值观，可是为了进行交易，并且后来交易变成生活中的一种霸道的力量，强迫着人们随时进入这个交易网络里，于是原来人主观认定的各种不同事物的价值就相对地被压抑了，而只能顺从集体的、所谓客观的价格，并调整自己的价值观。

在这个过程中，马克思认为产生了异化的作用，人其实是被他人决定了自己的人生该怎么过、什么事有较高的价值，这些不再是依照人自己的人生需要决定的，而是被外在的价格硬加在其身上。久而久之，一个人甚至连一点点怀疑都没有，并把那视为自己认定的价值观。于是，人在价格霸权下失去了自我，没有真正的自我价值观。

关于马克思的这部分理论、看法，如果大家还有兴趣的话，可以去看看《〈资本论〉的读法》一书，里面有更详细的说明。

韦伯：货币，是社会行动的产物

韦伯在这件事上维持了他一贯冷静地探究来源的基本态度。在这方面，他比较接近马克思而远离市场经济学。这意味着他与马克思一样，都不认为可以将价格和货币理所当然地视为是必要的存在，并且将之作为前提就没事了。

韦伯还是要问：价格是如何来的？货币又是如何来的？而韦伯形成的对价格货币的解释又与马克思的不一样。马克思关注的是人的主体的需要，是相对于客体有了人的主体价值的判断。但韦伯不认为个人在这件事上有那么重要。

对马克思来说，价值是凝结在商品中的一般人类劳动，也是价格的基础，价格只不过是价值的外在表现形式；价格即交换价值，是人与人之间的互动——用货币来表现的交换价值。韦伯却认为其中并不存在一条从个人主体到社会集体的界线，如果要谈价值，那么从价值到价格，一定要看到的是社会行动，是在社会行动中才产生了价值和价格。因此，社会行动是一切的根本，如果要了解价值、价格与货币的运作，就非得回到对社会行动的探索不可。

那么，社会行动又是什么呢？对韦伯来说，社会行动的根本是针对他人的表现。他的意思是要看一个人在主观意识上是只看到了自己，还是意识到他人的存在并预期了他人的行为。从这个角度看，货币是最清晰的一项社会行动下的产物。因为在用钱、存钱、想办法增加收入时，一个人的脑子里绝不可能只有他自己。如果只有他自己，那么货币就不可能对人产生这么大的诱惑。

人一定要预期他人会承认自己手中拥有的钱——货币。同时，一个人要认定手中的这张红色的纸有另一张纸10倍的价值，而且不只是他这么认定，其他人也都这么认定。这是预期，而且必须是不同的人对彼此的预期交错在一起。

用这种方法谈货币，货币就不是一张张钱，也不是在银行存着的一个个数字。所有这些的背后是人与人之间的社会行为，涉及人们对彼此的预期，而共同的预期组成了韦伯所说的意义之网。

你怎么知道别人会怎么做？你为什么相信别人会这么做？这就是社会行为的根本，一个人的心里必须要有这些概念。只有进入对这两个问题有明确答案的意义之网，通过其中提供的关于这两个问题的明确的、安心的答案，人才有办法在这个社会里活下去，才会有自己的日常生活。

你的日常生活，需要依赖多少假定的信任？

上文提到了两个大问题：你怎么知道别人会怎么做？你为什么相信别人会这么做？

坦白说，平常很少有人会被问到这两个问题，但如果一个人对这两个问题都无法有明确的答案，那么他有可能每天醒来，都会因为对其他人没有信任，而失去开启一天新生活的勇气。可以想一想，自己在一天的生活中会有多少对他人的假设，而且这些假设是不被怀疑的，并且认定它们一定会变成事实、真实的。

其实，在日常生活中遇到的事的背后都是集体的承诺。

比如，刚刚说到人必须使用钱，而无论是以纸钞、信用卡还是线上支付等不同形式使用钱，这些货币都有一个共同的单位，而这个单位是每个人都必须要承认的。假如有人认为你给出的 10000 元人民币只价值 200 元，那么这个交易，这个与钱有关的互动就很难进行下去了。如此可以看出，其实这是非常惊人的集体社会行动，是几亿人、十几亿人用同样的信念面对货币的现象。而现在，这个信念在每秒钟都会形成涉及几千人、几万人的行为，而如果这些人没有一种共同的假定，如果这个假定的承诺没有被实现，那么这件事就会崩溃、瓦解。

又比如人们要假定所有的时间是共通的，这也是一个承诺。不管是看手腕上的表、打开手机，还是抬头看墙上的钟，其中显现的数字的背后其实是一个社会行为的普遍承诺，即每个人在看到这个数字后的解释方式都是一样的。一个人看到的数字是10：55，就意味着在这个时间点上，其他人也都以10：55为基准计划做事。

此外，当一个人走出门，会假定并的确看到这些承诺实现了：所有车辆都靠右行车，公交车会在公交站停车，地铁也会在固定的站点停车。这是另一个严格的承诺。如果没有这个承诺存在，人哪里都去不了。而这些人假定并看到它们被实现的是社会行为。

这些准确、繁多的假定其实都在人的脑子里，但又不在人的脑子里。之所以说它们在人的脑子里，是因为人这么假定了，把它们当作承诺，并按这种方式来采取行为；而说它们不在人的脑子中，是因为只有人不按假定做或是动了不照做的念头，才会注意到这个假定已变成了生活中自觉的部分。

再举一个例子，假如一个人要吃蛋饼，而蛋饼在预期中应是用面粉、色拉油和新鲜的鸡蛋做成的，但在做蛋饼或买蛋饼、吃蛋饼的过程中，会有很多缝隙。即使是自己做出了蛋饼，其实也可能会怀疑自己用的面粉是否为真面粉，因为不知道面粉在制作过程中经了哪些手，是用什么方式做的，色拉油也是如此。这个人可能只会对鸡蛋更有把握一些。接下来，在做的过程中又会产生更多的不确定：面粉、水是用什么方式混合在一起的？煎鸡蛋用的是什么方式？而这每一个细节其实都是基于社会行动。

日常生活，一点都不平常

再说一次，社会行动的第一个前提是针对他人的表现，意识到他人的存在。刚才提到的日常生活的例子中统统有他人的存在。

用这种方法，韦伯提醒人们什么叫社会学，以及社会学为什么会与经济学非常不同。社会学就是去研究这些预期是如何形成的，以及人与人之间为什么可以有这么多默契、承诺、假设和同意，而这些多如牛毛的假设和承诺，又怎么能运作成一个庞大的日常生活系统。日常生活一点都不平常，要能维持人们现在的日常生活，它的背后又涉及了许多意识到他人存在的意向与行动。

换另一个角度看，经济行为既在这张网络中，又构成并改变了这张网络。这是经济和社会之间的关系，也是韦伯特别关注的内容。一方面，韦伯要看形成这种社会行为网络的，其中有哪些是属于经济的领域。另一方面，回过头看，在经济的领域进行的社会行为，因为涉及利益、功效和效用，因而产生了一种理性的态度。而这种理性的态度从经济的领域又一步步地扩张，以至于改造了现代的社会网络、社会意义之网，以及活在这张社会意义之网中的每个人的生活与行为。

希望大家可以用这种方法，更清楚地认识韦伯的社会学和经济学之间的异同关系。

4. 经济活动越普遍的社会，工具理性越发达？

经济的理性，如何改变社会行为的网络？

本节将继续介绍在韦伯的理论、观念中，社会与经济之间的关系。

经济在社会行为网络中形成了一个特别的领域，但反过来，经济在社会行为的网络中，因为讲求利益与功效的特性，而使它有发达的理性。这种理性更进一步地冲击、改变了社会行为的网络。

为什么经济非得要和社会有关系呢？因为经济要能运行，它需要的是在和平交易的过程中决定价值和价格，并且正如原来马克思特别凸显的，其实每个人在主观上对所有事物都有不同的价值观，而且这种价值观是变动的。而这种不确定的价值无法让一个人固定而有效地与他人进行交易，因此使得社会行动必然存在。社会行动也就是针对他人的表现，是意识到他人的存在。如果要有经济行为，就一定需要这张社会的网络，让人知道他人在哪里，并更进一步地让自己与他人的关系相对的有固定的互动模式，如此才能将刚刚提到的主观的、不确定的价值固定下来。

如果没有在这张社会网络中的固定价值，那么就不能形成有效的经济行为。反过来，如果在社会组织、社会行动中没有经济交易互动形成的固定价格，那么这个社会也无法有效运作，至少会在规模上受很大的限制，其复杂度也会受更大的限制。

这也意味着，如果一个社会没有活跃的经济行为，该社会的组织成员就只能维持在几十人到顶多一两百人的规模。而且，其中人与人的社会行为互动也只能停留在相对简单的层面。因为没有固定的价值和价格形成的经济互动，人与人之间有太多的不确定因素。

这些不确定因素就像上一节内容中提醒的，它们让人们都必须要思考、担心很多事物的每一个环节。假如人与人之间的互信基础不够，一个人又怎么可能和那么多没见过面的，甚至不知道对方在哪里，也不确定对方会如何行事的人有效地互动呢？

一张庞大而明确的社会意义之网，是人们互信的根基

一个人拥有一个银行账户，但是完全不认识经营这家银行的人，甚至也不认识这家银行的任何一个职员。另外，他是通过网络平台与这家银行打交道的，也不知道这个平台是谁设计的，又是谁用什么方式在操作它。

那么，今天一个人凭什么可以与这些人发生关系呢？靠的是一张社会意义之网，每个人在其中都接受同样的意义，将其假定为自己必须严格遵守的承诺。每个人都在这样的社会行动中化身为社会人，而不是自然人、个人。

在作为社会人的行动过程中，人们遵守所有的社会规范，才能形成这么庞大的、十几亿人可以在同一个金融体系中运作的巨大组织，也才能在这个组织之下进行如存款、提款、借贷、结算利息、投资、消费等各式各样的行动。

这个清晰的例子能让人看清社会行动和经济行为彼此间的关联。

社会行为：意识到他人的行为

今天，如果有一个人在进行宗教的祈祷冥想，那么不管他信什么教，用什么方式祈祷，他做的都是个人行为而不是社会行为。如果换另一个场景，有一个人独自在房间里计算和考虑股票投资的事，思考他应该如何抛售、投资股票。从外表上看，这个人没有任何行动，他所思考的事如同祈祷冥想般是在他的脑海里进行的，可是从韦伯的社会学的角度来看，必须用不一样的方式来对待和处理这种行为。

其实，进行股票的投资计算是一种社会行为，因为当这个人在想象股票投资时，必须假定有其他买卖者存在，而且在计算过程中，不管他的自觉性有多高，其实都是在假定、预测、规定其他人会如何行动。

首先，这个人必须假定这个股票市场因为有其他几千万人的共同交易而持续存在，他会用同样的方式继续运作。接下来，他必须假设对这些股票同样有兴趣的人会进行买卖，从而造成价格的变动。因此，他是评估了这么多人的共同行为可能产生的结果是让某只股票上涨，才有可能将那只股票作为投资标的的选择。这是用极端方式区分出了个人行为和社会行为。

同时，个人行为和社会行为也展现出所谓的经济活动必然的社会性以及社会行为中的牵扯。

经济活动、社会行为与现代理性的交互纠缠

接下来仍用前面的例子举例，此时这位宗教虔信者决定舍弃原有的信仰，改信其他宗教，这是个人的选择，它仍然是个人的行为。

但是，如果有一个人同样作出了改变的决定，他要从下个月开

始将每个月原本用于吃饭的钱的三分之一拿出来给孩子买长期的保险，那么这个决定就不是个人行为，而是不折不扣的社会行为。

一来，这个社会行为涉及他人的未来需求。这个人是因为考虑了他的小孩，才改变了自己本来的日常饮食消费行为。

二来，这个决定具有高度的现代理性。所谓现代理性，也就意味着它必须有长期的未来感。这个人必须计算时间，必须把时间变成影响他作出决定的重要因素，而这就是现代理性的运作。进一步的，这个人实际上是把未来的时间数量化。所谓的数量化，并不是说未来的几个月或几年时间，而是把这些时间转换成保险利息。一方面，这提供了在或然率基础上的危险救难。另一方面，这种保险通常也能在利息上提供回馈，因而又把时间与金钱结合并变成可计算的。正因为有这种可计算的基础，这个人才会动了念头做改变。因此，这就不只是一种社会行为，还属于具备最高度现代理性计算精神的经济领域。经济与社会正是用这种方式发生互动。

经济的活动必然要在社会行为的架构之下才有可能进行。但换另一个角度看，在所有社会行为中，人的经济活动是与现代理性关系最密切的。

经济行为有多普遍，现代理性就有多发达

因此，一个社会的经济领域有多广、经济行为有多普遍，往往也就决定了这个社会的工具理性有多发达，其被现代理性的笼罩范围有多广。

韦伯还提醒，人与人之间的单纯互动，不必然是社会行动。正如前文举过的例子，当路上有两辆车发生剐蹭，这个现象在韦伯的观念中本身可以是一个自然事件，可在它发生后，两个驾驶员下车并开始互相辱骂、指责，甚至互相殴打，这就变成了社会行动。

不过，一般来说，如果我们今天遇到了这样的车祸，通常预期的应该不是下车和别人打架，而是会采取另一种社会行动，即拿出自己的保险资料并询问对方的保险信息，在双方交换保险资料后，再拍照记录车子擦撞的损失，可能还会报警。

但当我们如此处理时，就表示因为经济活动领域不断扩张，以至于今天在马路上车子剐蹭的自然事件也都被这种经济的理性影响、改变了。于是，在这两位驾驶员之间进行的社会性互动就带有经济成分，而这个经济成分的背后是一系列由保险公司经过现代理性的层层算计得出的保险费、赔偿费，并且涉及过程中应如何处理的固定程序。

因此，这就是最好的例证，它展现了经济行为在社会行动中产生了巨大的改造作用。

集体诱导性：经济与社会的复杂互动

还有一些常见的现象，比如下雨时，街上有很多人同时打开了手上的伞，虽然这是涉及许多人的共同行为，可是对韦伯来说，这是自然的行为，因为它背后是自然的动因，而且每个人是自主地打开了雨伞。

可是，如果加上另一个情景：天上开始有了些乌云，雨将下未下，有一个人在路边拿了一堆伞开始叫卖，声称如果不下雨，雨伞打九折卖；如果下雨就没有折扣，按原价卖。如果此时路人纷纷决定和他买伞，那么这就既是一种社会行为，也是经济理性的发挥，因为这些买伞之人受到了诱导，而且产生了一种集体诱导性。

一个人看到别人去买打九折的伞，即使他手中带了伞，也有可能当下决定再多买一把伞，这就是打九折的效应。而且，他看天气说五分钟后可能就会下雨，因此光是这五分钟就能赚 10% 的伞价。

在那个当下，有瞬间快速的计算，而这个计算完全内化于每一个买或不买伞的人的行为与决定中。

这个例子还彰显了经济行为与社会行为之间的另一层关系，即经济行为经常有群众诱导性。比如，一位当红女明星换了新发型，并在新片的记者发布会里亮相，结果引发了模仿潮，这就是社会行为。此外，如果在电视连续剧里，主角总是开着一辆红色的路虎，这也形成了有意识的经济诱导行为。

但这一切只是导向，不能单纯地只看经济学、经济行为，经济和社会之间有非常密切且非常复杂的互相为用的关系。通过韦伯的提醒，经济的社会基础及社会形态、经济发达社会的现代理性性格就昭然若揭，使人对社会和经济这两方面都有更深入的体会与了解。

5. "城市"对经济、政治的影响有多大?

没有城墙但有城门的"罗生门"

日本小说家芥川龙之介有一篇非常有名的小说《罗生门》,其标题后来在 1960 年被日本大导演黑泽明用于其重要的电影作品上。

这篇短篇小说描写了将近黄昏时,一位失业的长工在罗生门下躲雨。罗生门是京都南边的城门,而这时京都刚刚经历了一场大疫情,死了很多人,以至于一些无法安葬的尸体竟然就被丢在荒凉的城楼上。小说在接下来的部分展现了这位失业长工的各种心理挣扎。

在夜色笼罩中,这位长工上了城楼,看到在一堆尸体中有如人间的灯、又如阴间鬼火般忽明忽亮的光,这是非常恐怖又让人印象深刻的场景。不过,值得探究的是,这个场景里最不对劲的一件事是,一般城门、城楼都会有人进进出出,白天打开,到了夜里再关闭,因此一定要有人管理。但为什么小说中的城楼会变得如此荒凉,荒凉到人们把无法埋葬的尸体丢到城楼上呢?这里有一个在想象时可能会犯的关键错误:京都根本没有城墙。这也太奇怪了吧?但京都有城门而无城墙是一个重要的历史事实。换句话说,京都有那么多条进城、出城的路,因而像罗生门这样的城门只有象征性作用,却没有让人通过、来往的实际功能。

更进一步地探究，既然京都没有城墙，那么为什么还要设城门呢？在历史上，京都是模仿当时的中国长安建造的，因此罗生门及其他城门都是按照长安城有城门的设置才设了城门。但是，京都无法依照长安城的方式，筑起又高又长的城墙。

我们对唐代的城市有多大的误解？

唐代的长安虽然是日本京都城的模仿对象，但二者之间有非常大的差异。不过，从9世纪、10世纪日本的京都回头推看，唐代的长安恐怕也不是大家一般想象中的城市。

比如，人们一般会想象长安城的大道两边都是漂亮的高大房子，房子里外有人活动。但是，真实的唐代长安城其实是城里有城，人走过的绝大部分地方都在两边的高墙之下。因为当时的长安分成里、坊、市，里的部分有里墙、里门，就连坊和市都一样，有墙有门。那是一个被严格管控的环境，所有这些门到了晚上统统要关起来，到了白天才打开。换句话说，那时的人是在一个个小区域里活动的，白天可以有人进出，可是到了晚上，所有区域都各自封闭起来。

换句话说，这样的城市里居住了很多人，但是人与人之间其实并没有自由的互动，管理者用这种方法将人与人隔绝，以减少彼此间的互动。长安有东市、西市，那是做买卖的地方，但即使是这些地方，也同样处于严格的管制之下。因而，市什么时候做生意，可以开放到什么时候，都是有管制的。时间一到，市同样要关起门来。

城是城，市是市

今天，在一般的用语上会将"城""市"连称，但如果了解中国的历史、东方的城市就会知道——这也是韦伯讨论城市历史时给出的一个重要提醒——必须分别看待"城"与"市"。

人们现在很自然地认为，如城市这样聚集了许多人的地方，具有非常活跃的商业活动、意义，甚至许多城市都是因商业贸易兴起的。但是在中国的历史上却不是这样的情况。

中国先有城，而城的功能不能与市的功能混为一谈。早在新石器时代，因为各个部落这类比较小的文明彼此影响，中国曾有一段被称为"筑城时代"的时期。人们为了防卫，为了不让自己受侵害，也为了保有人口间比较密切、明确的关系，开始积极地筑城，而那时筑造的是夯土城。

有了城之后，就有了比较紧密也比较明确的社群，这些社群有了自我保护的能力，同时也就有机会在面对其他部落时，取得军事武力上的优势。既然别人筑城防卫，那么如果自己没有城的保护，也可能会变成别人出城之后的劫掠对象，于是在互相影响之下，中国这块区域就有了越来越多的城。

因此，中国的城在开始时，先是以城墙作为其必要条件，主要承担的是防卫性功能。这其实与美索不达米亚平原上以市场功能为主发展出的城市是非常不同的。刚刚谈到的唐代长安，其实是延续了这种以城墙为主的城的概念、功能发展出来的。

一直到中国近世的历史（这个近世的断代在这之上有特殊的意义）中，也就是宋朝以后，整个状况才有了基本的变化。为什么人们会对唐代长安城产生错误的印象与想象？那是因为人们的脑子里有的所谓中国古代城市的印象，最可能源自《清明上河图》。这也是为什么要特别地把宋代以后的历史时期称为近世史的一个主要理由。到了近世宋代之后，像汴梁那样的城市有活跃的商业活动，顺着《清明上河图》卷轴里的视野，可以一路从城外看到城内，看到这么多人来往，挑着不同的商品贩卖，在街上有招牌各式各样的商店，人在其中进行着各种买卖,热闹极了。

到了汴梁时期,中国的城市才长得符合现在人们对中国古代城市的一般想象。最重要的是,刚刚提到的里墙、坊墙、市墙以及里门、坊门、市门,在那时被统统打掉了,因此才能让这么多人在有限空间里进行交易、买卖。这是中国历史上重要的大变化,也意味着城与市之间的功能到了中国近世有了重大的转变。

城市,作为一种社会行动

韦伯非常重视人类历史上城市的现象,他也在当时的资料及学术的可能范围之内,进行了全面的对照和研究。

再看韦伯在城市研究中提出的各种观点和想法,它们让人惊讶。韦伯掌握并指出了中国城市、日本城市的特性,因为他做研究的很重要的目的是对比西方城市尤其是西方中世纪以后的城市变化与发展。

城市是众多人口聚集的地方,不过,韦伯特别指出,这么多的人口聚集在一个相对较小的空间里,形成了城市,可是人之所以聚集在一起,有不同的理由,必须从这些理由的角度去探索城市作为社会行动的意义。在西方封建制度时期,领主所在之地促使人们聚集。领主同时握有权力与财富,而且他的权力与财富密切相关。这时,领主要运用财富为自己提供一个可以彰显权力并进一步运用权力的方式。于是,这时他有了需求,要选择一个地理上的中心点建立自己的宫廷,而这个宫廷必须能显现他与其他人的差异。

这时,这个被选择的地理中心点需要聚集大批不同的物资,而且需要有工匠将领主为了生活享受所需的各种物件组构起来。不管采用何种形式,这都与一般生产活动密切相关的农村的景象和生活非常不一样。

两种财物分配法：庄园式、市场式

韦伯特别提到，因应这种领主和宫廷的需要，产生了两种不一样的分配法。

一种是庄园式分配法。庄园式分配法的背后，是领主使用其权力对集中在其宫廷里的物与物、技能与技能进行的一种分配。这也就意味着所有人都是庄园领主的雇员，他们在这里得到生活所需，也把自己的工匠技艺及生产活动贡献给领主。因此，以领主为中心，所有人互动处理的对象都是领主，这叫庄园式分配法。

不过，在把这么多不同的人、技能、物资聚集在一起的地方，会产生另一种市场交易来进行分配，那是另一种分配法。如果是后一种市场分配法，也就意味着依照不同的人、技能、物资，产生了彼此间各自的互动。当一个人会打铁，他可以用自造的铁换米，也可以换衣服或书。如此，产生了许许多多不同的交易与交换。城市也因此与那种庄园分配很不一样，它形成了经济的中心。

这样的城市的最大特色就在于不只有农业，而且有非常活跃的商业与工业的活动。商业与工业的活动使得人在社会行为上的表现和在农业社群中的非常不同。

还不止如此，因为城市是从领主的庄园发展出来的，因而它同时必须确保在进行商业与工业交易时，有另一个领域、另一种活动，那是很不一样的。这也就是面对农业时，必须要求农业的供给稳定，而且成本低廉。

一方面，它有在工业、商业上的频繁活动；但另一方面，又必须通过非常绵密的而且基本上是政治权力式的方式控制农业和农民。因而，这种城市就形成了两种不一样的政治权力在其中交错运作。

"城市"形态与西方政治模式的形成

在面对农业、农村和农民时，这是一种主要以传统正当性作为其权力运作模式的控制、统治方式。然而，同样的传统控制方式却无法应对这么复杂且多样的、彼此在互动中保持多样化并一直扩张延伸的商业、工业活动。因而，在城市经济之上，相应地产生了城市经济政策。

这就引发了韦伯特别提到的在政治方面的非典型正当性需求，这里涉及贸易的利益，因而影响了本来非常固定的传统权力的运作方式。在这样的城市环境里，传统的政治权力不得不对经济势力让步。而贸易或市场，当其利益越大，就越会使得政治在原来的层级式分布上（也就是一层层的、主要是上下级之间的关系）因为被市场活动行动冲击影响，而使上下关系慢慢地摊平了；这也就使得在城市中，在这种非典型正当性权力运作的过程中，人与人之间会变得越来越平等。

在原来的传统正当性权力运作之下，人与人之间最重要的是讲究彼此的上下层级位置。因此，上下层级的分辨是政治权力运作中的先决条件、先决考量。然而，在城市里人际关系被拉平的情况下，人与人之间的互动不必然是按上下关系来决定的，这时往往变成了多元的关系。安排活动时的考虑重点变成了如何处理人与人之间的差异性，而不是如何处理人与人的高下地位。

这也是为什么"城市"在韦伯的社会学里如此重要。历史上，城市的现象是政治与经济的交互作用决定了新的社会形态。而这种新的社会形态，回过头来影响甚至在后来彻底改变了原来在中世纪封建领主所统辖的政治权力和政治组织结构，从中产生了人类历史和经验上非常特别的西方政治模式。当然，这套西方政治模式后来变成了一种更普遍的现代政治形态。

因而，要了解今天的政治、社会，还是必须如此溯源、了解城市，更不用说今天绝大多数人都不再熟悉的那种单纯的农业环境。我们的城市环境到底是怎么来的？它是如何运作的？在这方面，韦伯的社会学提供了许多追本溯源的思考方式、路径。

6. 城市：西方民主诞生的根本土壤？

接下来继续介绍韦伯对城市的解释。

城市自己的"生命"

从韦伯的角度看，城市是人口聚集的地方，不过，人口之所以聚集起来，是因为有各种不同的理由。

在分析城市时，会看到人的聚集也同时迫使资源聚集在那里，并因此产生了密切的互动，而在此过程中形成了两种分配模式。

其中一种是领主式分配，也就是中央系统式分配：一切都到了领主的宫廷即中央，而后再被分配到别处。当然，也可以用这种方式让人与资源互动，不过这种方式在其规模上有较大的限制。因此，如果是在这样的模式下，一个城市的扩张是有限的。

不过，城市往往会产生它自己的"生命"，领主无法永远掌控所有聚集在城市的个人的活动。因而，人与人用这种方式密集地居住在一起，并开始有了密集的互动，而这种互动不会永远都是朝向中心的。

如此，在城市产生了人与人、资源与资源之间的另一种分配，即市场的交易：人们直接在市场里把彼此需要的东西进行交换，而不需要把自己能提供的先交给领主，再从领主那里换取自己需要的东西。于是，这种市场的分配更进一步地牵涉商业与贸易的利益，而这些利益接下来冲击了领主的政治权力。

领主如何控制城市？

领主不可能没有看到在他周遭产生的商业贸易的利益。而在人与资源的互动已经远超可以依靠中央集权模式管控的情况下，领主通常在这种利益动机的刺激下，必须进行各种不同的调整。那么，在政治权力的行为调整上，他必须开始考虑所谓的商业贸易政策。

商业贸易政策有两个重点。一个重点是如何尽可能地规范城市中人与人产生的不同互动。这种互动只要多到一定程度，领主就不可能单纯依靠政治手腕或他身边的人监视每一笔互动与交易。相应的，就要开始规范。

比如，如果有市场的交易，那么它应该在什么规范下进行？换句话说，最重要的是要制定禁令，规定什么活动和交易是被允许的，并尽可能地执行这样的禁令。这样可以在一定程度上控制那些具有高度感染性、扩张性的互动与交易。

还有另一个重点，那就是领主必须至少让一部分商业贸易活动的利益进入自己的口袋。他不可能看不到、不觊觎这样的利益，当然也更不希望这些利益是与他无关的。

城市对战争的抑制

由此，更进一步地产生了城市的特殊个性。这种个性的面向之一是城市构成了对附近乡野地区的高度吸引力，以至于农村家户中的剩余劳动力很自然地向城市移动。光是靠着这个关系,城市就能对乡野产生比较大的影响力,乃至于对乡野产生比较高的控制的程度。

这更进一步地彰显和抬高了城市的地位,也就意味着光是城市的存在,就会使得乡野的农业生产、劳动力向城市移动。因而除了少数非常状况,在大部分时候,城市对附近的乡野地区产生了磁吸作用。

可奇特的情况是,如果要确保诸如农产粮食的充分供应,要找到不用担心粮食供应的地方,那么人不会去农村,而是应该到不同的人、物资会自然聚集的城市。而要想城市用这种方法发挥作用,领主就必须确保城市是一个和平的地方。

因此,在这种封建环境下,不应忽略城市的这个作用。如果单纯是在原来的乡野经济环下,为了聚敛更多财富,领主和领主之间很容易打仗。但是,一旦领主所在的中心发展成城市,乃至于在其领地里有了其他的城市,那么城市与城市之间就相对地产生了抑制战争而非刺激战争发生的作用。

市场和平与市政和平

这里,韦伯又特别地用不同的名称提出了两种不同的概念:一种叫市场和平,另一种叫市政和平。

市政和平主要是靠政治的力量维持。政治的权力要求市政与市政间不同地区的居民不能产生自主的武装冲突。其用意和目的是维持领主在这个区域的政治和军事上的独断与垄断性。换句话说,只有领主具备可以超越每一个市政的武装力量之上的更高武装力量。他必须能确保在市政与市政间起冲突后都必须诉诸领主,以他作为中间的仲裁者。

领主用这种方式保持市政与市政间的和平,因而所有的市政都效忠于他。这是保有领主的领地政治权力非常关键、核心的一种方式。换句话说,这对应联系到它是传统的正当性权力运作中的一环。

可是,还有另一种市场和平,它不是靠政治权力和军事权力(至少不是靠传统式正当性的权力)运作来维持的。它是另一种考量:既然每个市场只能在和平的情况下正常运作并产生利益,从而让参与市场的人得利,那么大家都有一种共同的动机和冲动,即尽量不产生会破坏和平状态并使市场无法正常运作的情况。

因此,市场和平对应在政治上的效果就与市政和平的非常不同。市场和平是人与人之间自主互动产生的动机,换句话说,市场和平不需要依赖领主的政治权力。领主原来在传统正当性上靠着宫廷的仪式、规范以及外围的军事力量镇压等方式维持的政治运作,反而会被市场和平破坏。因为市场和平不只是完全不需要这些,还会更进一步地慢慢使人认为领主和他的军事活动是会破坏市场和平的。

市场和平可以给领主带来商业与贸易上的利益,因而领主产生了决定上的两难。如果他要能分享市场和平带来的利益,就必须尽可能地压抑自己以及军事上的行动,甚至尽可能地使他的领土不出现军事行动,从而不产生威胁、破坏市场的作用。

更进一步的,原来那种以宫廷为中心,将一切聚集到中心再进行分配的庄园式分配,在这个情况下也不只是无效,而且因为它会破坏市场,因而慢慢地,领主为了从市场上获得利益,他就一步步地消解了自己在政治和军事上的传统正当性的权力。

从市民团体到民主政治

从这里,更进一步地引发了韦伯特别强调的城市的另一个重要现象,即有特殊身份的市民团体形成了。

这种市民团体是另一种共同体。它的形成主要是因为城市中有工人、商人聚集，而这些工人和商人聚集后产生的活动，彻底改变了原来在空间上运用的功能。

本来，几乎每个城市都会有宗教性的空间。这些地方有教堂（其中有塔楼），而教堂外面一定有广场。塔楼和广场，一个往上，一个往外，它们彼此配合，形成了宗教的特殊功能。

除了宗教的广场，领主的军事活动也要求有能让马匹、军队聚集和操演的另一种形式的空间，即军事的广场。在领主原本的生活中，宗教和军事的广场都极度重要，然而在城市的发展过程中，工人和商人很自然地运用了这些既有的空间，并转换了它们的性质。于是，这些空间逐渐变成了商贩和工匠集中的地方，也变成了他们开设各种店铺的地方。

于是，庄园式分配和市场式分配在空间的运用上形成了强烈对比。一步步地，市场性的活动与功能就取代、改造了庄园式的形式与功能。这里也更进一步地出现了西方式的政治以及现代的理性。

换句话说，在这样的变化与发展中，原来领主的中央集权权力必然不断地下降。慢慢地，在面对市场利益时，领主就不再是高高在上的，也不再是在阶级地位上与其他所有人有决然的差异。此时，领主不过是在同样分享市场利益时，第一个拿到比较大的饼的人。市场制造出来的是一张大家都在分食的饼，而且由于可以通过货币计算，因此市场是以货币作为交易的中心的。于是，在这样的城市里，产生了韦伯所说的另一种非典型政治的正当性。

非典型的权力的最大特色是它的 gradation，其等级是以量而不是质来划分：不再是根据领主、武士、工人、商人、农民等不同性质区分的等级分配，而是换成了在市场产生的庞大利益中的份额分配，比如领主能拿到 80%，有些人能拿到 60%，有些人能拿到 35%，而最可怜的人只能拿到 3%。

因此，根据量形成了新的等级，而这种非典型的政治权力有两项绝对无法忽视的特色。

第一项特色是即便是领主，他也不过是在所有分享市场利益的人当中，位置排在最前面的一个人。如此就彻底改变了政治权力的性质，也改变了政治运作的方式。

第二项特色是因为是从市场利益的分配而产生了差别，所以在这个架构下，一个人可能今天拿到的是35%，但可能隔天份额只剩下15%，又或是变成了50%。这种分配是随时可能变动的，因而不可能变成由固定的身份带来的利益。

一个人仍然有自己的职业身份，甚至可能在庄园制度下有某个阶级身份，可是在市场利益的分配下，它产生了另一种流动性。这种流动性的可能更进一步地破坏了原来在森严等级区分下产生的政治权利与义务之间的关系。

也是从这里，人们看到西方历史上的最大变数是城市中的市场和平、市场分配法。在这里，一方面使原本封建制度中身份森严的政治权力运作遭遇严格的挑战，并产生了新的非典型政治权力正当性，也是在这个非典型政治权力的运作中产生了后来的民主。另一方面，在这个以量取代固定僵化的质的分配上，人们对量的变化流动性开始产生了各种计算与安排。这也使现代理性一点点地从原来有限的范围中，扩大到人的一切生活领域，包括政治领域与权力运作领域。

如此，西方的历史有了突破，而也正是因为民主政治和现代理性，才进一步让西方可以凌驾于全世界其他文明之上，将这套东西传播至全世界的其他地方。

在韦伯的眼中，这一切必须要归结到不同的政治与经济互动关系在城市所产生的根本效果。

第五章

理解现代社会：
理性的胜利与悲哀

1. 我们为什么无法准确预测未来？

前文提到了韦伯关于社会、政治、法律、经济等不同面向的许多看法，而且所有的看法都涉及他对比较历史的不同研究。那么，韦伯是如何搭建起他的思想结构的呢？他使用的分析方法又是什么呢？

为什么我们无法准确预测未来？

追根究底，韦伯的社会学的起点是能做而且也必然会做各种选择的个人，也是具有自由意志且带有一定程度的主动性的个人。这些个人有了自主选择的行为，并且这些个人的行为会与其他人产生互动，在这样的前提下产生了社会行为。

这个基本观念使韦伯非常清楚地站在了与马克思不同的立场上。

对韦伯来说，最关键的是个人绝不会是什么已经存在、必然存在的庞大经济生产阶级的其中一分子，或是命定的一个历史阶段的工具。既然一切都来自个人的计算与选择，许多有不同选择的个人在一起生活、互动，这种互动就必然更加多样。一个人在生活上的某个特定选择，可能是从十种可能性中挑出来做的一个决定。如此可以想见两个做不同选择的人在一起互动时，他们在某件事情上可能会有十几种不同的可能性。

再加上两个人结成的关系，可能性的数量可能是三十种、四十种，这还只是指两个人之间的关系，当人数变多，那么这种选择的可能性也就更加复杂，它必然是多元的。

既然它是多元的，就不可能依循某一个固定模式。我们也不可能用这种方式研究人的社会行为，并且在近乎无限多的变数中研究、整理、归纳、化约，最后得到明确的预测能力：可以基于现在的这个社会行为是怎样的，预测将来一定会发生什么事。

在时间的视野上，时间越长也就意味着变数越多。当这么多变数全都累积在一起，怎么能自信地认为可以有一种科学的方式整理和归纳所有的变数：它一方面可以准确地描述现今人们的社会行为的互动是单纯的资本主义形式的，另一方面还可以预测资本主义的形式、变数不同的互动必然导向社会主义或共产主义？

人是理性的动物：利益驱动与经济算计

从另一个方面看，这就解释了为什么当韦伯在谈他的社会学时，经济的因素如此重要。从这一点上看，他似乎与马克思很接近：两人都认为经济是所有政治、社会、历史最根本的人行为上的变数。

不过，韦伯和马克思侧重的点不太一样。对韦伯来说，那是因为人最根本的选择和决定的依据通常是受个人利益的考量左右、主宰的，这是人最基本、最普遍的与其他动物最明显的不同之处。

如果人是一种理性的动物，理性要从哪里开始展现、生根呢？那就是除了本能，人会在存在上趋吉避凶，乃至于得到更大的安全感或更多的利益，并运用理性来做计算，因此自身的利益计算是根本。再更进一步，在社会行为上，要和谁合作？要和谁竞争？如何组成团体？这个团体如何形成规则？甚至是和人发生了争执后，选择用什么方式来解决？这些基本上都是很自然地由自身利益的导引来做决定的。

我们怎么可能不弄清这部分涉及自身利益的经济考量，以理解、解释人与人之间的互动行为呢？如果不弄清这部分的经济动机，就不可能勾勒出确切的社会图像。

不同的经济计算会产生不同的社会行为，因而又回到不能同意马克思的态度。在这种状况下，我们不可能也绝不能排除人会产生不同的社会相异的形式。

因此，不只是过去不同的文明在不同的时期会产生不同的社会。往前看，可以看到现实中在不同地方的人也产生了不同的社会，构成了不同的社会形态。根本的道理再加上实践的证明，非常明显地投射出未来依然会保存、产生不同社会的相异形态，而这种可能性绝不会产生一个共同的未来。这是我们现在就能掌握和预见的。

如何剖析社会：把自己作为一种理性的工具

因此，韦伯有了与当时流行的思潮最不同的两种态度：第一种是反对历史决定论，第二种是他不以当时流行的科学史学态度来看待历史。对这两种和当时的流行思潮不同的反潮流（against current）态度，接下来本书会更仔细地说明。

先看看韦伯与历史决定论之间的关系。

刚刚说到，韦伯不相信、不同意社会只有一条单一的路。人有不同的意志，在这种意志的组合之下有很多变数。因此，在面对历史时，基本的研究态度不是从中间找出模式，而是尽可能地进行分类。

分类的意思是将类似的行为放在一起，但同时也将它们和其他异类行为区隔开，要尽可能地弄清影响如何画出同类与异类的这条界线的变数因素，并分析各个变数之间可能会有的彼此作用。可以说，韦伯提出的是一种社会形态学：要先弄清自己所处的社会或是要观察、研究的社会的性质究竟是什么？要如何描述它？要如何进行分类？

基于整理出的形态，将错杂纷纭的现象理出头绪，因而理解社会是如何运作的，才能进一步探问，这个社会可能会出现什么现象，并在这里判断，在这样的社会可能有的互动中，哪一部分对我们来说应该是健康的、正常的？哪一种可能性对我们来说是应该要提防、批判、避免的？接下来，才会有行动的方案和纲领，以及希望人们在改变社会中做什么或不做什么。

在这里，有韦伯一以贯之的地方。韦伯的社会学所建立的是一门现代知识的学问，因而在韦伯的分析中，他表示现代世界的最大特性（如果把它称作现代性的话）是理性高度发达。

而且，在宗教式微之后，目的理性、价值理性没有那么强悍，也没有那么大的力量，相对的是工具理性高度发达。韦伯的社会学也反映出这种现代性，这也意味着他的社会学非常重视、强调的一部分是暂时终止价值理性、目的理性的判断，而把自己当作一种理性的工具去看待、分析现状是什么，进一步又可能会发生什么。

哪怕客观结果一样，也不能忽略主观意念

不过，韦伯提出这样的理论也有其内在紧张、冲突的地方。因为韦伯注意到，用工具理性高度发达来描述现代世界、现代社会，这涉及他自己的根本价值观，那就是对人的基本认识，也是前文提到的他认定的社会的起点。社会的起点是个人的选择，个人基于自身利益、经济的计算而做出了不同选择。绝不能取消人在这方面的自主性，因为这就是人之所以为人的根本。可以说，这是韦伯关于人的哲学。

韦伯用这种方式看待人之所以为人，但他同时又清楚地将两件事作为自己整个理论建构的基础。

第一件事是人有主观的意识。人想要做什么事情是和其他动物不一样的，人不是基于本能，而是基于选择。可是，人知道决定要做什么事与人做了会得到什么结果不必然相合。

主观的意愿与客观的结果常常是两回事。要，不一定就必然可以得到。但这不意味着可以只看客观的结果，而忽略人在主观上想要什么，因为结果与当时要什么有非常密切的关系。有两个现象：一个是在一个大家都想要更大自由的团体里产生了大家都没有自由的结果，另一个是大家都相信自己不需要有自由因而产生了一个不自由的团体，从客观的角度看，都能从中看到不自由的团体，但如果能充分了解这样的团体将来可能会发生什么事，在形成团体的过程中有什么变数，以及认知这些变数并进一步认知人的行为，那么，就不可能只看到"不自由的团体"这样的客观事实而不追究它背后的主观意愿。

因此，这里产生了复杂的目的与手段之间的关系。有朝向目的、和目的一致的手段，但经常也会发生选择的手段与要达到的目的是不同方向的，甚至是彼此相反的。

人的主观意愿和所创造的客观结果这两者间的差距，使我们很难对"什么是社会行为""如何分析社会"等问题得出简单的答案。

还有另一件事，那就是等到组合成社会，人的个别意志就会在组织中转变成集体规范。如果要形成团体，并且这个团体能运作，那么个别的意志就必须屈服于集体规范之下。

虽然集体规范源于个别意志的复杂互动，但是这种集体、组织有它在时间中形成的历史性，于是使得许多有人参与的团体在他们进入前就已经存在压抑、取消个别意志的集体规范，因此，社会必然是不自由的。换句话说，团体与组织中的一个最重要特性是如何限制、缩小个人近乎无限的选择，把一个自由的个人变成不自由的社会成员。

在韦伯的社会学里，他一方面尊重和肯定人的自由，但另一方面他却必须站在这样一种实证客观的角度，凝视并解释人是如何变得不自由的，他描述社会中不自由的现象，并分析不自由的原因与作用。

韦伯理论的忧郁来源

这就是刚刚说到的韦伯理论中的一种内在紧张。韦伯认为人应该是自由的，去追求、扩大自由是好的，但这种价值的态度又违背了韦伯自己理性的科学态度。韦伯看到的社会性、社会组成结构明明不是这样的，这使韦伯的知识和学问一直带着阴郁与悲观的色彩。

在马克思的理论中，韦伯看到的历史是一个命定的大结构，所以在历史之下，每个人都是终极不自由的。按道理说，每个人都是不自由的，都必须放弃自己的自由，因为不管做了什么，都永远不可能改变资本主义的社会，并一定会走入社会主义社会。

这本来是对人的最大约束，可是马克思却能充满热情地鼓舞、说服大家：应该积极地挣脱现状，现在的资本主义必然会过去，因此大家要努力，赶快推翻资本主义，这样可以快一些进入社会主义，也就完成了自己的历史使命。

因此，马克思在人的自由方面的悲观看法，反而能用热情建构起行动的高度刺激性。反过来，韦伯明明认定人应该是自由的，可是他又看得清楚，自由的人终究只能组成不自由的组织或社会。而且，这种不自由是内在于彼此的冲突与矛盾中，因此人要在社会里活得自由、变成自由人极其困难，韦伯的图像和他在主观上对人的认识是冲突、矛盾的。

存在两种不同的冲突矛盾,马克思是乐观的,韦伯相对是悲观的。因而,马克思和韦伯的这两套关于社会的不同想法其实非常有意思。

当然,既相信马克思又接受韦伯会非常困难。不过,从另一个角度看,马克思和韦伯都对人们如何思考社会,提出了不一样的角度,逼着我们重看过去形成的刻板印象,更细腻地思考:自己如何做一个社会人?我们与这个社会的关系是怎样的?

2. 人自由地选择组成社会，却因社会失去了自由

人性与社会性的冲突：从组构到推翻

上一节内容提到了韦伯根本的悲观性，因为他的社会学建立在一种人的哲学信念上：人是自由的，人有各种不同的选择，人在自由选择的互动中形成了社会。而正因为这样，社会必然是限制人的自由的。

在社会更进一步的发展中，社会的强制性越来越高，也就使得活在社会里的人越来越不自由。所以，"社会"在一定意义上——在韦伯的人的哲学上——是违背人的本性的。在这样的情形下，韦伯对社会的研究越深入、越细腻，他所得出的结论就越违背他的自由人的哲学信念。于是，这使他的理论有了内在的冲突。

这一部分也说明了为什么韦伯特别强调超凡魅力在社会、历史上的作用。在韦伯描述、形容中的超凡魅力是完全无法被预测的，它来自打破原有规律而产生的一种高度吸引力。换句话说，超凡魅力的"超凡"是从哪里来的呢？就来自"凡"。

"凡"是什么？就是一般的社会状况，人被各种集体规律压着，因而不得不压抑内在自由的想象与追求。可是，这种只活在社会规

律下的不自由的状态，违背了人的自由本性，因此，组织和团体里的人总是带有潜在的不满。而这种具有超凡魅力的领袖，他公开地挑战、反对，并以戏剧性的、无法用一般"凡"能预测的方式，打破了原有的规律，因而，他释放了本来被压抑、被埋藏的人们对社会规律的不满，也使人回到原本可以自由、自主选择的状况——不管是现实还是作为一种幻梦，它被激起了。因此，也就出现了对这种超凡魅力型领袖的狂热崇拜与支持。

在历史上，这些现象打破了本来社会存在的模式，同时也打破了原本在那种正常状况之下社会发展的脉络和方向。因此，韦伯借由凸显超凡魅力的重要性，告诉人们：既然会有超凡魅力，而超凡魅力的来源又是潜藏在一般社会规则之下的，那么只看社会规则是永远不可能准确地预测历史的变化的。

马克思的预言及其结果

不管是如何严谨的历史规律，都不可能打破超凡魅力出现的可能性。甚至反过来说，越是能延展看到一个社会未来10年、50年、100年的变化发展，有这么严整的社会规范，就必然越会在社会成员之间产生一种自由被压抑的强烈不满。因此，在这样的社会、环境里，爆发更强大的超凡魅力现象的可能性也就更大。那么，怎么能借由研究现实的社会而提出对历史准确的预测呢？

马克思在理论上认定历史有必然的方向，可是马克思自己却变成了韦伯所形容的超凡魅力的权威。

马克思本人产生的影响，是一种超凡魅力的效果。马克思的历史预测说：资本主义发展到最高阶段，由于其内部产生的冲突、矛盾不断地扩大，资产阶级累积了越来越多的资产，无产阶级越来越残破、悲哀，因此发生了革命，并推翻了资本主义，产生社会主义。

依照这样的历史规律，革命必然要发生在资本主义最高度发展的社会里。

在上一节介绍了关于马克思观点的现象：他相信历史使得每个人都是历史的工具，没有任何个别的自由，但又鼓舞大家推翻既有的历史阶段，以迎接必然到来的未来的新阶段。在这种热情的影响下，实际发生了社会主义革命、共产主义革命的国家，不管是20世纪10年代的苏联还是20世纪40年代的中国，都绝不是马克思所说的资本主义高度发展以至于在社会上除了资本家和无产阶级，其他阶级都已不存在的社会。

马克思没有预测到在苏联、中国发生了完整的、成功的共产革命。但换另一个角度即韦伯的角度看，马克思、马克思主义以及苏联和中国共产主义革命的发展，是在告诉人们本来正常发展的资本主义社会是否产生大突变。因为马克思代表了一种由超凡魅力产生的激情、崇拜、支持，使原有的社会秩序无法继续维系下去。

这是韦伯对历史发展的基本态度和分析论理的方式。

超凡魅力后，更强大的官僚体系

不过，韦伯这颗彻底分析式的心灵，对超凡魅力的分析不可能只停留在这样的层面：指出社会集体的规律越严格，就越可能产生对超凡魅力的崇拜热情，从而打破社会的组成结构。他还要继续往下分析。

这是什么意思呢？那就是继续探寻，有了超凡魅力的领袖，建立了非正当性的权力之后，又要发生什么事呢？因此，韦伯的论理同样是既有根本的逻辑，也有实证上的例证。

韦伯表示，这种超凡魅力的现象必然要从绚烂归于平实。因为这种打破规律的现象不可能会长期维持，超凡魅力创造出的超凡状况，必然要走向正常化、日常化。不过在正常化、日常化的过程中，就产生了工具理性要收拾、整理出新的秩序与超凡魅力不断地鄙视规律、打破规律的冲动这两者之间的高度紧张。

这两者需要一个彼此调和的过程。不过在过程中必然释放出高度破坏性的能量，这种能量最后会使原有的社会秩序基本上被推翻了。但是，超凡魅力所追求的目标又被一步步地日常化，最终也被取消了，因此就产生了这样的现象：一方面是一种特别的真空，这个社会必须重新寻找它的方向、价值观；另一方面，在这个过程中，人原来在生活上所能拥有的精神与物质的意趣被抽取了，也被摧毁了，生活在那种状况下的人其实是非常痛苦的。

而这又是韦伯悲观的态度：发生了超凡魅力式的革命，但这样的革命又必须日常化；原有的旧事物被推翻了，还要让新事物在漫长的过程中，在冲突不断的情况下逐步建构起来。这样的历史虽然会有像烟火一般灿烂的阶段，但实际上，活在这种历史时期的人面对的是高度的社会动荡，是人生的不安，并且，在此过程中，不管是个体层面还是集体层面，都是在真正地经历许多难以忍受的痛苦。

不管在韦伯理论中的现代性之下，工具理性发达到什么程度，他也不可能完全避开价值理性与目的理性的判断。前文也提及韦伯对个人的选择自由的看法，那既是社会学的基底，也是他在人的哲学上最根本的价值坚持。可是，在以理性为前提下，其实也就是在宣告历史上个人与社会之间的互动变化使社会越变越强大，而使个人越来越渺小，也越来越不自由。

韦伯的社会学与社会主义的发展

韦伯进行社会学研究的时候，也是主流呼声里社会主义的口号喊得最响亮的时候。那么，韦伯的社会学与社会主义之间有什么样的关系呢？

韦伯对社会主义有暧昧的态度，这仍然延续着他那种悲观的本色。一方面，韦伯似乎不可能拒绝、否定人类的下一步必然会产生社会主义或是走向社会主义的组织原则。而且，韦伯和马克思不一样，他生活、经历的时代使他可以看到1917年苏联共产革命的成功，他已经知道共产革命之后产生的社会主义的生活会怎么样。在这方面，马克思是没有实证的，而韦伯却可以从实证的角度去体会和认知：所谓社会主义架构，就是更进一步地控制经济生产和经济分配的领域，同时要有更全面、更多层次的掌控，因此必须建立更庞大的官僚体制，而这个庞大的官僚体制，必然带来更强烈的工具理性的倾向。在这件事上，社会主义的确是资本主义更进一步的发展。

在资本主义的社会里，原来的传统正当性权威慢慢地被更高度的工具理性的权威，也就是现代官僚取代了。不过，在资本主义社会里，现代官僚能管辖的范围基本上是法律和政治的领域。经济的部分是被资本的逻辑、资本家的利益，被工业生产中资本家和劳工之间的利益冲突所限制的。在这些领域，现代官僚是无法插手的。

什么叫社会主义的下一个阶段呢？这个阶段的最高体现是：工具理性的官僚体制更进一步地扩大，官僚要介入所有经济生产与分配的面向。这都是依照工具理性的计算，把原属于资本家、属于工人劳动力的一切活动统统收束，变到官僚体制管辖的范围之内。因此，这时的政治程序高度理性化。而到了社会主义时，经济活动也都被高度地计划，高度地理性化，被规范，没有自由。

正是因为从论理和实证上，韦伯已经看到社会主义在这方面的表现，并且在社会主义中，他最重视的工具理性更进一步地笼罩、规范了人生活中的每一个领域。所以，一方面，韦伯不能否认，现代官僚体制工具理性的发达非常可能使许多人类的团体组织和社会走向社会主义的道路；另一方面，剥夺人更多的自由又使韦伯很难接受。

这就是韦伯的矛盾之处。一方面，他会不断让人知道这种现代工具理性的持续发达几乎是无可避免的。另一方面，他也会一再地告诉人们工具理性所带来的这种忧郁、压抑，因而存在着超凡魅力打破所有这些规则的可能性。

韦伯不愿正面地接受社会主义，以及在社会主义中从政治、法律、宗教到经济等领域人所面临的情况。在这方面，韦伯不得不更坚决地反对历史决定论，对他来说，保持历史的变化可能性，才能保持对人的选择自由（也是人之所以为人的尊严）最后的、也是最低的保障。

3. 韦伯最深的忧虑：现代社会的非人格化趋势

韦伯生命的终结与遗憾

在这样的时代与气氛中介绍韦伯的思想，不得不带一点感伤地说到韦伯生命的终结。

韦伯是在1920年，也就是他不过才56岁时，感染了当时的世纪大病毒——那个时代的人称之为西班牙流感。这个病毒的起源、传染的方式其实和西班牙一点关系都没有，只不过是因为西班牙国王是死于这场疫病的众多名人之一，因而将这个流感病毒称为西班牙流感。

韦伯被感染，接着引发了肺炎，并在1920年6月去世。他当然没有预料到自己会英年早逝，因此他在最后的时间里都来不及整理自己的主要著作。其中一部最重要的著作是由其遗孀玛丽安妮·韦伯经过整理后，在1921—1922年出版的。前文在介绍韦伯时也多次引用过这部巨著，即《经济与社会》。

现在，通过各式各样的史料能确切地知道韦伯是怀抱着非常深的遗憾去世的，他不只是遗憾于自己在学术方面的壮志未酬。虽然当时韦伯任教的慕尼黑大学终于成立了社会学系，这在德国的高等教育体系里是一个非常重要的突破，因为这表示社会学得到了正式的承认。然而，直到韦伯去世，他终其一生都没有担任社会学系的教授。韦伯的专业刚开始是法律，到后来增加了法律史、历史、农业史、经济史。他曾是有各式各样头衔的教授，但是直到去世，他都没有担任过社会学教授。这当然是一件令人感到很遗憾的事。

另外，对韦伯来说，恐怕更遗憾的是他会担任慕尼黑大学的教职是因为原本在第一次世界大战结束之后，他计划要投身于新时代的德国政治环境之中，而那股热情却被重重因素阻挠、浇熄了。

韦伯与魏玛共和

在韦伯去世一年多之前，也就是1918年11月，第一次世界大战结束。而第一次世界大战之所以在拖了四年后得以结束，是因为德国的内部发生了革命，推翻了当时的德皇。在一片混乱中，德国不得不向英国、法国等主要的战争敌人投降。

接下来，德国必须收拾这个残局，成立了新的共和体制。而韦伯在当时热情、积极地参与了魏玛宪法的制定。这部宪法是存在于1919—1933年的名为魏玛共和政府的政体之基础。而在1933年，魏玛共和被当时赢得选举的希特勒和他的纳粹党推翻、改变了。

今天稍微检验一下，这部魏玛宪法有两个在当时已引起重视的非常特别之处。而这两个魏玛宪法的重点都与韦伯有密切关系。

第一个重点是这时魏玛共和基本上是国会制。在选举中借由普选选出国会议员，而后国会议员分属于不同政党，由在国会占最多席次的最大党的党魁出任总理。这是不折不扣的、非常明确的国会制。

可是，除了由国会制选出的总理，魏玛共和还另外设计了也是由普选、由人民投票选出的总统。因此，有国会制的总理及内阁政府，而在内阁政府之外还有一个民选的总统，这也是到了法国的第五共和时期的双首长制。不过,这个制度其实最早已在魏玛共和时期的魏玛宪法中先制定并实行过了。

还有第二个重点,那就是在魏玛宪法中始终充满争议的第 48 条。该条款赋予了政府拥有特殊情况下的紧急权力,它甚至大到可以暂时终止、取消宪法的部分规定。

在这两个魏玛宪法的特点上,韦伯都是站在支持方甚至极力主张推动将这两条写入魏玛宪法的关键人物。

这在历史上充满了争议,而且到现在更让人觉得充满了反讽。因为到了 1933 年,希特勒凭借着第 48 条,将魏玛宪法摆在一旁,而从实质上摧毁了魏玛共和并取得了他个人的及纳粹党的独裁权力。

政治作为志业,还是职业?

为什么韦伯会如此强烈地主张将这两条放入魏玛宪法呢?这对理解韦伯的社会与政治之间的主张和看法非常重要,同时也更充分地反映出韦伯到了生命晚期(虽然那时他也才五十多岁),在那个大时代环境下的政治关怀。

1920 年 1 月,此时韦伯还不知道他的生命只剩下不到一年的时间。他在去世前曾发表过一场极其重要的演说,这篇演说词流传至今,是关于理解政治,理解政治人物以及政治人物和社会应承担什么责任、应用什么态度参与政治的一份最重要的文献。

文章的标题是《政治作为一种志业》。从"政治作为一种志业"回归韦伯当时的政治关怀,会清楚地看到那时围绕在韦伯心中的一个最关切、最重要的现象是现代官僚或官僚体系在现代社会的发展,并且非常明显的,韦伯一想到这件事就忧心忡忡。

那么,韦伯怎么看待官僚体制?为什么官僚体制的现代发展会让他那么忧心呢?

韦伯先把涉身政治的人分成两类。依照韦伯的描述：一种人是为政治而生（live for politics），另一种人是以政治为生（live off politics）。换另一种方式描述，前者是以政治为志业的人，后者是以政治为职业的人。

有一种人的生命之目的是政治，他以政治作为他的 calling，那好像是来自上方的一个超越的权力，告诉他政治就是他的责任，一定要献身于政治中追求生命的目标，在政治中追求终极的生命的满足。因此，这种人是为政治而生的。

还有另一种人，为什么说他们是以政治为生呢？因为他们能从政治的工作中得到生活所需，并活下去。那么，这种以政治为生、以政治作为其职业的人当中，占比最大的是官僚。

现代高度分工下，无暇参与政治的普通人

这是现代社会的一项最主要的特色，政治越来越专业，以至于在高度的分工情况下——包括之前介绍过的，那么多人聚集到城市中，形成了城市中复杂的分工——有越多人聚集，分工就越方便，而分工越方便，就越能吸引更多的人在这里找到不同的职业。在这种职业的互动中，形成了非常复杂的现代生活。

这里有工人、企业家、资本家等，但因为高度分工，使得现代社会中拥有其他职业的人都无暇涉足政治。

有一个清楚的对比。传统社会里有贵族，他们平常无所事事，只需靠着庄园、土地的资源和利益，就可以过上非常轻松的生活，有的是花不完的精力和时间。因此，这些贵族很自然地会围绕在国王身边，帮国王进行政治上的统治工作。

而在庄园里，农业的最大特色是有季节性，并且农业的节奏是相对悠闲的、慢的，也就意味着农夫不需要把所有的时间和精力花

在土地上，他也不会每天在田里劳作之后，回到家里累到不可能有精神照顾除了家庭和生活以外的其他事务。

农人有很多农闲时刻，而在这些时候让他完全不关心周遭的公共生活和相关事务，那是不可能的。换句话说，事实上，农人在政治介入、政治意识上高于城市里的工人，甚至高于城市里的资本家。

这产生了一种现代社会的发展。在社会的构成和运作上，现代社会不就被称为资本主义社会吗？不管怎么看、怎么分析，不管采取什么价值和态度立场，一定会看到资本主义社会最醒目的现象是一边有资本家，另一边有劳动者、工人。资本家和工人是组成资本主义社会最重要的元素、成分，他们的角色在这样的社会中越来越重要。

然而，韦伯注意或关切的却是吊诡的：在政治上，这些资本家和工人在资本主义时代的社会里越重要，他们与政治的关系就越疏离。为什么？因为他们没有时间，也没有精力。而当他们长期与政治事务疏离之后，就再也无法找到可以介入、从事政治的固定渠道。

理性蔓延下，韦伯深刻的忧虑

政治事务不在资本家手里，也不在工人劳动者手里，那它在谁的手里？很自然的，它落入了职业政治工作者的手里，这是完全因应于同样的一种专业化趋势潮流，因此政治也跟着专业化了。在政治专业化的过程中，官僚们越来越重要。

官僚是一种负责执行社会制度规约和规范的角色，因此，官僚有两个必然的倾向。

第一个倾向是官僚内部的行事风格及处理事务的程序会越来越理性。

什么叫官僚？如上文所说，他们负责执行社会规约和规范，要管理所有人。为什么需要官僚？为什么此时政治事务会走向这样的方向？因为大家在各自专业的领域中彼此分工，而分工很重要的是能开创一个相对让大家信任的公平的空间。

在这个公平的空间中，以法律、合约以及人们共同承认的社会规范作为基础，人们也才能专注地从事自己的专业，并可以信任当自己在专业上有匮乏时，可以到市场、社会上交换，与其他人分工。有了这样有效的分工，才能过上现代社会中的复杂生活。

而官僚、政治要负责管理这个空间。这个空间因为要因应所有人在合作上的需要、管理所有人，所以作为官僚依据的社会规范就高于所有人。

要如何高于所有人，让别人愿意听自己呢？官僚的权威从何而来？官僚的权威非常清楚地必然要诉诸理性，告诉别人制定了哪些规定，依据的是什么道理。大家照章行事，意味着官僚的权威、权力就来自这种理性的规范及其背后的道理，否则他们的权力就失去依据了。

如此，就使得官僚系统必然越来越理性。而这一方面强化了官僚内部的理性思考习惯，作业流程必然要依循理性设计的要求。并且更进一步的，因为这种官僚的理性涉及所有人的社会分工，所以会使理性的精神扩展到越来越多的社会领域中。

当人与人之间不同的分工出现冲突时，就必须要制定规章解决甚至是更进一步地预防冲突。于是，又带来了第二个倾向：官僚会越来越庞大，而且官僚会更进一步地渗透、改造现代生活。韦伯看到了，并用他的观察、推论预见了现代的政治：现代政治官僚体系有一种影响力，使其生命可以近乎不断地扩张，并在扩张过程中将这种理性的习惯、对事不对人的态度传播到这个社会上越来越多的领域中。就是这件事让韦伯忧心忡忡。

在这样高度理性的情况下，人实质上就被非人格化了，或者换另一个说法，即人被非个人化了。我们到底是谁？我们的身份以及我们作为一个人的独特性，在官僚和理性高度发展的过程中变得越来越不重要，也变得越来越不可见了。

人真的可以这么简单地适应失去了人格、人性、个性的情况，并且能好好地活在这样的现代社会里吗？这就是那个忧郁的韦伯不得不关心的，同时也无法视之为人类未来的必然性——只要它是必然的、未来的，就视之为正面的，是人只能接受的。

这就是为什么韦伯在当时参与到魏玛共和的政治中，他放不下自己对不断膨胀的官僚体系的悲观预期，才在这样的视野下坚持了当时的选择：韦伯认为魏玛共和应该是一个什么样的政治体制，如何让这个政治体制的官僚不那么独裁、扩张得不那么快，活在这个社会里的成员不要被非人格化、非个人化，从而阻挡这样的趋势、潮流。这是韦伯在政治参与中与其他人都不太一样的特殊价值选择。

4. 现代理性的噩梦：官僚与市场的共犯合作

上一节介绍了韦伯如何积极参与魏玛共和的创建，同时，韦伯的看法、想法在相当程度上影响和改变了魏玛宪法的内容。

非人格化的共犯结构：从官僚系统到市场经济

韦伯看待共和、宪法时，有一种对官僚体系的特别的关注，也是特别的担忧。因为基于他的社会学观察、研究，韦伯认为，现代社会的官僚一来会变得越来越理性，二来会变得越来越庞大。

尤其是在官僚理性的发展过程中，因为要安排、解决乃至于预防在社会分工架构下出现冲突，所以官僚的理性必然反映在对事不对人的性质上。当人在制定这些规则、规范时，不会考虑人的身份，而是把所有人一视同仁地放入规章处理。在这个方面，官僚体系扩张，理性渗透了越来越多的生活领域，就带来了非人格化、非个人化的倾向。

而这个倾向又与现代生活中经济层面上市场的形成和力量、市场的决定性越来越高，形成了一种隐性的、潜在的联盟。可以说，这是一个使人非人格化的巨大共犯结构，它产生了这种综合的效果。

市场最重要的是价格中心，而价格是如何出现的呢？它是由一个最高度理性的、用数学理性规范的货币，用金钱决定一切，让它的价格能彼此互相比较。在这种情况下，是物和人所产生的实用价值的价值关系全都被统合，被价格取代了。

在这个过程中，可以说是市场先使物失去了个性，更进一步的，在这个交易的过程中，人只能依照价格进行思考。当一个人带了太多感情进入交易环节，比如他认为有一个手镯是祖母留下来的，对他来说有很高的价值，于是需要对方拿出同等价值的东西（比如半栋房子）来，才愿意把这个手镯换出去。如果人带着这种感情的思考进入市场，会得到什么结果？那就是这个手镯永远不可能在市场上得到他所想象、所要求的那种价格，这个手镯在市场上的价格认定与这个人的祖母、与他的感情没有一点关系。如果一个人不接受这种排除了关系后的价格，就不可能在这样的市场里运作。因此，非常明显的，物失去了个性，而物的个性在相当程度上又连接了个人的感受与经验，以及个人对物的各种思考——所有这些都涉及物品的个性。那么，在物被非个性化的过程中，人的情感、经验、思考以及与物的连接也就被断开了。如果不断开，人就无法进入市场；如果不断开，市场上认定的价格就不可能连接上人的价值观。换句话说，接受市场的价格并进入市场交易，也就是必须放弃相当程度上的个人性格。

市场"理性"的扩张：什么都可以买卖

为什么市场也会有这种非人格化的作用？对韦伯来说，人们不能不看到其实现代社会有一股可怕的潮流。一方面，市场使得人在任何交易过程中都必须剥除作为一个人最独特的感情、经验、思考，这已经使得在市场交易的过程中，人被货币的工具理性彻底地改造了。另一方面，这种市场在现代社会、现代生活中，也是带着高度扩张性的。

刚开始，人们认为可以把"多余的东西"拿到市场上卖。可是非常清楚的是，在这几百年的货币发展过程中，所有的价值最后都被价格化了，而一旦被价格化，也就意味着这些东西可以被放到市场上，并得到一个价格，而这个理性的价格取代了这个物品原来具备的其他性质。

物品可以卖，服务也可以卖，接下来人的劳动力可以卖，那么再接下来，如人的精神与情感等还有什么是不能卖的吗？这就是市场理性，纯粹的工具理性、货币理性不断地扩张，乃至于彻底改造了现代人的生活。

现代人的生活是只要市场和货币延伸、扩张到哪里，那么在这个领域中，原来具备的人格、独特个性就会被市场和货币取消了。从正面的角度看，一个人的人生就在这个过程中被理性化、被价格化，从而取得了市场交换性。而从反面、负面的角度看，人也就在这个庞大的理性中失去了个别性、人格。这就是市场的力量。

理性的噩梦

韦伯又要提醒，这种市场的力量与在政治领域里看到的官僚化过程又结合在了一起，在这一方面，这两者的力量是完全一样的，而且手牵手打造了一个全新的理性世界。

换句话说，在韦伯的眼中，现代人就必然要活在这个理性的梦魇中，原来带有高度多样性、不确定性的，并且可以由个人的个性、人格决定的一块块生活领域，被理性收编，并被统一化、统合化。

在去除了人的个人性、人格之后，所有的一切在市场上认价格而不认人，认东西而不认人，认交易而不认人；在政治领域、官僚体系中认规章而不认人，认规定、认证件而不认人。你看，所有的共同之处不都是不认人吗？

你是谁？你是什么身份？这些在市场和官僚体系中越来越不重要。官僚体系中的论事不论人，也是一种极端的不认人的管辖：因为不认人，所以才能让规范高于所有人。

依照韦伯自己的社会学理论，他看得清清楚楚，他无法否认也无法换不一样的、比较乐观的方式思考。对他来说，这种潮流非常难以抵抗，更别说要逆转它。

说到这里，回头想想韦伯所说的以政治作为志业和以政治作为职业。有一种人是以政治为生的，而前一节也提及还有另一种人是为政治而生的。政治领域并不是只有这种职业官僚——他们在政治领域里获得收入、利益以维持生活。

看看这个领域里的其他人，他们可以发挥什么作用？或是他们在这里扮演什么角色呢？这里又涉及韦伯在他生命后期的切身经历。比如，德国有国会议员，而这真的就触及韦伯的痛处了。在第一次世界大战结束后，韦伯参与建立了德意志民主党，这是一个非常清楚地抱持自由主义的政党。而且韦伯是在他祖父的基地、他小时候也深有感情的海德堡竞选了议员。但是，他的竞选失败了，不只是他没被选上，而且他参与建立的德意志民主党在国会选举中的整体表现也不佳。

民主，理性社会的空头支票

在这个过程中，韦伯有了切身经验，他体会到什么是选举，什么是现代民主，什么是现代民主中的现代竞选。在韦伯的眼中，他痛切地感到候选人与新闻业、新闻记者组成了另一种共犯：他们联合在一起，给人民提供了一种民主的假象。正因为人们活在一个高度袪魅（去除了所有的激情魅惑）、高度理性的社会中，而且理性落实于官僚的不同规章中，使得规章比人大，理性比人大，这一切统统是人的主人，因而在这样的社会里，个别的人民怎么可能会是主人呢？

但正因为实质上通过这种方式使人民处于理性的控制与宰治之下，反而更需要有这种幻象，让人民至少在选举时感到自己是主人。于是，候选人和新闻业变成了合作的共犯。如果一位候选人说的越是天花乱坠，越是夸张，越是不负责任，那么他就越有机会让人民在被创造出的人民是主人的幻象中投他一票，因而他能当选。

也可以用这种方式看待夸张。夸张的风格、方式就是这个共犯结构中的一种统一个性。而最主要的夸张是假装人真的能做决定，而故意忽略了其实隐身在背后的官僚体制，忽略了实际上是官僚体制决定了一切理性规范并控制了所有理性规章，而且不断地扩张理性规范的范围。

这些议员在竞选时都让人民认为：第一，他们是来服务人民的；第二，他们是听从人民的，人民要什么，他们就可以在政治的领域、政策的范围里，替人民创造出什么来。

但事实上，现代政治不是这样的，韦伯将现代政治清楚地分成（用中文的概念说）常务系统和政务系统，常务与政务是分流的。再换一种中文表达方式，那就是流水的官，铁打的衙门。常务系统是衙门，官员们永远跟随着衙门，构成了永远不动的而且只会不断扩张的、权力越来越大的官僚体系。至于国会议员或政务官，他们依赖选票，像流水来来去去，没有长久性。那么，是铁打的衙门还是流水的官的影响会更大呢？

在选举中，有如此之多的承诺，但最后能付诸实践的却如此之少。像韦伯这样既真诚又悲观的人，加上在他身后已有三十年以上的认真的学术思考与学术探究，他怎么可能在这种情形下竞选上国会议员呢？

因此，韦伯在他的演讲中非常沉重地提出了以政治为职志的人必须具备三项缺一不可的条件。

第一项是热情。政治对一个人来说是一个召唤，这是一个超越的责任，要把自己的人生投注在这个行业、领域上，有一份高度的热情。但不能只有热情，因为热情与后面的两项条件往往是冲突、矛盾的。热情会使人冲得很快，但也可能无法预见会发生什么事，也就无法承担责任。因此，以政治为职志的人必须具备的第二项条件是具备高度的责任感。所谓责任感，也就是不能以自己的良善动机作为行事原则。做任何事时，不能说这是一件好事，自己就应该做，而是要随时考虑工具理性，要设计出能实现这个良善美意的具体程序、手段，更重要的是要能预见会发生什么，会得到什么后果。

经常能看到的情况是，在一头热的情况下，一个人选择了错误手段，以至于最后的结果与想要的结果恰好相反，这是一种不负责任的热情。不负责任的热情没有责任感，也没有在工具理性的严格计算下产生的承担，这种人自然也就不能当上政治人物。

还有第三项条件，韦伯称之为"sense of proportion"，可以译作"信守比例原则"。换句话说，要有足够的热情，可是也要小心，因为自己很可能会把这件事情无限放大，而失去了信守比例原则。此时需要的是对全局的关照。

比如，一个人在选区里竞选议员，他同时也是该选区的成员，那么，此时他能认为自己应该以该选区人民的福祉作为议员工作的重点吗？不能。因为这个选区的人民在国家的体制中只算是少数人，不能把少数的人无限放大，使其主宰了自己对政治的热情，并且在选择工具理性的运用手段时，遮蔽了自己的小心、谨慎、计算。

最难的就在于要有责任感，遵循比例原则，同时还能维持热情。韦伯的意思是，如果一个人不是这三项条件都具备，那么请不要从事政治，不要做为政治而生的人。韦伯也当然了解，以这么严格、这么高的标准来追求以政治作为志业的人，数量绝不会多。

韦伯的实践与失败

看到官僚体制的必然发展以及以政治为职志的人在社会上的数量如此稀少，也就能了解，事实上是为了要抵抗——议员在一边，官僚体系在另一边，它们各自偏执的个性和偏执的发展，搞垮了魏玛共和。

因此，韦伯才会坚决地主张要效仿美国，在国会之外有总统，而事实上这个总统就是为了凌驾于国会议员、官僚体系，并希望借由这种带有英雄气质或英雄角色意味的总统职务，来阻挡国会议员及官僚体制对现代民主政治的破坏，让人民的生活保留一些没有那么理性的、没有彻底祛魅的对英雄的想象。

此时应该也就能明白，韦伯为什么要在魏玛宪法上保留第48条，因为它涉及韦伯对超凡魅力型领袖的看法。

如果进入一个彻底祛魅、彻底理性化的社会，人的生活就没有了新的刺激，那是非常可悲、非常可怕的。怎样可以保留新的刺激呢？那就是在理性发展的过程中，一定有一种反抗理性的，因此会被超凡魅力型领袖吸引的可能性。因此，当超凡领袖崛起时，这样的共和宪法不应变成超凡魅力型领袖的阻碍。这就是韦伯的思考。

当然，韦伯的思考在历史上是非常反讽的，因为它看起来的确替希特勒在德国的兴起留下了一条特别的路。

韦伯为了应对这个祛魅的悲观现代理性所进行的政治思考，与后来德国乃至于20世纪世界历史之间的关系，会在下一节中进一步解说。

5. 人的失落：系统对于生活世界的殖民

韦伯是一个非常矛盾的人，他的看法、理论处处充满矛盾。但是很奇特，那是很不一样的矛盾：它并非来自理论本身的矛盾，而是在韦伯的论理、态度和立场之间的矛盾。

如果是论理中的矛盾，很多爱讲道理的人往往会前言不搭后语，或是在解释不同事物时有双重标准。而一旦认知到这个人在不同时段的解释上有双重标准，有不同的逻辑，我们会很自然地质疑自己为什么要听他的，为什么要接受他的观察或分析。一旦发现了这种理论内在的矛盾，我们基本上就会选择丢掉这种理论，也不再吸收、跟随它了。

但韦伯的矛盾绝不是这样的。他的矛盾反而让人们更离不开他提供的各种不同的看法。这一节会从这个角度和方向出发，一步步地解开韦伯神秘的吸引力，同时进一步地解释韦伯最根本的在历史角色上，他的理论与现实之间最复杂的关系。

理智与悲伤：韦伯的思想气质

韦伯的想法与态度的一个最根本的矛盾是，他最擅长也最坚持要仔细分析任何现象，尤其是人的现象和社会的现象，可他其实对这种分析又抱着矛盾的态度，他在分析之后，又对分析这件事感到悲哀。

这说的是什么呢？首先，韦伯在学术上最重要的贡献是他分析了不同生活领域里，在人们形成集体组织的过程中产生了不同的规范。在韦伯的眼中，他的社会相应于真实的生活，是从个人到集体中间必然有规范。

然而，韦伯表示，这种规范不是一体的，也不是相同的，不同的领域产生了不同性质的规范以管辖不同的生活面向。也可以用后来同时受到韦伯与马克思深刻影响的法兰克福学派批判理论的大将哈贝马斯（Jürgen Habermas, 1929— ）的说法，即"系统对于生活世界的殖民"。

这指的是本来有一种本体的、个人的生活，那是不确定的，是有不同可能性的，可一旦要组成集体生活，要从集体生活中得到好处，就必须有组织。这个组织的原则就构成了系统，而系统就凌驾于原本的自主生活之上，取消了作为个人可以决定、控制自己生活的基本权利。这是因为人们活在社会、集体和组织中，所以不容易察觉系统对人的生活殖民，但这却是一种再真实、再确切不过的现象。

韦伯的贡献是，他坚持并且要找到方式指出这样的事实：作为社会成员时的真实生活与作为个人时对如何生活的想象之间的差距。同时，韦伯一直坚持用这种方式刺激我们，让我们意识到有这样的事实存在，而不要再假装自己是一个自由的个人，不要再假装也不要再误以为我们活着是以自己的方式来做选择与决定的。

经济、法律、宗教的规范

另外，韦伯也坚持要分析社会生活尤其是社会规范具备的多重性质。

最重要的几种性质，诸如经济上有经济的规范、法则，其背后最重要、最根本的是利益的考量，因为人会选择对自己最有利的途径。在这个过程中，为了取得最高的利益，人与人之间的互动就产生了经济法则。这是一个范畴。

还有一个范畴是为了规范个人的行为。个人的行为一旦在集体中发生，就有可能影响他人（尤其是可能威胁到他人），这时就必须明确地限制、缩小行为的限度，禁止一些人与人之间的行为。

这种禁止的规范产生了法律，而法律内化成了一种观念、习惯：在与其他人产生互动的环境中，知道有些事是不能做的，而一旦做了，就会有一个外在的强大力量（在最高的层级会动用暴力）让人知道这么做会得到惩罚，这就是法律的性质。

很明确的，法律的性质与经济法则的性质是不同的。为什么要遵守经济法则？因为要追求通过集体经济行为得到的利益。很明显地说，这是利诱所产生的效果。但法律不一样，它是通过威吓让人知道做了这样的事会受到惩罚，而且惩罚的最高层级是动用暴力，乃至于最后有可能使得人最根本的生存、生命都受到威胁，并会消失。在这种情况下，人是强制性地在威胁而非利诱的情况下遵守法律。

另一个重要的领域是宗教领域。宗教的规范与经济的、法律的又不同，那是因为人总觉得自己活在这个世界上的所作所为（包括人为什么要组成组织、社会，人为什么要活在人群中）应该有一个根本价值，而该价值只能通过信仰来寻求人生的目的。于是，在信仰的领域就产生了宗教。

宗教有宗教的仪式、组织、规范，有宗教最根本效忠的对象，而在这个效忠对象之下，有同样相信这个宗教的成员彼此间的分工，以及人与人之间的关系。这是在另一个很不一样的生活领域产生了宗教的规范。

经济的规范，法律的规范，宗教的规范，它们的动机及目的都各不相同。

在经济的领域里，通过利益的考量和计算，人们愿意组成经济团体，依循经济的规范，其中包括市场，也包括运用货币，因而可以扩大人们在利益上可能的想象。为了获得安全，必须要固定人与人行为间的信任，因此有了法律。法律给了人们在社会中生活的安全感。当需要有更高层次的安全感，也就是需要知道自己在这个世界、群体中生活的生命价值，在这方面就产生了宗教。

经济、法律、宗教的互动交融

可如此区分之后，韦伯不会停留在这里，他不是一位这么冷静的分析者。韦伯会热情地继续往下追索、观察。于是，他又注意到并指出了——甚至可以说他在这方面进一步推翻了自己的分类——在另一个层次上的社会现象：几乎是必然的，前文所说的这几个范畴彼此间开始产生了混淆。

比如，法律的性质是在形成习惯后内化成人的行为的一种固定的反射反应，可是这种性质却有可能出现在经济的领域中，也就是由货币形成、计算的价格脱离了原本利益上的计算，而形成了一种类似于法律的强制性、习惯性，凌驾于本来的共同利益的动机。

我们为什么要进入市场？为什么要以集体形式进行经济生活？这是因为我们了解，个人能创造出的经济利益不如和别人一起合作获得的，尤其是用一种可以互通有无、交换不同使用价值的方式，让彼此在交易过程中获得更大的利益。在这种考量下，产生了经济的规范。

但在现代的经济领域中，真的是这样吗？绝大部分时候，人们根本就已经把货币、价格当成像法律一样的规范，那不再是清楚的自我利益的计算结果，反而变成了一种必然的反射性遵循。现代生活被价格化、市场化，它在原来的经济性质、经济领域的规范之外，反而拥有了类似于法律的性质，甚至更进一步，货币价值取代了宗教，成为宗教，或者说成为了本应属于信仰层次、目的理性性质的一种规范。

这时，宗教与经济彻底地混淆了，人们为了货币增长而活着，把货币、价格以及在市场上得到的数字当作自己生命的目标。

理想的、整全的人还有可能在现代存在吗？

接下来继续分析韦伯的矛盾。一方面，韦伯冷静地看出，如果比较了解人的行为，就必须要分析地看由于人有不同领域的需求，因而产生了不同领域的集体规范。另一方面，韦伯的根本矛盾是，在这种分析的眼光背后，在韦伯的内在还有另一份纯真的、相反的关于人之所以为人的基本概念。

那是什么样的人？是一个整全的人，是一个原始的、还没有被划分之前的人，是一个所有社会化介入之前的人。那个人指的并不是婴孩时期的状态，而是在现实中的人的任何阶段都找不到具体对应的、可以说是想象中的理想之人。这想象中的理想之人的各个生活领域混合在一起，而且可以不断地彼此混同。但是，这个理想之人也是一个在社会化的过程中、从人开始变成社会性的存在时就必然会永远地失落的人了。

再回到前文哈贝马斯的那句话："系统对于生活世界的殖民。"会说出这样的话，也就表示哈贝马斯在这方面也像韦伯一样，或者他当然也体会到了韦伯的这个相对矛盾的、纯真的人的概念。

生活世界，那就是一切都对个人开放，没有系统、没有组织的一种自由。和那种整全的状态相比，社会当然是侵害，是堕落。韦伯不可能主张人应该回到或是有可能回到那种整全的状态下活着。他足够现实，也足够冷静，他当然知道人形成社会组织其中的必然性。

因此，大家不必急着在这时表示，韦伯为什么会这么天真或这么无知？这些韦伯也都知道。他知道这里面有一种交易、交换（tradeoff），它使人丧失了部分的个人的自由，使人变成会区分不同的生活领域，而这些领域又受到不同的规范限制，因而人的生活就形成于层层规范的牢笼之中。

为什么我们要接受？你可能会说，要看我们换到了什么。如果作为一种整全的人个别地活着，在那种彻底的孤独（solitude）中，却得不到这么多利益、好处和生活上的享受。因此，只要简单地计算一下，以这种方式失去了自由，那就是对的，因为换来了更多的东西，为什么要为了失去的自由而感到哀叹（lament）、悲伤，去伤怀或哀悼呢？

这就是韦伯迷人的地方。人们会很自然地在表面的层次上说这是划算的，而韦伯知道或他能体会到，人在这个层次上必然还是有一种失落感，这种失落感是人具体的现实的其中一部分，这与人在社会组织的过程中所得到的利益、所计算的交换是同样真实的。人既有这一面，也有另一面。当韦伯看到人的这一面时，他无法彻底地假装另一面不存在。

一方面，是韦伯做科学研究、建立社会学的一种理论的冲动使得他在运用看待这方面的眼光时，极其具有分析性，极其严谨。另一方面，这也使得他即使了解其中的必然性，也不会忽略这个必然性背后人曾付出的代价。

那种代价的重量一直压在韦伯的心上，因而使得他在分析时与所有的科学家都不一样：他非但没有因为得到突破性的分析而沾沾自喜，反而每在分析上有了更高的成就，他就会从中体会其中的悲观。在那种悲观中，他又可以比所有人更冷静地进一步推论：用这种方式组成的社会在哪些方面会进一步地对一个理想的、整全的人持续产生侵害的威胁。

在韦伯的眼中,人是理所当然的,却又是永远不甘心的。这才是韦伯所认识的,也因而感动我们,让我们反省自己存在的一种人的形象。

6.责任伦理：知识让人没有理由保持天真

知识让人没有理由保持天真

韦伯是一个非常复杂、非常矛盾的人。在人们的眼中，他是一位永恒不懈的知识追求者。虽然只活了56岁，可是韦伯在年纪很小的时候，就开始确立要做一个知识的追求者。在有限的时间中，韦伯累积了这么多、这么丰富的著作，而且这些著作从方法论一直不断地扩张、向上追求。此外，那个时代的背景和环境使韦伯能将自己的视野尽可能打开，于是他在社会学尤其是历史社会学的追求与探究中，所能涵盖的范围这么广。

韦伯是一位比较法律史、比较宗教史甚至是比较文明史的思考者。很难找到这么一位努力、辛勤的知识追求者，并且拥有超人的知识上的技能，而且，韦伯在方法论上产生了巨大的突破，使他这么博学，有这么多观点。但是，在阅读韦伯的作品时，可以非常清楚地感知到他从来不是沾沾自喜地在炫耀自己的博学，恰恰相反，韦伯反反复复表现出的是知识是一种负担，它不是让人享受的。

这就产生了韦伯最大的矛盾。因为对一般人来说，如果明知这是一种负担，不是能享受的事，会想减轻负担，并质疑自己为什么要把时间和精力都放在那里。这部分地解释了在韦伯的一生中，为什么他一方面有这么高的成就，另一方面他又遭遇了几次精神危机，以至于产生了精神崩溃、瓦解的现象。

对韦伯来说，这是一种很奇怪的像是宿命的责任，他并不是在追求学术，并不是把自己看作职业学者，对教职的晋升有积极的追求。韦伯对知识有非常清楚的描述，而他为什么会认为一个人有了知识是负担呢？因为知识让人没有理由继续保持天真。

尤其是作为人，作为社会人，作为一个特定时代的集体中的一分子，当拥有了知识，你与其他人最大的差别在哪里？这也是我要与你们分享，或是进一步刺激你们的：你真的知道自己在阅读这些书籍时在做什么吗？你真的愿意如韦伯所提醒的，承担这样的责任吗？作为一个有知识的人，也就意味着你没有理由看不到无论是个人还是集体的行为的结果。

韦伯反反复复地提醒我们，就产生了一种内在的负担：我们知道了这样的事实，但不可能因为知道了就不行动，也不可能因为知道了，还能保持与不知道时同样的行动决定。

知识会带来怎样的负担？

知道了还要行动，这与一个无知的人有什么差别？最大的差别是无知的人太纯粹，是出于热情的冲动而行动。而他只考虑了两种情况。

第一种情况是出于热情的行为只看行动的意图。从热情出发的人，与一个有知识的人在行动时的最大差别在于是否检讨了自己的手段。出于热情的行动者的一种最常见现象是，认为自己的意图是对的、良善的，因而做出的行为也是对的、好的。然而，作为有知识的人，不可能不意识到：无论自己的意图是什么，无论从该意图出发得到什么样的结果，其中最关键的是采取了什么手段。但是，意图与手段之间的关系不可能是这么简单的，它很复杂。并且，人不可能单纯出于某种意图，就简单、直接地找到对的手段。意图与手段之间可能会出现大量复杂的现象，甚至有时选择的手段最后得出了完全与自己意图相反的结果。可是，人们往往在那种冲动下对这些现象视而不见。

怎么可以不考虑意图与手段之间的关系呢？可是，如果要检讨这个关系，就需要知识。

而反过来，韦伯看到的是，一个拥有知识的、懂得如何去思考的人，他没有只思考自己要做什么的天真的乐趣。他在这时必须不断地思考：如果用了 A 手段，会得到什么样的 B 结果；如果改用 C 手段，又会经过怎样的 D 过程或 E 过程，最后会得到同样的 B 结果还是会产生 F 结果。

这是必须要经历的程序的思考与程序的预见——因为拥有了知识，这是知识带来的负担。

第二种情况是出于热情的行为只看终极的目标。只要一个人认为某个目标是崇高的、了不起的，就用这个目标来合理化所有手段。一般在出于热情的情况下，人可以这么做，可是这经不起知识的检验。不管是只在意意图而忽略手段的合理性，或是抬高标榜崇高的目的来合理化手段与程序，在人类的历史上，于这些情况下产生的通常是可怕的现象，因为这里面有一种深层的不负责任。

人类的历史不是可以停下的计程车

在韦伯的作品尤其是他的演讲文稿中，会发现他常常使用人们不是很熟悉的，但其实非常有意思并值得放在心上的比喻。

韦伯常常说，人类的行为、历史不是随时可以停下的出租车。

当韦伯想到出租车时，他所运用的一个最重要的形象就是人搭车时有一种随时随地下车的自由。韦伯要让人记得，这种乘出租车的特性是与人类的集体行为特性彻底相反的。

人类集体行为最严重的一种情况是一旦发动了某事，就不可以随时叫停。在一个社会行动、一个社会组织中，也不是随时可以说"不要"就能不要了。这是一种负责任的态度和思考方式。

不要忘记，韦伯身处于包括 1917 年苏联共产革命发生的时代狂潮中。这又是他的矛盾：当别人都被这种狂潮卷去，并在那个过程中感到自己参与了历史而获得一种满足，韦伯却冷静地预见到革命最大的特色——我们可以用这种方式来运用他的比喻——革命不是随时可以停下的出租车。

革命无法说停就停，因为在这个过程中：要么是刚刚说到的，人只看重意图而不检验手段，要么是人用标榜的崇高目的来合理化手段。不管是哪一种行为，其中都产生了一种严重缺乏责任伦理的现象。没有责任伦理，只管自己的意图是好的、自己追求的目的是崇高的，而用这种方式行动，就失去了对行动过程的掌控，也就对采用的手段会付出什么代价缺乏了责任感。

革命是好还是不好？

不过，韦伯用这种方式冷静地检讨革命，他就是一个反对革命的保守人士吗？他绝不是这样的人。一方面，韦伯知道革命的必然性；另一方面，他在价值的层面也赞同人类社会发展到一定程度，必然要产生这种革命的冲动。这不是来自他的信念，也不是来自他的热情，而仍是来自他对社会的分析与了解，也就是另一层知识带给他的内在的负担。

因为知识，因为分析社会，所以韦伯明白社会组成集体就是在不断地约束、取消人的个性和自由。因而人被这么约束到一定的程度，那种内在追求解脱的，希望从集体的规范中重回整全的个人所拥有的混合生活领域的多元自在性的冲动、本能，不可能彻底地消失。这些东西累积久了，就必然会有一种希望冲破社会制约的非理性动机。

这种非理性动机的产生基本上是与社会的变化和发展同步进行的。一方面，社会制约越缠越紧；另一方面，各个不同范围里的社会规约又互相混杂，产生了不合理的现象，因此一步步地压抑，最后使那被压抑的冲动再也无法被限制。一旦它爆发出来，当然就要冲破原有的社会制约。

所以，这不只是在人类历史上反反复复看到的一种必然性：没有任何社会的制约会永远存在并取消人追求自由的这股冲动。而另一部分，在人之所以为人的理想上，韦伯也认为不应该有这种永恒的社会制约，把人整全性的特性统统划分成一个个领域，而人在这一个个领域中被系统彻底地殖民。

因此，革命是好的，又是必然的。但是这么矛盾的韦伯，他的知识又让他知道，人从来无法找到一种好的革命手段来进行对社会制约的松动与改革，这中间必然带来毁坏与混乱。

经历了这种毁坏与混乱，接下来就必然产生人们需要新的秩序、再重建秩序的另一波冲动。因此，从这样的分析伦理上看，韦伯的社会观念好像有一种循环观，也就是社会规约在它被建立之后变得越来越严格，而在此过程中又产生了混乱、不合理，因而最后刺激出革命的冲动。可是，当革命推翻、破坏了旧有的秩序，在那种混乱的无秩序中，人又开始怀想，又开始有了秩序的需求，因而促使了下一波秩序的出现。这是循环式的。

期待一种具有责任伦理的英雄领袖？

在这种看起来是循环的社会制约被打破的过程中，韦伯又看到了另外的好像是不可逆的发展。那就是前文特别提到的官僚体系所代表的现代理性，在这一次又一次的打破、混乱、重建秩序的过程中，工具理性凌驾于一切之上，革命不会真正改变工具理性一步步地升高。

韦伯所看到的是革命只带来双重的破坏：在打倒旧事物的过程中产生了巨大的破坏。但不要以为在旧事物被打倒之后，就会建立新事物。在建立新事物的过程中，韦伯看到并明白，因为能打倒旧事物的必然是超凡魅力型领袖，而他需要独特的空间。在超凡魅力型领袖产生的这种空间里具备排山倒海的动能，可以把旧的推翻了，可是他不可能维持这种无秩序，他必然要重新收拾出一种新秩序。可是超凡魅力型领袖要如何收拾出一种有秩序的建制呢？在这个过程中，目的理性逐渐地无法收拾这一切，最后只能依靠工具理性。

所以，为什么说一次又一次的破坏中，革命反而使工具理性更加高涨？因为革命有不一样的意图、目的。在目的与意图彼此冲突的情况下，最后能使大家彼此同意的、使整个社会继续往前进的就是工具理性，是发明更严格的社会管制的不同手段。

革命不会带来真正的改变，它反而产生了这种循环中的工具理性、现代社会制约越来越严格的线性结果。因此，也就使韦伯的人类社会观格外悲观。而且，在现实中，可以看到韦伯在魏玛宪法上所做的不同坚持。比如，他在魏玛宪法里留下了第48条，那就是为了在宪法里让超凡魅力型领袖有一个合理的、可以打破社会制约的空间，而不需要诉诸革命。

但即使是这样的设计，最后出现在德国政治空间里的却是像希特勒这样的领袖。他正如韦伯所预见的，因打破层层社会制约而取得了人民的信任和拥戴。可是这样的超凡魅力型领袖，只是借由韦伯留下的宪法权力，更方便地撕毁了宪法。从表面上看，他没有推动、发起破坏性的革命，但他实质上取得了独裁的权力，这对德国的社会、对韦伯所珍视的德国的文化产生了更彻底的破坏，甚至更进一步犯下了人类历史上不可想象、不可理解的最可怕的集体屠杀罪行。

所以，最根本的矛盾就是韦伯一再强调的：什么叫责任伦理。

人类需要韦伯所说的作为英雄的领袖，这种领袖愿意承担人得到知识之后带来的强烈重担；他知道、考量所有现实条件，并因此拒绝诉诸极端手段；他预见任何可能会失控的结果，而他在这层层的限制下还愿意进行改革，为人民解开社会制约的束缚，给人民自由和机会。

这是韦伯不同的矛盾中勉强能思考出的，要让人类能对抗工具理性像洪水般淹没一切，还能保有作为一个整全的人生活的机会的一点点光明的可能性。

当然，这个光明的可能性仅止于可能性，韦伯在整体上仍是极度悲观的。不过，在他悲观的视野中，的确我们被逼着看到了现代社会、现代生活的许多具体、真实的面向。

7. 祛魅的世界：我们对生活的掌握，不如原始人？

韦伯从理性发展的角度重谈了西方发展的历史，他告诉人们，逻辑在印度和古希腊的文化中就被发明了，不过要到文艺复兴时期它才真正发挥了全面的作用。

文艺复兴：理性真正开始作用的年代

为什么今天还在说"文艺复兴人"（Renaissance man）？这指的是没有任何学科限制，在后来划分出的各种学科中都拥有充分的知识和能力的人。如果用韦伯的历史概念来说，这就充分显现出文艺复兴这个时期最重要的一种特性，即将逻辑、理性用于解释自己的生活。那个时期将这种新兴的现象叫"art"，今天英文翻译作"艺术"，但那时的"art"的含义其实没那么狭窄，而是包括了后来英文衍生出的两种不一样的身份角色：一种是 artisan，即工匠；另一种是 artist，即艺术家。

那么，工匠和艺术家有什么共通之处呢？那就是他们都认真地探究，用理性培养生活的技能。在文艺复兴时期之前，生活仍是依照传统的习惯过着，以前的人怎么做现在就怎么做。这里面没有道理，人也不会去求索道理。由于没有道理，因而也就没有规范。

在那样的情境下，传统的权威是最高的。但是，这时理性逐渐在侵蚀、瓦解传统的权威，而造成了无论是在工匠的技术方面，还是在艺术上的表达，人们都要用理性的方法予以探究，而后借由理性的分析找到更好的方式。这深化且扩展了人的生活范围。于是，这种趋势、潮流接下来就从文艺复兴时期开展到宗教改革。

宗教改革看起来只是宗教领域里发生的事，然而韦伯提醒道，我们应该看到即使是在宗教信仰的领域中，理性都开始起作用了。从天主教那种信仰的模式到变成基督新教，到马丁·路德所主张的人与《圣经》、上帝之间的关系，从中看到是同样的趋势、潮流。

这个方向是天主教仍是来自传统的权威，它以前告诉人信仰是怎么一回事，应该做什么仪式，某个仪式代表信仰中的什么面向、有什么意义、可能产生什么作用，人就要照单全收。但马丁·路德告诉人们：不应该这样，这时的个人在哪里？信仰是个人的责任，而不是听从教会的。如果教会指引个人完全服从，这种集体的传统权威就一方面造成了教会的堕落，另一方面造成了个人的失职：失去个人责任，个人不能对自己的信仰负责，人怎么可能得救？

于是，这时的人跳过天主教会和集体的答案，自己阅读《圣经》，从中了解耶稣基督说了什么，借由耶稣基督的典范而与上帝建立了自己的关系。这里的关键词是"了解"（德文为 verstehen），人要了解自己的信仰，这是人的责任。

在这样的过程中，原来被区分的日常经验和宗教经验就被混同在一起。人在每个地方都可以体会到上帝，因为都在理解上帝所创造的世界。理性被运用于理解生活，从人的生活连接到世界上所有事物，在这个过程中，人也就是在尽信仰的责任，在理解上帝。

于是更进一步的，理性从分析人的生活到分析人的信仰，进而把人的生活与人的信仰混而为一，都变成了被理性笼罩的范围。

浪漫主义潮流：对理性的逆反

在这种情况下，随着时间发展，理性的范围一直扩大。直到19世纪，此时理性已经全面胜利，只剩下浪漫主义（romanticism）。

浪漫主义特别标举并保留了一块非理性的区域。非理性和浪漫主义是合二为一的，是一体的两面，只有在那种浪漫的情绪、状态下，人才可以抗拒理性，保留与理性有差别的特别生存状态。换另一面看，也只有非理性才能点燃人内心的浪漫主义。那种浪漫的向往希望突破所有限制，把人的感官发挥到极致，突破人理性认为的应该对感官、体会、经验产生的各种不同限制。

但韦伯提浪漫主义并不是因为他是一个如此浪漫之人，因而他要肯定非理性至少还在这里保有一块领域，不是这样的。最重要的是，他让我们看到它所存在的也一直在延续——我们今天所处的世界，不要忘了，还有弗洛伊德。

弗洛伊德为什么那么重要？他在非理性的棺木上敲下了最后一根钉子，他把非理性都变成了理性分析的对象，把理性带入非理性现象的认识与理解上。从人的想象到梦，再到幻觉，对所有这一切，弗洛伊德都用非常严整的潜意识理论来加以说明——潜意识的理论是一套严整的理性逻辑发展的结果。

世界祛魅了之后，人该如何追寻意义

在这样的情况下，这个世界进入了一个新阶段。该阶段最大的特色是，人对生活有了一种全面的掌握，不过，这是一种技术上的掌握。人能全面地从技术上掌握生活的每一个面向，也就是能导入理性去进行分析、理解、设计、安排、执行，这一切可以如此完整。

但就落下了一个原始的问题：生活的目的是什么呢？当生活的

每一个技术上的细节都有理性能得到的答案,而运用这样的技术这么活着,我们希望生活达成什么目的呢?

在这里,韦伯特别提到了托尔斯泰,尤其是托尔斯泰对死亡的思考。托尔斯泰在走向死亡的过程中,他用自己的生命做了带有悲剧性的实践。

对托尔斯泰来说,死亡到底是怎么一回事?他所看到的让他疑惑的是,人这么多年来不可能真的发生改变,每一个人仍在持续地衰老、死亡,可是死亡这件事却改变了。最大的改变是托尔斯泰感到的最深切的悲哀。到了他这一代,死亡不再神秘。人们知道了与死亡相关的一切知识。死亡,包括它在过程中会有哪些现象,现象之间会有什么因果关联,一切都由理性解释得清清楚楚。这就是当人到了终极的时候,可以对自己的人生、生活贯彻一种技术上的操纵,这同时也是理性和科学发展到最极致的例证。

不过,托尔斯泰和韦伯要问的是:如果这就是科学知识的代表,那么这样的科学知识所遗留的问题可以不提吗?人们值得认识、值得活在这样的科学知识中吗?对托尔斯泰来说,这个时候,死亡不再神秘也就意味着由于生活的每个环节都有了答案,那么将生活的所有答案一步步地拼凑起来,就没有死亡的空间了。在这里,人们用知识把生活塞得满满的,因而就使死亡变成被了解的一部分。在这里,对死亡没有任何想象。

而当人不能想象死亡,死亡就不再神秘,也就没有意义。回过头来,当死亡没有意义,死亡就是死亡,那么它与人的人生就没有更宽广的连接,也没有更开阔、可供探索的象征或是想象的可能性。

在这种状况下,人必会死去,死亡是每个人生命的终结,人活着的每一天都是使人走向死亡。当死亡本身那就是一个终结,是一堵固定的墙时,人的生活不也就可以被理解为在必然去撞到这一堵墙的路上吗?因而,生活的意义不也就跟着流失了吗?

死亡没有意义,生活也变得没有意义。随着理性的发展,我们作为现代人知道得越来越多,但其实这反而越会使我们失去掌控,其中是一种非常奇特、吊诡的关系。

原始与现代:迷魅下的安定 vs 祛魅后的忧郁

这是什么意思呢?韦伯让我们对比一下原始人的生活。原始人的生活的每一个环节是:使用的工具都是自己造的,吃的肉都是自己打猎得来的,吃的坚果都是自己采集来的,少数吃的谷类都是自己亲手在泥土里种出来的。原始人能充分掌握生活的每一个环节。

虽然那是很简单的程序,可是程序的每个环节都是能亲身体会的。而除了在他生活中运用的少数工具,以及其他能充分掌握的很小的范围之外的领域,对原始人来说都像是黑夜一般看不透、不能理解的。就像站在聚光灯下的人,他面对聚光灯之外的黑暗充满了害怕,以及对生命的疑惑。但同时,他必须要面对这样的神秘,并想象、创造自己的生命的目的。

对比原始人的状态,现代人是什么都知道吗?不是的。虽然我们认为可以知道任何事。比如,如果我们想,就可以知道地球上的生命是怎么来的:那是 100 多亿年前,宇宙在大爆炸之后,一步步地由 46 亿年前形成地球发展到地球上出现生命,再到演化出人类。

如果我们想,也能知道人身体上的细胞是如何构成的,这些细胞组成了什么器官,器官之间通过什么机制构成了一个有机体,而这个有机体又消耗了什么资源、排放了什么废物。

这一切都清清楚楚。可是,我们必须面对一个事实:并不是我们随时都掌握、都知道刚刚所说的这些知识,而只是说如果我们要知道它,它就在那里。它真正的作用是什么?是让人不再去问或者说让人不可能疑惑,不可能自己再重新探索、想象宇宙是怎么来的,也不可能臆想自己的身体到底是一个怎样的系统。

其实，这些现代理性发展到最高峰的所谓的完整的知识，产生的最大影响是人的想象力被堵住了，人关于生命可能意义的神秘探寻被事先解答了。因此，实质上每个人所知道的生命的意义都是被别人决定的，而不是来自于自己的体会。在这里，就形成了双重的空洞。我们在生活中能控制的所有细节的物件，其实都是别人用理性分析、设计、安排、执行好了之后才交给我们的。因此，我们对生活上的一切掌握，其实远远不如原始人。

举一个例子，原始人对他的每一样工具（比如石斧）都非常熟悉，不会对任意一个面向感到疑惑或陌生。而今天的我们呢？绝大部分人每天都使用货币，可是有谁能真正掌握、解释：同样的货币，为什么今年的购买力与三年前的不一样？为什么今天我们无法确定同样的货币到了五年后的购买力是怎样的，以及它与其他货币的兑换关系是怎样的呢？

人与货币的关系，其实完全不能和原始人与石斧的关系相提并论。因此，知识不断累积，就给人带来越来越大的压力，还带来了令人越来越清醒的一种不舒服的感觉。

现代社会：为什么老人不再有价值？

比如，当知识不断累积，就会发现越年轻的人反而会知道得越多。这其实是彻底逆反了几千年来，人类集体生活中的世代关系、权力架构。在绝大部分时间中，人活得越久，就越可以得到集体生活里的报酬。因为活得久，会有较多的经验，而人在经验中培养了智慧，所以对比年轻的人，老人就必然在面对各种状况时，直觉更准确，对手上拥有的处理问题的方式掌握得更熟练。

但是，在现代理性、现代知识累积的发展之下，老人的经验和智慧绝对比不上年轻人通过各种方式直接获取的高度累积的知识。于是，人还是会持续变老，但在这种情况下，年老就与托尔斯泰所思考的人的死亡一样，也变得空洞了。

在老年形象上，以前是积累岁月，越积累就越丰富，越丰富就拥有得越多。但是，现在反过来了，在一个祛魅的世界，岁月的形象是掏空。原来，一个人拥有的知识是最前沿的、最新的知识，但随着岁月逝去，新来的比他更年轻的人有更新的、更丰富的知识，对比之下，这个人的知识不断地过时、失效，也就是不断地被挖走、掏空。

在这样的情形下，时间的意义被逆转了。尽管时间仍是不可逆的，但这种生命的意象却颠倒了。因此，我们到底活在一个怎样的世界？为什么要特别强调理性高度发展后的"祛魅"所产生的作用？当生活里不再有神秘，一切被看得清清楚楚，被解释得明明白白，人们以为这会是一个科学的乌托邦，然而韦伯提醒人们（其中有部分是韦伯的预言，而不是他真的已经看到了）：祛魅后的世界不会那么简单，不会只是一个人们与科学从此快乐相处的美好新天地，它带来的后果是过去在人类文明中累积、固定下来的目的、价值，都会被挑战甚至被推翻。

一来，这不是这么美好的事；二来，它不是一个固定的，只要人接受就好的答案。它应该被视为人在理解当下的现实时，必须勇敢面对的新问题。不要自满于得到这样的答案，而是要了解这个问题所带来的种种挑战。

8. 令人悲观的世界中，我们该往何处去？

解决悲观的方法，是回到蒙昧吗？

本节继续介绍韦伯对祛魅后的这个悲观世界所提出的更进一步的主张。

当人智识上的理性发展到这个地步时，大家当然会问：祛魅后产生了这种集体的忧郁，那该怎么办呢？韦伯的意思是要推翻理性，再把宗教搬回来，重回那种神秘蒙昧的状况之下吗？如果韦伯这么想，那就变成了一种愚民的政策。也就是说，这意味着因为现在的人知道得太多才使自己那么痛苦，所以干脆让人放弃所有这些知识，回到无知的状况之下。

就像中国的老子所主张的，希望小国寡民，大家统统不要受教育，把已经张开的眼睛闭上，不准人听到远方的声音，最好把国境封锁，也没有任何人听得懂外国人的语言，也不能让任何外界的知识流传进来。

在这种情况下，采用控制集体知识的方式降低人民理性化的程度。于是，大家不知道物理学上如何解释宇宙的起源，也不知道在神经科学上如何解释人的大脑，当然也不会让人知道有韦伯，有社会学、社会心理学、历史社会学……这一切统统都予以推翻、消灭。那么，人在这时又回到那种蒙昧、神秘的状态，要寻找真正的先知，要相信宗教，并寻找生命在神秘中的意义。

这些是韦伯要的吗？当然不是。

理性的异化

在这里，要了解韦伯和马克思的另一个连接点，或者说是韦伯对马克思的"异化"观念的另一番运用。

对韦伯来说，他看到理性发展到这种状况，已经非常接近马克思所说的"异化"的程度。理性以及最能代表理性的官僚，本来是人用来了解、掌握自己的生活的重要工具。而异化是工具本身变成了目的，本来应该服务主人的奴仆，这时反过来对主人颐指气使，发号施令。

到今天这个时代，理性和官僚体系好像就到达了这种程度，即变成了理性的异化。理性的异化是战胜、凌驾了一切，反过来要人屈从于理性所给予的种种状态之下，不准人运用理性——此时是人反过来被理性运用。

要知道人如何被理性运用、理性如何异化，韦伯举出了一个鲜活的例证，那就是理性发展到最极端的官僚体系。

官僚系统：要听话而非聪明的人

在官僚体系中最常出现的现象几乎就是二流人才压倒了一流人才。而且，韦伯告诉我们，官僚最内在的、最荒唐的事就在于不管如何定义一流和二流，一流人才的聪明和能力必然表现在他能掌握不一样的环境和状态，可是，官僚体系所追求的恰好相反，它不要那种拥有灵活、弹性、聪明和能力的人，因为这样的人自己有能力做判断，所以他不会在自己能力所及之处永远都乖乖地依循官僚体系的规定，用其实在他看来是不合理的、无效能的方式来处理事情。因此，官僚体制的一切都用理性分析、设计，但设计出的这套系统，最后却使聪明的、有能力的人在运作过程中处处碰壁——因为他会想象怎么做才是更合理或更有效的。

二流人才是怎样的人？他们才看不到这些可能性，也不想去追究如何把事情做得更好，因此，官僚体系怎么规定，他就怎么做。于是，二流人才在官僚体系中被认可，也因而会一直存在于官僚的科层组织中，一层层地往上升，持续地被肯定、被证明他是对的。

相对应的，如果一个人有自己的想法，更重要的是，如果他有能力自己找出解决问题的方法，那么在官僚体系中，这就是错误的成员。他会被边缘化，会被留在升不上的层级，更进一步的，他也很可能被官僚体系排斥出来。

唯有理性可以打败理性

如果能体会这是官僚体制对理性的异化，以及这是理性对这个世界、对现代生活的异化，也是系统对真实生活世界的殖民，我们才能体会韦伯在主张什么。

韦伯在主张一种看起来吊诡的、似非而是的态度：必须把理性再往前推进，而不是逆转去推翻理性到现在所建立起的一切。要恢复理性的工具地位，要把理性重新变成人的仆人。这时的理性与官僚体系已经高高在上，它们摆出一副要当人的主人、要指使人的姿态，人不应该接受这种状态。

那么，人要如何能不接受呢？

第一，要能看到，现在理性与官僚已经凝结异化了。第二，要更进一步看出,理性与官僚究竟是如何凝固而变成今天这个变质的、异化的面貌。

韦伯表示,最关键、最根本的是人要有勇气质疑。在这方面,既能看到韦伯受到马克思的影响,也能感觉到他受到了尼采的影响,也就是"trans evaluate every value"这种态度。我们要勇敢地继续运用理性质疑所有的价值、系统。

追求知识:诚实地面对"不方便"的事实

比如,韦伯终其一生在做的事是什么?回到韦伯的社会学根基,他是从集体性出发来分析的。人类会过集体的生活,人类会组织成团体、社会都不是理所当然的,不是上帝给人类的,也不是由人类的基因、人性天生带来的。

既然集体性不是理所当然的,它就应该被理性地分析与解释。在这里,韦伯为人们塑建了社会学。社会学的每一个面向,都是要回到历史上去解释人怎么会用这种方法组成团体,人怎么形成了集体的性质和规范。在这个意义上,韦伯建立的社会学其实带有他自己所说的一种先知的角色和先知的意涵。他要用这种方式更进一步地运用理性,去解开被异化凝固了的理性与官僚系统。

这里的重点在于 intellectual integrity 或是 intellectual honesty,它分成几个面向。一个面向是在进行理性的研究与分析时,当处理的是知识与学术,韦伯特别强调,要敢于诚实地面对"不方便"的事实。

科学知识当然在追求、彰显事实,可是事实分成很多种。大家都已经知道的,是一种"方便"的事实;而大家都容易接受的,是另一种"方便"的事实;大家都想要接受,并且如果有这样的事实会让听到的人开心的,也是"方便"的事实。

韦伯告诉我们,作为一个知识人,如果真的对知识的追求有诚意，那么这种"方便"的事实可以不说。就算它构成了自己的知识的绝大部分，此时也应该把自己的精神、精力放在另外的"不方便"的事实上，因为"不方便"的事实违背了人们基本的假设，所以说出它的时候，会让人感到不愉快，提出不同的攻击性观点，也会让人想用各种方式把你打倒。但正是在这个时候，这种"不方便"的事实才是事实。

请在只有可能被反驳的地方去表达意见

还有一个面向是我们要依随着韦伯的价值明确地分辨事实和意见。这也同时是他所认定的大学以及大学老师的基本责任。这是要研究并找出事实，而后要如刚刚所说的去分辨"方便"的事实和"不方便"的事实，而你的责任是勇敢地把所有别人不想听的、不想接受的，会让他们难过、不舒服的事实说出来。

另一个面向是清楚地知道什么是自己的意见。事实和意见是不同的：事实是无论在什么时候，你都有责任必须把它说出来，而意见不是。该如何表达意见？韦伯告诉我们，它的基本条件是在只有意见可能会被反驳的地方去表达它。

因此，韦伯非常反对两种情况。第一种情况是老师在教学时，尤其是当他掌握学生分数，可以威胁、控制学生以至于学生不能反驳、反对他的情况下，他对学生说的应该只有事实，而不应该表达自己的意见——不管它是政治意见、社会意见还是人生意见——因为当他表达意见时，学生只能接受。于是在相当程度上，意见就会与事实混淆，老师不应该做这样的事。

第二种情况是对握有权力之人来说，当别人面对他的权力而不敢反驳时，他也不该表达任何意见。如果他要确定自己的意见有价值，只有在一种状况下能证明——这也是理性更进一步地往前推——

他可以刻意地只选有不同意见的人表达，而这完全不影响他们之间的关系，这些持有异见的人也不可能得到任何惩罚。

只有在这种状况下，其他人可以不听握有权力之人说话，可以表达与他不一样的意见，可以提出与他完全相反的态度和立场，也可以骂他，只有在此时，握有权力之人才有资格或才应该表达意见。

韦伯：作为一种现代先知的榜样

可是，韦伯看到的现实状况是人们停留在了一个理性发展到几乎最极端的祛魅的世界，人们卡在了这里。

在这里，人们看到的是没有真正的大先知。而所谓真正的大先知，借由辛勤的努力（devotion），加上他具有的那种不断往前看的远见（vision），以及他把工作与远见结合在一起而产生了没有这种努力和热情一定不能形成的特殊观点。

其实，这种有观点的先知的最好例证是韦伯。这当然不是韦伯自己说的，是我说的，我同时也将其作为这本书的一个结论。

为什么要特别为大家介绍韦伯？因为他就是这种现代先知的雏形或榜样。他在进行思考时，一直试图建立一个系统，因为只有这样的系统——系统中的每一个环节都是他结合了自己的热情和努力形成的——才会产生这样的社会学，而这样的社会学一直不断地给人们提供工具，质疑人们生活着的这个由他们自己形塑出的社会。

相对应的是什么？那就是有许多无用的、纷扰的小先知。他们是在小讲堂尤其是在有很多权力的场合里，明明知道别人不能在这里挑战、反驳他，还是得意地说了许多自以为是的道理。而这样的道理，一直在不同的地方冒涌着。其实，这对我们如何思考乃至于如何解脱当前这种祛魅社会的悲哀，是没有任何帮助的。

孤独的骑士与人类的未来

因而，韦伯特别告诉人们，什么是人的人格、个性（personality）？既然说到的是人格、个性，就一定会牵扯到要有一种个人化的经验（personal experience）。今天绝大部分人在形成自己的知识的过程中，没有个人化的经验，很多人的知识都是听来的、捡来的、拼凑起来的。韦伯认为在这种状况下，它们不可能成为真正的知识。

可以用下面这种方式来解释韦伯的意思。我常常听到有人说："这不过是一家之言，姑妄听之。"其实，我一向都觉得这样的话很奇怪，我也可以用韦伯的概念来表明为什么这真的很奇怪。因为人们好像觉得值得听的就不是"一家之言"，而是"众家之言"。那么，什么叫"众家之言"？如果大家说的都是一样的话，为什么还要听呢？或者说，它的价值在哪里？

对韦伯来说，这就是那些纷纭的无用小先知们在做的：必须好多人齐聚，用同样的声音嘶喊，而说的都是同样的话。由于有这么多人一起喊，就有人误以为它应该会比"一家之言"更有道理。但这样的知识里有太多人云亦云的部分，也就是并未经过个人化的体验。如果什么内容经历了个人化的体验，它当然就会变成一家之言。

一家之言来自热情和工作，才能产生特殊的观点、想法。这是一个人在个人体验的保障下对理性的应用，有了这种对理性的应用，才能排除在集体理性应用的过程中所产生的异化。

因此，在这样的情形下，韦伯身体力行，虽然他看到这个世界如此令人悲观，但他没有停留在这个悲观之中，并指出他的种种问题。反过来，他论证了所有这一切都来自理性的发展，但理性过度发展要怎么办呢？韦伯提的这个解法，我们一定必须一直放在心上：由理性创造的祛魅后忧郁的世界只有靠更多、更尖锐的理性，才能处理、解决。这时，我们需要的是一种知识上的贵族（intellectual aristocracy），他拥有多方面的勇气。一种勇气是在理性看起来过度泛滥的环境下，仍然勇于运用他的理性；另一种勇气是他勇于去对抗被异化之后的理性所产生的官僚系统以及来自群众的压力。

他愿意作为一个孤单的骑士，拿着自己理性的剑与矛，朝向那个被异化的、本应是保护人民的灵兽——此时它变成了伤害、屠戮人民的恐怖喷火龙。这时，他必须屠龙，可是他知道屠龙不能靠咒语，仍要靠手上理性的剑与矛。这是韦伯虽然来不及完成，但在他进行知识追求和建构的过程中，为我们清楚指出的一条从现代通往未来的重要之路。

感谢大家的阅读，我希望通过这种方式介绍韦伯，不只能让大家认识这样一颗伟大的心灵，同时也能看清我们身处的现实社会。

后记　韦伯，我在哈佛的"护身符"

为什么我会讲韦伯，甚至达尔文？

为什么是我来讲韦伯的社会学？我不是一个社会学家，因此我对韦伯的认识和理解较接近于思想史研究者的立场。那么，什么是以一个思想史研究者的立场为大家介绍韦伯的社会学呢？

我先预告，在此之后我会推出一系列关于达尔文和进化学的作品。从达尔文开始，我会一直讲到 20 世纪的一些重要进化学家和他们的理论，包括理查德·道金斯（Richard Dawkins）、恩斯特·迈尔（Ernst Mayr，1904—2005）、爱德华·威尔逊（Edward Wilson，1929—2021）和史蒂芬·杰·古尔德（Stephen Jay Gould，1941—2002）。

当然，我绝对不是一个进化生物学家，也没有能力进行关于生物学的研究，并且我对生物学的认识和理解一点都不深入。化学，也就是整个 20 世纪的进化生物学的一个非常重要的基底，我对这方面的理解也很粗浅。因此，当我在讲进化学时，是把它看作一种解释世界的方式，也就是用这种方式把作为人的我们放入一个更广大的自然环境中。

我要和大家解释的并且也觉得我有能力给大家解释的是：这套理论是如何形成的。这种眼光与其他不一样的思想，例如，创世论或中国的"天人合一"的观念、想法，乃至于与进化生物学有密切关系的生物分类学，究竟有什么差异，有什么关系？我们在这种关系中会有什么不同的自我认知？这对每一个人来说都是相当重要的。

我所关切的，也是我认为自己有能力掌握的，是为大家问不太一样的问题。

我不是在问进化生物学这门学科知识内部的问题，而是跳出来，用更高的、比较的层次提问：为什么要这么看人？为什么要这么看待人和自然之间的关系？为什么要把我们的眼光、叙述一直推回地球刚刚形成的 39 亿年前，各种化学物质的互动开始产生可以忠实地复制自我的物质，因而有了原始的生命？

我会用这种方式看待达尔文以降的进化生物学，这也就意味着，我也是用这种方式来看待韦伯的社会学的。

哈佛大学最美好的时光

我开始解说韦伯是在一个很特别的情境，这要回溯到我在美国留学的时候。20 世纪 80 年代后期到 90 年代前期，我在哈佛大学留学。我私心里认为那是在哈佛大学的一段最美好的时光吧！

我进入哈佛大学读研究生，而这所大学在那时明显地分成了两个很不一样的环境。

那时的本科生绝大部分是有钱的 WASPs（White Anglo-Saxon Protestants，指白人、上层阶级、美国新教精英，通常具有英国血统），也就是美国东岸那种有传统家世的白人小孩。

他们很有钱，而且受了很好的基础教育。他们隶属于在美国相对来说是贵族家世的背景，从祖父甚至曾祖父开始，家族里的男性、女性很自然地都就读于常春藤名校,而且他们都是在理所当然的情况下申请进入在他们心目中最好的哈佛大学。

然而,相对的,那时的哈佛大学研究生院是完全不一样的:讲究多元,而且是真的非常多元。有很多相对来说是穷人出身的,甚至是来自全世界莫名其妙的、各个不同角落的人齐聚在这个地方。

所以,贵族本科生加上贫穷、多元出身之人,这两者形成了一种在那个时代非常美好的互动。

我离开美国回到中国台湾后,从20世纪90年代后期进入21世纪的这段时间,美国的本科生教育开始有了非常重大的改变。比如,学费越来越贵,学校越来越商业化,以及越来越强调、讲究像SAT这样固定模式化的考试成绩。

更进一步的,在本科四年里,早早就形成了pre-med、pre-law,也就是将来要读医学院、法学院的人,他们相当于自成了不一样的群体。这与我还在的时候很不一样,那时的绝大部分大四本科生可以有充分的时间不断搜寻自己真正想读的到底是什么专业,不会有人在18、19岁就决定了自己将来要读医学或法律,而后,他必须在未来三年内把自己的化学、生物学到精熟,这样才有机会申请到医学院,又或是这时他就要开始背法条,训练自己的辩论口才等。

那个时候,在哈佛大学的18—22岁的美国本科生真的非常自由。因为他们很自由,没有那么多条条框框,换另一个角度看,他们也很嚣张,所以那时在哈佛大学读研究生的人会知道自己有任务,并且把它视为重要的挑战。

当助教时,用韦伯回应尖锐提问

因为我们都是穷研究生,所以一个很重要的收入来源是当课堂助教。那时在哈佛大学当助教,我们要引领section,也就是讨论课。

很多大班课由于学生人数太多，教授不可能亲自带讨论，因而需要助教。

每周有一小时的时间，大概有七八个、顶多十一二个学生聚集在一起，让助教帮助他们通过讨论确认、弄清老师在课堂上说了什么，并且，如果他们对老师在课堂上所说的有任何问题，也可以和助教讨论。

但是，刚刚提及的那种眼睛长在头顶上的天才本科生，如果他们不是来自东岸的贵族家庭，就很可能是来自不同州的精英中的精英——因为在一年中一个州甚至只有两三个学生有足够的资格能申请进入哈佛大学。

这些人进入大学后自认无所不知，当然，也不得不承认他们真的聪明绝顶，学习能力非常强，吸收知识的能力也非常惊人。因此，他们在上课时不是听教授说了什么，而是心里本能地想自己有哪些地方知道得比教授多，或是自己可以在什么地方挑战教授。

坦白说，这些能上大班课的老师不只是其学术地位一定很高，另外，他们中的大部分人往往还能言善道。可是，对这些学生来说，最郁闷的一件事是他们没有机会直接挑战老师，和老师讨论，因为人太多了，课堂上几乎没有能留给大家讨论的时间。

这时怎么办？他们要找助教。在讨论课上，你经常可以感到每一双亮晶晶的、最聪明的眼睛里闪烁着野心。他们要想办法在这堂课上压过助教，让助教说不出话，回答不出问题。

那时，我的指导教授杜维明老师50岁左右，他在美国的学术和知识分子生涯几乎达到了最高峰。那时他和一位非常有名的美国知识型电视节目主持人比尔·莫耶（Bill Moyer）合作制作了一系列电视节目，这些节目在美国公共电视台（PBS）上播出后，他声名大噪。那时，杜老师开了一门叫 Confucian Ethics（儒家伦理）的课。

在这门课上，有多得不得了的本科生，那时我们这些研究生很开心，因为多了工作的机会，我们可以到杜老师的这堂课上当助教。

其实，因为杜老师的专业是儒家，是儒家伦理，是儒家的方方面面，坦白说，他那时真正指导的博士生不多，而我是其中一个，所以这也使我产生了更大的压力。如果我没记错，那时这门课分成了十几个、二十个讨论课，用了约十个助教。其中的大部分助教并不是杜老师的博士生，偏偏我是，而且杜老师对我很好。他知道这样的课堂对我这个外国人来说最大的困扰是英语，他甚至还帮我申请了奖学金，让我特别地练习担任助教所需的英语表达能力。

我最大的压力是不能丢脸。而且，还有助教在讨论课上明白地告诉学生他不是杜老师的学生，如果他们对杜老师的说法有更进一步的比较麻烦的问题，应该去问 head tutor（首席助教）张隆溪先生，不然就去问杜老师的那几个学生。于是，我就被点名了。

因此，我的讨论课上有时还会有那种不怀好意的，抱着要质疑儒家伦理的学生，他们特别选了时间来到我的课上。

可以想见，在那时说儒家伦理，说家庭、亲族关系，尤其是说到"君君臣臣父父子子"，这每一个条文对那时的美国学生来说，都有很多可以挑战的地方。

我印象很深刻，他们最常拿来挑战儒家伦理的理论包括女性主义。怎么可以用这种方式说"唯女子与小人为难养也"？孔子到底有没有说这个话？孔子是不是一个男性沙文主义者？这是大问题，非得面对不可。

另外，还有一个来自生物学的挑战。那时好奇怪，似乎哈佛大学的所有本科生都读过康拉德·洛伦茨（Konrad Lorenz，1903—1989）的《论攻击》（*On Aggression*，有时它也被译作《论斗性》）。《论攻击》从生物学的角度说，包括人类在内的每一种生物都有侵略性、斗性，这是与儒家伦理，尤其是孟子所说的"人性本善"以及在此之上建立的和谐社会是根本冲突的。如果推翻或否定生物学的基础，这样的学说怎么可能站得住脚？

还有第三个来自社会学的挑战。我们现在所看到的社会、社会的组织方式，非常明显地与儒家孔子所说的人和人之间的组织方式完全不一样。那时，涂尔干经常被提出来说明 Gemeinschaft（礼俗社会）和 Gesellschaft（法理社会）之间的差异，也就是传统社会和现代社会的根本组织形式之不同。

因此，学生会问：孔夫子所说的这些儒家伦理，根本就只适用于社会学里清楚表明已过时了的、再也不会回来的传统社会，那么我们现在知道这些东西是要干什么？这也是一个非常重要的挑战。

于是，此时我就庆幸自己之前对韦伯有足够的认识和理解。韦伯在这时常常变成我的"护身符"，可以把他们顶回去、压回去。

我最常告诉他们的是：你们说 Gemeinschaft（礼俗社会）和 Gesellschaft（法理社会），但你们知不知道自己现在所学的这种社会学是一种狭义的社会学？请循其本。

回到哪里去呢？回到韦伯，从他的观点出发来检验现有的社会学。例如，现有的社会学在关于社会的认知里没有宗教，但今天真的没有宗教吗？有。因为这涉及社会里人与人之间最根本的信念是什么。当你把宗教放回去，你看到的社会图像就不一样了。而且，现在的社会学把政治和国家拿走了，请你仍然依韦伯的方式把权力放回去，把权力分配、权力合法性放回去，把政治放回去，此时你看到的社会还是原来的那个社会吗？

如果你把宗教放回去了，把政治、权力合法性放回去了，你把这种不同的社会组成形式作为一个整体放回来思考，学生是可以被说服的。因为那就比较接近孔子、儒家在看待人和社会时的思考方式，所以他们也更容易领会：哦，这不是一种因其老旧而必然是落伍的伦理的思考方式。相对的，这反而能点出他们所在的这个社会缺乏了什么。例如，这个社会缺乏了对家族内部必须共同生活的不

杨照读韦伯笔记

同人群之间的行为互动的更好安排。又例如，对于政治的权力，除了选举、立法，除了法律，人与人之间的集体关系是不是还要有一种更切身的权力的感受？

也因此，在当助教的那两三年中，我经常回头，不断地重读韦伯。上页的图是我当年使用的书，那画得密密麻麻的线中，不同的颜色代表着我每次读的时候看到的不一样的重点。这是我以前讲韦伯的经验。

到底应该怎样呈现韦伯？

不过，那时我经常是用英语来接近和呈现韦伯的。回头想想，现在是我第一次用自己的语言讲韦伯。

在写作本书时，因为我曾有前文所说的记忆和经验，所以我很不习惯把韦伯放在一个既有的固定结构之下进行解读。因而，最开始要固定、形成本书的结构是我和 dy 以及"看理想"的其他同事的一大困难，反反复复琢磨了很久。

为什么呢？我其实很希望可以回到自己还年轻的时候：在哈佛大学当课堂助教的课堂上，当大家对当下的社会现实或自己的生活有任何困扰，却又觉得现有的理解不够用时，我可以随机应对。如果你真的有这样的问题，我就会像当年在课堂上拿韦伯的理论来协助大家寻找答案；或者当我比较有信心时，我可以给大家提供我对韦伯的认识，把它当作答案。

那种活泼的互动其实比较接近我对于韦伯的认识和理解，那会更有趣，也会更有说服力。当然，书籍不可能用这种方式来呈现，因此我最后还是只能尽可能地包纳韦伯的结构，再将内容切分为这六十讲。一方面，我希望没有违背韦伯的本意；另一方面，我也不得不告诉大家，其实这种切分本身就不是很韦伯式的，因为韦伯的社会思考方式是大结构的、整全式的。

即使是有重重不同限制,我还是希望可以在这本书中给大家提供一些思想的资源。这是我的一点小小心意。

图书在版编目（CIP）数据

认识现代社会之真相：杨照讲马克斯·韦伯 / 杨照著. — 昆明：云南人民出版社，2025. 2. — ISBN 978-7-222-23155-9

Ⅰ. C91-095.16

中国国家版本馆CIP数据核字第2024CR9748号

著作权合同登记图字：23-2024-024 号

责任编辑：柴　锐
特约编辑：肖　瑶　张登邑
装帧设计：赤　徉
内文制作：陈基胜
责任校对：柳云龙
责任印制：代隆参

认识现代社会之真相：杨照讲马克斯·韦伯
杨照 著

出　版	云南人民出版社
发　行	云南人民出版社
社　址	昆明市环城西路609号
邮　编	650034
网　址	www.ynpph.com.cn
E-mail	ynrms@sina.com
开　本	1230mm×880mm　1/32
印　张	14
字　数	364千
版　次	2025年2月第1版第1次印刷
印　刷	山东韵杰文化科技有限公司
书　号	ISBN 978-7-222-23155-9
定　价	86.00元